Dieses Buch bietet keine trockenen, akademischen Abhandlungen über abstrakte sozialwissenschaftliche Phänomene, sondern 25 unterhaltsame Einblicke in das Alltagsleben der Japaner.

Ohne die Zwänge eines einheitlichen methodischen Rahmens folgen die Autoren ihrem eigenen Erkenntnisinteresse und beleuchten unterschiedliche Aspekte japanischer Kultur. Dazu zählen hier neben Wirtschaft, Politik und Künsten auch Lebensstil, Vergnügungen und alles andere, das über die Befriedigung menschlicher Grundbedürfnisse hinausgeht.

Verbindungselement der Essays ist der Blick auf die Lebensweise der Bevölkerung in den japanischen »Massenstädten«, die schon im 17. und 18. Jahrhundert mehr Einwohner hatten als westeuropäische Zentren. Der Leser erlebt ihre pulsierende Geschäftigkeit mit Sänften und Rikscha, im Vergnügungsviertel und Kabukitheater, das Leben in der Nachbarschaft, Feste und Handel, Teestuben, Badehäuser, Brände und Neubauten. Die Autoren zeigen, wie aus der Vitalität der bürgerlichen Massen der Edo-Zeit die Japan heute noch prägende Alltagskultur entstanden ist. Die besondere Stärke der Sammlung liegt in dieser historischen Perspektive, auch wenn nicht in jedem Fall eine streng logische Ursache-Wirkung-Beziehung zwischen altem Brauch und moderner Gewohnheit hergestellt werden kann. Statt absolut gültiger Erklärungsmuster finden sich Beschreibungen von Tendenzen: die Bedeutung der Tradition wird nachvollziehbar, und Fragen nach der Zukunft ergeben sich. Als Ausdruck japanischen Selbstverständnisses sind die Texte nicht konsequent objektiv, kritische Bemerkungen sucht man jedoch nicht vergeblich.

Japan, oft mit dem Ruf des Undurchschaubaren behaftet, hat mehr hervorgebracht als Karaoke und Instant-Nudeln. Dem Leser bietet sich neben einer Sammlung erheiternder Kuriositäten auch eine Fülle sonst kaum erhältlicher Informationen. Er erfährt Neues – auch über den eigenen Kulturkreis – und sieht Altbekanntes aus überraschender Perspektive.

Entdeckungsreisen für Japan-Anfänger und Fortgeschrittene!

Atsushi Ueda ist Professor für Architektur an der Kyoto Seika Universität. Er veröffentlichte zahlreiche Bücher über Architektur, Umwelt und städtisches Leben, die nicht selten unverwechselbar in Ton und Sichtweise sind und in Japan zu Standardwerken wurden.

Die elektrische Geisha

Entdeckungsreisen in Japans Alltagskultur

herausgegeben von

Atsushi Ueda

Edition Peperkorn

Aus dem Englischen von Anke Schomecker

Abbildungsnachweis:

Autoren und Verlag danken folgenden Personen und Institutionen für ihre Erlaubnis zur Wiedergabe nachstehend aufgeführter Abbildungen:
S. 18: Maspro Denkoh Art Gallery; S. 35 und 59: Hans Sautter, Photograph; S. 41: Ikenobô; S. 57: Tokyo National Museum; S. 91 und 210 (beide): Kiyohide Shibashita, Photograph; S. 140: National Diet Library, »Hyakushô Seisui-ki«; S. 145: The Japanese Mint Bureau, »Kinza-ezu«; S. 194: Okinawa Prefectural Museum, »Konrei-shuen-no-zu«; S. 216: Machida City Museum of Graphic Arts, »Imayô-mitate-Shinôkôshô«; S. 234: June-Magazine, K.K. Sun; S. 239 (oben): Hakusensha, Imari Sumiko Collection, Bd. 2 »Itoshi Akaki Daichi«

Titel der englischen Ausgabe:
»The Electric Geisha«

Published by arrangement with Kodansha International, Ltd.

Druck: Hubert & Co., Göttingen
Printed in Germany

ISBN 3-929181-06-1

Inhalt

Politik und Wirtschaft

Institutionen, Beziehungen, Zeitgeist

Die japanische Stadt

Vorwort

Vor der Veröffentlichung dieser Aufsatzsammlung lagen fünf Jahre Arbeit der beteiligten Autoren. Unsere 1988 gegründete Forschungsgruppe wollte den wechselseitigen Abhängigkeiten und Verbindungen zwischen der Alltagskultur und der japanischen Stadt auf die Spur kommen. Diese zeigen eine Fülle von Eigenheiten, wie sie in anderen Städten Asiens und der Welt nicht zu finden sind. Wir verfolgten unser Thema ausgehend von der zentralen Epoche japanischer Geschichte, der vergleichsweise friedlichen Edo-Zeit (1600 - 1867), bis in die Gegenwart. Gelegentlich war es nötig, noch früher zu beginnen.

Gemeinsame Grundlage unserer Untersuchungen war der Begriff »Massenstadt«. Dieser wurde geprägt, um einen besonderen Typus der vormodernen und modernen Stadt zu beschreiben, der überall auf der Welt verbreitet ist. (Der letzte Aufsatz dieses Buches behandelt dieses Thema genauer.) In Japan hatte die Entstehung dieser Massenstadt aber einen einzigartigen Einfluß auf die verschiedensten Ausformungen der Alltagskultur.

Ich hoffe, es ist uns gelungen, in unseren Beiträgen einige faszinierende Aspekte der japanischen Kultur zu beleuchten. Wir haben versucht, die Themen von einem neuen Blickwinkel aus zu betrachten. Zumindest glaube ich, daß wir mit unseren Überlegungen einige neue Wege eröffnen konnten.

Wie bei den meisten Büchern mit ähnlich weitgefaßtem Rahmen haben viele Menschen freigebig ihre Zeit und Energie zur Verfügung gestellt. Ich möchte allen Autoren und den darüber hinaus an der Fertigstellung des Buches Beteiligten meinen Dank aussprechen.

Atsushi Ueda
Kyoto, Japan

Daten zu Zeit- und Kulturgeschichte

ab ca. 7.000 v.Chr. **Jomon-Kultur**
ab ca. 300 v.Chr. **Yayoi-Zeit**
ab ca. 300 n.Chr. **Kofun-Zeit**

nomadische Jäger- und Sammlergemeinschaften werden abgelöst durch seßhafte dörfliche Lebensweise mit Ackerbau

ab 552 **Asuka-Zeit**

Einfluß chinesischer Kultur: Übernahme von Buddhismus, Schriftzeichen, Konfuzianismus, religiösem Taoismus, Kalender und vielem anderen mehr

ab 710 **Nara-Zeit**

erstmals ständige Hauptstadt in Nara; zunehmende Verfeinerung des Lebensstils am kaiserlichen Hof und unter den Adeligen; erste japanische Schriften, unter anderem Shinto-Mythologien und dynastische Chroniken

ab 794 **Heian-Zeit**

Kyoto wird Hauptstadt; höfischer Lebensstil und adelige Etikette werden immer anspruchsvoller; Kriegerstand erstarkt in den Provinzen

ab 1185 **Kamakura-Zeit**

politische Macht geht vom Hof auf Führer des Kriegerstandes über; Errichtung einer Militärregierung in Kamakura (Kaiser in Kyoto isoliert); Entstehung einer Klasse von Kaufleuten; wachsende Instabilität; Entwicklung volksnaher buddhistischer Sekten ab 1335 **Muromachi-Zeit**

1482 - 1558 **Zeit der Bürgerkriege**

ab 1573 **Azuchi-Momoyama-Zeit**

lange Kriege um die Vorherrschaft im Lande; Fortschritte bei landwirtschaftlichen Anbaumethoden und Techniken; Niveau und Eleganz der höfischen Adelskultur sind nicht mehr völlig abgegrenzt, es erfolgt eine Mischung mit der Kriegerklasse; die Heerführer Oda Nobunaga und Toyotomi Hideyoshi beginnen, das Land unter militärischer Herrschaft zu einen; Abschluß dieses Prozesses durch Tokugawa Ieyasu im frühen siebzehnten Jahrhundert; Wachstum von Städten und großen Handelszentren; erste bedeutende Kontakte zum Westen

ab 1600/1603 **Edo/Tokugawa-Zeit**

mit der Errichtung des Tokugawa-Shogunats durch Tokugawa Ieyasu regieren Frieden und Stabilität; Hauptstadt Edo (heute Tokyo); Politik der Abschließung schränkt Zutritt Fremder nach Japan ein; Unterdrückung des Christentums; Aufstieg der bürgerlichen Klasse der Händler durch Beherrschung der Wirtschaft und des kulturellen Lebens; schnelle Verbreitung volksnaher Künste unter den Massen

ab 1868 **Meiji-Zeit**

ab 1912 **Taisho-Zeit**

ab 1926 **Showa-Zeit**

ab 1989 **Heisei-Zeit**

die Meiji-Restauration von 1867 stürzt das zur Unbeweglichkeit erstarrte Tokugawa-Shogunat; Wiederherstellung kaiserlicher Autorität; Übergang vom Feudalismus zur Moderne; militärisch beherrschter Feudalstaat macht einem modernen Nationalstaat mit Hauptstadt Tokyo Platz; schnelle Modernisierung und Industrialisierung; Aufhebung des Verbotes gegen das Christentum; Errichtung einer demokratischen konstitutionellen Monarchie nach dem Zweiten Weltkrieg; Japan wird wichtige Wirtschaftsmacht

Freizeit
und
Erholung

Die »fließende Welt« des öffentlichen Badehauses

Shin'ya Hashizume

> Das heiße Bad ist in Japan eine der beliebtesten körperlichen Freuden – für den ärmsten Reisbauern und den geringsten Diener ebenso wie für den reichen Adeligen. An jedem Spätnachmittag ist das Untertauchen im übermäßig erhitzten Wasser fester Bestandteil des Tagesablaufs. ... Wie bei den Amerikanern wird das tägliche Bad um der Reinlichkeit willen geschätzt, doch kommt zu diesem Wert die Kunst der entspannenden Hingabe, die unter den Badesitten der Welt schwerlich ein zweites Mal zu finden ist.

So schreibt Ruth Benedict 1954 in ihrem Buch *The Chrysanthemum and the Sword* (Chrysantheme und Schwert). Verschiedene ethnische Gruppen unterscheiden sich stark in ihrem Sauberkeitsempfinden. Das bestätigt auch Masumi Ikeguchi, Beraterin ausländischer Studenten in Japan. Ihr Buch *Ryûgakusei Nihon fushigi taiken* (*Strange experiences of foreign students in Japan*, 1990; Seltsame Erlebnisse ausländischer Studenten in Japan) enthält Gespräche mit Studierenden aus verschiedenen Ländern über ihre ersten Eindrücke von Japan. Fast alle beklagen in dieser einzigartigen kulturübergreifenden Studie ausgerechnet die völlige Fremdheit der Badesitten.

Diese sind für die Studenten eine Begegnung mit dem Unbekannten. In ihren westlichen Heimatländern sind sie es gewohnt, sich in der Wanne zu waschen und das schmutzige Wasser ablaufen zu lassen. In Japan dagegen wäscht und spült man sich ab, *bevor* man in die Wanne taucht, und mehrere Personen benutzen zusammen oder nacheinander dasselbe Badewasser. Unter den Ausländern in Japan bleibt es ein Streitpunkt, welche der beiden Verfahrensweisen hygienischer ist. (Andererseits sind viele Japaner schockiert, wenn sie erfahren, daß sich in westlichen Ländern das Bad und die Toilette in einem Raum befinden.)

Immer wieder betonen die Ausländer in ihren Berichten über Japan, wie sehr die Japaner ihr Bad lieben. In der Tat haben sie soviel Freude daran wie nur wenige andere ethnische Gruppen und stehen darin den alten Römern in nichts nach.

Jede Betrachtung des Themas Baden in Japan muß bei der Entwicklung des öffentlichen Badehauses, *furoya* genannt, ansetzen. Im *furoya* entkleidet sich heutzutage jeder Besucher – ganz unabhängig von sozialer Schichtzugehörigkeit – und steigt völlig nackt zu allen anderen in dasselbe Becken. Dieses Phänomen der Massenkultur existiert nur in Japan und ist für ausländische Besucher ein Grund zu anhaltender Verwunderung.

Allerdings nahmen bis zur frühen Edo-Zeit auch die Japaner Hüft- und Taillenwickeltücher mit zum *furoya* und saßen damit bekleidet im Wasser. Die Gewohnheit, ganz nackt zu baden, ist relativ neu.

Dem japanischen *furoya* ähnliche Häuser findet man auch in Korea und in Teilen Chinas, aber es handelt sich dabei meistens um Saunen oder Dampfbäder, die doch ganz anders sind als japanische Heißwasserbäder.

In Gedanken verbinden viele Japaner *furoya* mit imposanten und an Tempelarchitektur erinnernden Häuserfronten. Doch heute sind in der Stadt mehr und mehr Bäder unauffällig im Erdgeschoß moderner Gebäude untergebracht. Wo die Städte in den Himmel wachsen, verlieren sich in den Silhouetten sogar die hohen Schornsteine der *furoya*, die früher ihre Wahrzeichen bildeten. Oft weist nur noch der im Eingang hängende *noren* (Vorhang mit Schriftzeichen) mit seinen Aufschriften *yu* (heißes Wasser) oder *o-furoya-san* auf die Existenz eines Badehauses hin.

Ein Gast schiebt beim Eintritt diesen Vorhang zur Seite, geht ins Vestibül, zieht die Schuhe aus und begibt sich in den Badebereich. Männer und Frauen benutzen dafür verschiedene Eingänge, zwischen denen die Aufsicht sitzt, bei der auch das Eintrittsgeld bezahlt wird.

Bis zum späten achtzehnten Jahrhundert badeten Frauen und Männer gemeinsam. Danach erließen die Behörden – möglicherweise aufgrund zahlreicher unsittlicher Vorfälle – eine Reihe von Verordnungen gegen das gemischte Baden. Diese waren jedoch nur von zweifelhafter Wirksamkeit, denn erst etwa hundert Jahre später wurden in der Meiji-Zeit Frauen- und Männerbereich tatsächlich vollständig getrennt. Die Regierung, unsicher unter den Augen der Weltöffentlichkeit, ließ nämlich alle Badehäuser schließen, in denen Frauen und Männer nicht separat baden konnten. Die damals eingezogenen Wände sind noch heute zu finden.

Die Umkleideräume eines modernen *furoya* enthalten einen großen Spiegel, aufgereihte Kleiderkästen, Waagen, Massageapparate und Haartrockner. Ankündigungen neuer Theaterstücke und Kinofilme, Einladungen, den Selbstverteidigungskräften beizutreten, Privatanzeigen und sogar Steckbriefe gesuchter Verbrecher und Vermißter schmücken die Wände. Der Badebereich hinter der Umkleidekabine ist ein hoher Raum, der durch ein großes Deckenfenster mit Frischluft und Licht versorgt wird. In der Raummitte befindet sich das Becken; die Wasserhähne, an denen sich die Badegäste abschrubben, sind gleichmäßig an den Wänden verteilt.

Entstanden sind japanische *furoya* als Gemeinschaftseinrichtung aus vernunftbestimmten Überlegungen und Gründen der Kostenersparnis, aber sie erfüllten bald auch andere wichtige soziale Aufgaben. *Furoya* wurden zum unverzichtbaren Bestandteil nachbarschaftlichen Lebens, wie der Ausdruck *hadaka no tsukiai* (unbekleidet gesellschaftliche Kontakte pflegen) zeigt. Während man gemeinsam nackt in der Wanne saß, war vom belanglosen Klatsch bis zu politischen und gesellschaftlichen Fragen alles Gesprächsstoff. Neugeborene Babys und gerade zugezogene Familien wurden den Nachbarn vorgestellt, Informationen ausgetauscht und Beziehungen gefestigt. Weit mehr als ein öffentliches Bad, war das *furoya* sozialer Mittelpunkt in jedem Viertel und jeder Gemeinde Japans, bis in den späten fünfziger Jahren Badewannen in den Privatwohnungen zur Regel wurden.

Heute kann fast jeder zuhause baden, daher ziehen *furoya* nicht mehr die gleichen Besuchermassen an wie früher. Doch sie machen immer noch gute Umsätze, denn wenn jemand nach einem langen Arbeitstag abschalten und sich entspannen möchte, geht er Richtung *furoya*. Er hat die Auswahl zwischen dem einfachen gleich um die Ecke und dem, das mit Karaoke-Angeboten, Bars, Sitzgruppen und Erfrischungsräumen auf dem neuesten Stand ist. Hinsichtlich ihres

Stellenwertes kann man *furoya* in Japan sicher mit Cafés in Frankreich und Pubs in England vergleichen.

✧ ✧ ✧

Ein Bad in heißem Wasser war in Japan unbekannt, bis diese Sitte im siebten Jahrhundert mit dem Buddhismus aus Korea und China übernommen wurde. Vorher hatte man sich zur Reinigung des Körpers mit kaltem Wasser übergossen.

Die buddhistischen Tempel waren mit einem Bad ausgestattet, denn das Baden galt als gesundheitsfördend und heilsam. So erfüllten die Tempelbäder eine medizinische Funktion, halfen aber gleichzeitig, den neuen Glauben zu verbreiten, weil sie teilweise auch den Besuchern des Tempels zur Verfügung standen.

Diese neuen Erfahrungen lehrten die Japaner bald, die Freuden eines Vollbades zu genießen, das allerdings damals aufgrund des verwendeten hohen Wasserdampfanteils eher mit einem türkischen Bad vergleichbar war. Erste Vorläufer heutiger *furoya* entstanden in der späten Kamakura-Zeit, das früheste bekannte Beispiel ist ein öffentliches Badehaus auf dem Gelände des Gion-Schreins in Kyoto.

Bereits in der Muromachi-Zeit übernahmen die Badehäuser Namen von Straßen und Kreuzungen, an denen sie lagen, zum Beispiel »Gojô-Muromachi-buro« und »Ichijô-Nishinotôin-buro«. Die Bezeichnung *machi-buro* (Nachbarschaftsbad) ergab sich, weil praktisch in jedem kleineren Viertel ein Bad zu finden war. Bebilderte Karten des damaligen Kyoto zeigen, daß sich die *machi-buro* äußerlich kaum noch von den gewöhnlichen Häusern unterschieden. Nur wenige Elemente der chinesischen Tempelarchitektur blieben erhalten, wie die dekorativen *karahafu*-Giebel an den Dampfräumen der Bäder, in denen die ursprünglich religiöse Herkunft der Badesitten noch anklingt.

Auch das buddhistische Gleichheitsprinzip scheint sich durchgesetzt zu haben: In den *machi-buro* jener Zeit war es für alle Badegäste – gleich welcher Schichtzugehörigkeit – eine Selbstverständlichkeit, zusammen in dasselbe Wasser zu steigen. Die Aufenthaltsräume des Bades boten Gelegenheit, ohne Rücksicht auf Klassenunterschiede und Beruf miteinander zu verkehren. Eine Anekdote weiß von zwei Soldaten, die sich im Bürgerkrieg zwischen der nördlichen und südlichen Dynastie tagsüber als Gegner bekämpften, aber abends im selben Wasser desselben Badehauses saßen. In diesem Sinne fungierte das *machi-buro* als eine Art Sanktuarium oder heiliger Bezirk.

Auch die herrschende adelige Klasse besuchte die *machi-buro*. Oft wurde das ganze Badehaus von einer Gruppe Adeliger reserviert, die die Gesellschaftsräume für Trinkgelage und Teeparties benutzte.

Im günstigen Klima der langen friedlichen Edo-Zeit gelangte die enge Beziehung der Japaner zu ihrem *furoya* vollends zur Reife. Als im siebzehnten Jahrhundert überall im Land die Städte wuchsen, wurde das *yuna-buro* modern, ein Badehaus, das die Dienste hübscher Badewärterinnen (*yuna*) anbot. Diese seiften tagsüber die Gäste ab und bedienten sie abends bei den Feiern in den Gesellschaftsräumen im oberen Stockwerk. Für eine zusätzliche Gebühr sorgten einige *yuna-buro* offensichtlich auch für sexuelle Bedienung.

Offizielle Verfügungen gegen *yuna-buro* folgten dieser Gefährdung der öffentlichen Moral. Zuerst waren die Behörden durchaus nachsichtig und begrenzten nur die Zahl der *yuna* auf drei pro Badehaus. 1657 wurden *yuna-buro* aber grundsätzlich verboten und alle dort tätigen Frauen ins Vergnügungsviertel Yoshiwara abgeschoben.

Als neuer Typ von Badehaus entwickelte sich das *ukiyo-buro* (Bad der fließenden Welt). Da die Prozeduren beim Waschen und Baden bis heute gleich geblieben sind, kann es unter diesem Gesichtspunkt bereits als modernes *furoya* angesehen werden. Von den vorher üblichen Bädern unterschied das *ukiyo-buro* sich durch die Erhöhung des Heißwasseranteils auf vierzig Prozent des Beckeninhalts. Dadurch entstand zum ersten Mal eine Mischform zwischen Dampf- und Wasserbad. Später konnte der Baderaum so konstruiert werden, daß beim Betreten oder Hinausgehen kein Dampf mehr entwich, und der Heißwasseranteil im Verhältnis zur Beckengröße stieg auf sechzig Prozent.

Im oft windigen und staubigen Edo war tägliches Baden erforderlich, aber nur wenige Bewohner der Stadt genossen den Luxus eines Badezubers in der eigenen Wohnung. Erst gegen Ende der Edo-Zeit wurde eine praktische Heimbadewanne erfunden. Bis dahin war es unüblich, zuhause zu baden, vor allem, weil die Wasserversorgung unbequem war, hohe Kosten für das zum Erhitzen des Wassers notwendige Brennmaterial entstanden und die Feuergefahr nicht unterschätzt werden durfte. In der zweiten Hälfte des neunzehnten Jahrhunderts fanden sich in jedem Viertel in Japans größeren Städten ein oder zwei *furoya*. Jeden Tag trafen sich Bewohner der Nachbarschaft im Bad, das ein wichtiges Mittel sozialen Austausches war. Erstmals tauchten in dieser Zeit Sumo- und Theaterplakate an den Wänden der Umkleidekabinen auf und verstärkten die Funktion des *furoya* als Umschlagplatz für Informationen.

✧ ✧ ✧

Warum aus den Dampfbädern Heißwasserbäder wurden, bleibt eine interessante Kontroverse in der Diskussion japanischer Badegewohn-

Ukiyo-e-Holzschnitt von Toyohara Kunichika mit einem typischen Frauenbad, links im Bild ein männlicher Badewärter (1868)

heiten. Einfluß auf diese Entwicklung hat sicher die Vorliebe der Japaner für heiße Quellen in den Bergen gehabt, die man gern zur Erholung von Krankheiten und Verletzungen aufsuchte. Der Glaube an die heilenden Kräfte eines Vollbades in heißem Wasser war eine Volkstradition, die langsam ihren Weg in die Badehäuser fand.

Die heute übliche Form des Heißwasser-*furoya* bildete sich jedoch erst in der frühen Meiji-Zeit, also vergleichsweise spät, als in der Stadt eine Welle der Begeisterung für heiße Quellen aufkam. 1872 wurde in Fukagawa in Tokyo ein Badehaus mit Restaurants gegründet, »Hakone Shichi-yu« (»Sieben Quellen von Hakone«), das dieser Mode Rechnung trug. Die »Sieben Quellen« waren Miniaturen der heißen Quellen in Hakone, einem bekannten Erholungsgebiet in den Bergen südlich von Tokyo. Bald entstanden nach und nach ähnliche Häuser in den Randgebieten Tokyos und Osakas.

Natürlich sprudelten mitten in der Stadt keine heißen Quellen; die Badehäuser wandelten einfaches heißes Wasser in medizinisch wirksames um, indem sie Salzablagerungen zusetzten, die an den Mineralquellen gesammelt worden waren. Viele Bäder gingen noch weiter und bildeten mit künstlichen Wasserfällen und anderen Elementen die Landschaften bestimmter Erholungsgebiete nach. So präsentierten sie sich den Gästen als städtische Vertreter der berühmten Urlaubsorte in den Bergen. Auch die Feiern im oberen Stockwerk wurden wiederbelebt, und attraktive Frauen bedienten dabei die Gäste.

In Tokyo verdreifachte sich in der frühen Meiji-Zeit die Zahl der *furoya*. Die meisten der neu errichteten Bäder gehörten nicht zur Zunft und hatten oft nicht einmal eine Betriebserlaubnis. Sie waren in dieser Zeit der sozialen Umbrüche und Unsicherheiten einfach eröffnet worden. Besonders fielen die oben beschriebenen Quellenbäder auf, die Gäste mit Speise- und Getränkeangeboten und medizinischen Bädern lockten. Diese Konkurrenz konnte nicht ohne Auswirkungen auf die übrigen *furoya* bleiben, die zu umfangreichen Änderungen gezwungen wurden.

Die vierzig- zu sechzigprozentige Mischung aus Dampf und Wasser, die in der Edo-Zeit üblich gewesen war, verschwand zugunsten heißen Wassers, das die Becken nun bis zum Rand füllte. Größere Deckenhöhen und der Einbau zusätzlicher hochgelegener Fensterreihen sorgten für besseres Licht und einen wirksameren Dampfabzug.

Die Baderäume wurden heller und fröhlicher gestaltet. Seit der Taisho-Zeit erhielten sie als Schmuck Wandbilder des Fuji und der Mabushima-Inseln. So nahm man die Landschaft der Kurorte in das städtische *furoya* auf, das nun auch »Bad der heißen Quellen« oder einfach »verbessertes Bad« hieß.

Nach dem Zweiten Weltkrieg waren diese Kurbäder noch einmal Entwicklungen unterworfen. Seit den sechziger Jahren verfügt fast jeder Haushalt über ein eigenes Bad, und nur das »Bad der Vielfalt« und das »Spezialbad« erhielten zu der Zeit die Sitte, in ein öffentliches Badehaus zu gehen, am Leben. Das »Bad der Vielfalt« bietet von Elektrostrombädern, Sitzbädern und Freibädern bis zu medizinischen Bädern, Saunen und Duschmassagen alles und ist sozusagen eine »Heilquelle um die Ecke«. Das noch ehrgeizigere »Spezialbad« hat eine Bar, eine Karaoke-Ecke, ein Restaurant und Räume für private Parties. Beide *furoya* verschaffen Städtern jeden Tag ein Urlaubserlebnis – ein Kurort direkt vor der Haustür.

✧ ✧ ✧

Buddhistischer Sinn für Gleichheit in Verbindung mit Freude an einer heißen Quelle, das ist meiner Meinung nach die Formel für das japanische *furoya*. Aber warum hat es im heutigen Japan überlebt?

Ich glaube, die Antwort liegt in der Vorstellung vom Wert des *ukiyo*, jenem Sinn für das Vergnügen des Augenblicks, der aus vormoderner Zeit bis heute tradiert worden ist. Hier liegt der Grund, daß das passive Vergnügen am Baden in heißen Quellen seinen Weg bis ins Stadtleben finden konnte.

Ukiyo (fließende, vergängliche Welt) symbolisiert ein Bewußtsein, das Japans städtische Massen seit der zweiten Hälfte des siebzehnten Jahrhunderts geprägt hat. Einfach ausgedrückt, ist es die Wertschätzung des momentanen Genusses in der fließenden, flüchtigen Unvorhersagbarkeit des menschlichen Lebens.

Das Wort *ukiyo* existierte schon 1661 im Titel des Buches *Ukiyo monogatari* (*Ukiyo*-Erzählung). Die Gattung *ukiyo-e* (*ukiyo*-Holzschnitt) soll mit Hishikawa Moronobu 1672 begonnen haben. Ihara Saikakus vielgelesener Roman von 1686 *Kôshoku ichidai ouna* (*Fünf Geschichten von liebenden Frauen*, dt. 1960) löste eine Welle der Begeisterung für *ukiyo*-Bücher aus. *Ukiyo* war das Schlüsselwort für die allgemeine Neigung, den Genuß des Augenblicks zu suchen und aus den Härten und Belastungen des Alltagslebens zu fliehen. In einem heißen Vollbad waren Flucht und Genuß vereint.

Ich unterstelle, daß mit dem täglichen Bad *ukiyo* als Lebensauffassung tief in das kollektive Bewußtsein der japanischen Stadtbevölkerung gesunken ist und von Generation zu Generation weitergegeben wurde. Unser eigener Schatten im Wasserdampf des *furoya* bezeugt dieses Erbe.

Warum Sie in einem japanischen Kaffeehaus keinen grünen Tee bekommen

Yasuo Takahashi

Gemeinsames Trinken erleichtert in allen Kulturen die Kommunikation und die Aufnahme von Kontakten. Das überzeugendste Beispiel dafür ist Alkohol, aber sogar schlichtes Wasser kann, in Gemeinschaft getrunken, Menschen ein Gefühl von verwandtschaftlicher Nähe und Harmonie geben.

Die beliebtesten alkoholfreien »Luxusgetränke« der Welt sind Kaffee, Tee und Kakao. Sowohl die Verbreitung von Kaffee in der islamischen Welt wie die von Tee in buddhistisch geprägten Gebieten hat einen religiösen Hintergrund. In beiden Religionen ist der Genuß von Alkohol traditionell verboten, Gläubige wenden sich folglich stimulierenden Getränken zu, die viel Koffein enthalten. Genauso wie Alkohol kitten und schmieren diese menschliche Beziehungen. Es ist daher nicht schwer zu verstehen, daß Kaffeehäuser, Cafés, Teehäuser, Kaffeebars und Kakaoschenken überall in den Städten florieren.

Die heute üblichen japanischen *kissaten*, wörtlich eigentlich Teehäuser, sind in Wirklichkeit Kaffeebars, die verschiedene Getränke, Imbisse und kleine Gerichte anbieten. Von ganz wenigen Ausnahmen abgesehen, bekommen Sie dort keinen japanischen grünen Tee. Den gibt es heute fast nur noch in Restaurants traditionell japanischen Stils und in bestimmten Teehäusern in Touristenorten. Wenn wir sagen, »Laß uns eine Tasse Tee trinken«, meint das Wort »Tee« auch meistens Kaffee. Die Verwendung des Wortes *kissaten* ist in diesem Sinne selbst ein interessantes Beispiel für die Entfernung moderner Gewohnheiten von ihrem eigentlichen Ursprung.

Die Geburt der Kaffeehäuser

Um die Mitte des fünfzehnten Jahrhunderts begann man in der islamischen Welt, Kaffee zu trinken. Am Straßenrand vor den Moscheen boten Stände das Getränk an, wenn Gläubige vor dem Gottesdienst vorüberkamen. Das erste echte Kaffeehaus, »Kafve Kanes«, entstand 1554 in der türkischen Stadt Konstantinopel, dem heutigen Istanbul.

Im siebzehnten Jahrhundert gelangte der Kaffee nach Europa. In Venedig, das Handelsbeziehungen zu Arabien unterhielt, eröffnete 1615 das erste Kaffeehaus, weitere folgten 1645 in Paris, 1650 in Oxford und 1652 in London. Im achtzehnten Jahrhundert soll es trotz zeitweiliger politisch begründeter Unterdrückung bereits zwei- bis dreitausend Kaffeehäuser in London und sechshundert Cafés in Paris gegeben haben. Etwa zur gleichen Zeit entstanden auch Lokalitäten, die schwarzen Tee ausschenkten.

Literatur, Kunst, Finanzwelt und Politik trafen dort zusammen; die »Royal Society«, »Lloyd's« und verschiedene Zeitschriften und Zeitungen kamen zum Beispiel aus den Kaffeehäusern in Oxford und London, die Enzyklopädisten entstammten den Pariser Cafés. Sie sorgten für die Verbreitung neuer Ideen und Kunstformen und trugen schließlich zur Erschaffung moderner städtischer Kultur bei.

Chaya: Die ersten Teehäuser der Welt

Schon im siebten Jahrhundert wurde mit dem Buddhismus der grüne Tee nach Japan gebracht, aber bis zum vierzehnten Jahrhundert blieb er wohlhabenden Schichten vorbehalten. Dann begann ein Geschäft in Kyoto unter dem Namen »Ippuku issen« (»eine Tasse für einen Sen«) am Straßenrand Tee an Passanten zu verkaufen. Zu Beginn des fünfzehnten Jahrhunderts hatten sich schon einfache Teehäuser (*chaya*) vor den Toren berühmter religiöser Stätten wie des Tôji-Tempels angesiedelt. Zusätzlich erschienen im Stadtbild Kyotos Teehäuser, die die Einwohner der Stadt bewirteten. Japan ist damit wahrscheinlich das erste Land der Welt, in dem Tee an die Allgemeinheit ausgeschenkt wurde. Erst das Sinken der Teepreise ermöglichte diese Entwicklung. Tee wurde so billig, daß eine Tasse für nur einen Sen, die kleinste Münzeinheit des Landes, zu haben war.

Kyoto gehörte zu der Zeit mit ein- bis zweihunderttausend Einwohnern zu den größten Städten der Welt und brachte schnell eine unverwechselbare Massenkultur hervor. Das Teetrinken war Teil dieses Prozesses: Viele Ausdrücke wurden in die Alltagssprache übernommen, um die Teetrinker zu beschreiben. *Cha-suki* hießen die vor-

Anspruchsvolles *chaya* bei einem Schrein. Links vom Eingang stehen Teekessel und Tassen, rechts Süßwaren. Bild von Ippitsusai Buncho (ca. 1772-74)

nehmen Teeliebhaber, *cha-nomi* Teetrinker und *cha-kurai* Teeschlucker. Die Letztgenannten galten als Leute, die jede Gelegenheit nutzten, Tee zu trinken, ohne das Geringste von seiner Qualität zu verstehen. Sie bildeten als zahlenmäßig größte Gruppe aber natürlich die Stütze der allgemeinen Teekultur.

Die japanischen Teehäuser des Mittelalters unterschieden sich in mancherlei von den Kaffeehäusern in Arabien und Europa. Sie waren viel kleinere, bescheidenere Gebäude mit Lehmfußböden, einem Herd in der einen Ecke und einigen Stühlen für Gäste in der anderen. Ihr beschränkter Raum erlaubte keine Versammlungen größerer Gruppen. Sie schienen Teil der Straße zu sein, weil sie keine Mauern mit Türen an der Frontseite hatten, sondern ganz offen waren. Während die englischen Kaffeehäuser sich als Alternative zur Taverne entwickelten, scheinen die Wurzeln der japanischen Teehäuser nicht in den Saké-Lokalen zu liegen, sondern in der uralten Sitte, Wanderern eine Tasse Wasser oder Tee und eine Rast anzubieten.

In Kyoto ging man nicht nur auf einen Schluck Tee ins Teehaus, sondern um zu plaudern und Informationen auszutauschen. Die Teehäuser servierten später auch andere Kleinigkeiten wie Reiskuchen, Knödel und Saké. Einige beschäftigten Kellnerinnen oder sogar Freudenmädchen, um den Gästen Gesellschaft zu leisten. Wieder andere organisierten Glücksspielrunden. Statt sich darauf zu beschränken, Tee für einen Sen pro Tasse zu verkaufen, boten die Teehäuser im Laufe der Zeit unterschiedlichste Dienste an. Weil sie aber auch zum Treffpunkt für Kriminelle und politische Dissidenten wurden, waren sie oft Ziel behördlicher Verfügungen.

Edo (das heutige Tokyo), Osaka und Kyoto wuchsen mit Beginn der Edo-Zeit zu wahren »Massenstädten« heran. Im Zuge dieser Verstädterung entwickelte sich aus dem einfachen mittelalterlichen Teehaus eine Vielzahl spezialisierter Varianten. Es gab neben Theater- und Sumo-Teehäusern beispielsweise Wasser-Teehäuser, die an der Straße oder innerhalb der Tempel- und Schreinbezirke für Tee und einen Rastplatz sorgten und manchmal hübsche junge Mädchen als Lockvögel für Gäste vor ihrer Tür postierten. Freudenmädchen arbeiteten aber nur in den erotischen Teehäusern, in denen man sich im privaten Kreis traf. Restaurant-Teehäuser servierten Getränke und

Typisches Teehaus am Rand einer Fernstraße (2. Hälfte 19. Jahrhundert)

Mahlzeiten und lagen abseits von Durchgangsstraßen, um statt vielfältiger Reize einen Rückzugspunkt anzubieten.

Kaffeelokale: Ein Spiegel der Veränderungen

Zwischen den damaligen Teehäusern und den heutigen traditionell japanischen Restaurants, Teehäusern und Klubs besteht kein grundsätzlicher Unterschied. Daneben tauchten mit dem Beginn der Moderne aber auch japanische Formen europäischer und arabischer Kaffeehäuser auf. Das Kaffeetrinken begann in Japan in den Hotels der Fremdenviertel. Es galt gleichzeitig als exotisch und als Symbol westlicher Kultur und Modernität, denn es erlaubte Menschen verschiedener Klassen und Lebensumstände, ungezwungen miteinander umzugehen und sich bei einer Tasse Kaffee oder Tee zu unterhalten.

In den frühen Jahren der Meiji-Zeit gab es in Kobe und Tokyo erstmals Kaffeelokale, die gleichzeitig im Einzelhandel Kaffeebohnen verkauften. 1888 eröffnete in einem zweistöckigen Gebäude in Shitaya, Tokyo, das erste moderne *kissaten*, »Ka-hhi Chakan«, (»Kaffee-Teehaus«), in der Aufmachung eines französischen literarischen Cafés. Dort gab es neben Kaffee auch Bier und andere westliche und japanische alkoholische Getränke, Brot, Kuchen und sonstige Gerichte – aber keinen Tee! Anderthalb Sen bezahlte man für eine Tasse Kaffee, zwei Sen für Café-au-lait. Für die Gäste wurden auch Kartenspiele, Billardtische, *go*, *shôgi*, Bücher, Zeitschriften und Briefpapier bereitgehalten.

Die im Stil solcher Cafés eingerichteten Kaffeehäuser erfreuten sich seit den späteren Jahren der Meiji-Zeit zunehmender Beliebtheit. 1910 eröffnete das »Maison Kônosu« (»Haus des Schwanennestes«) im Koami-chô Bezirk von Tokyo. Da es starken, gut gerösteten Kaffee wie in Frankreich servierte, wurde es bald zu einem Treffpunkt für Schriftsteller. Der Maler Shôzo Matsuyama gründete 1911 in Kyôbashi in Tokyo mit dem »Café Printemps« das erste Kaffeehaus, das schon im Namen das Wort »Café« führte. Die salonähnliche Ausstattung zog ebenfalls Künstler, Schriftsteller und Intellektuelle an. Die Speisenkarte umfaßte westliche Gerichte und alkoholische Getränke; eine Tasse Kaffee gemischt aus Mokka, javanischen und brasilianischen Sorten kostete fünfzehn Sen.

Das »Café Lion« war berühmt für seine hübschen Kellnerinnen, was diese Attraktion bald zum typischen Merkmal aller Cafés werden ließ.

Entscheidend für die Verbreitung des Kaffees wurden jedoch die Milchhallen, die für Studenten, Arbeiter und Hausfrauen erschwinglich waren. Ein Becher Kaffee von der Größe eines Bierseidels kostete bescheidene fünf Sen. Außerdem lagen Zeitschriften und Zeitungen aus. Den Höhepunkt ihrer Beliebtheit erreichten Milchhallen in den ersten zwanzig Jahren dieses Jahrhunderts. Zu dieser Zeit gab es auch eine Tendenz zu neuer und vielseitigerer Gestaltung der Räume, denn die Konkurrenz unter den Lokalen war groß. So entstanden die Kaffeehäuser, die *kissaten* genannt wurden. Alle verkauften Kaffee, aber abgesehen von dieser Gemeinsamkeit warben sie mit unterschiedlichsten Mitteln und Schwerpunkten um Kunden. Einige wurden von Zuckerbäckern betrieben, die miteinander um das schmackhafteste und ausgefallenste Gebäck zu den Kaffeezubereitungen der verschiedenen westlichen Länder wetteiferten. *Meikyoku kissaten* erschienen auf der Bildfläche, in denen man mit zehn bis fünfzehn Sen das Dreifache des üblichen Preises für eine Tasse Kaffee zahlte, dafür aber bei klassischer Musik Unterhaltungen mit gebildeten jungen Damen genießen durfte. Als sich die Moralvorstellungen lockerten, legten viele *kissaten* ihren Schwerpunkt auf die Dienste der Kellnerinnen und die erotische Wirkung ihrer Bekleidung (oder das Fehlen derselben).

Kaffee gegen grünen Tee

In unserem Jahrhundert ist die Beziehung zwischen Kaffee und grünem Tee von einer gewissen Rivalität geprägt gewesen, weil grüner Tee als Symbol für traditionelle, alte, japanische Kultur stand, während Kaffee die westliche, neue, moderne Lebensweise repräsentierte. Nachdem die Öffentlichkeit das Kaffeetrinken entdeckt hatte, dauerte es beispielsweise nicht lange, bis die *kissaten* die Wasser-Teehäuser ablösten. Heute finden sich diese nur noch an bestimmten berühmten historischen Stätten.

Noch verwickelter wird die Geschichte, wenn es um die Vorstellungen der Leute über das »intellektuelle Tokyo« und das »gewöhnliche Osaka« geht; denn Cafés mit unverhüllten sexuellen Anspielungen drangen von Osaka aus nach Tokyo vor, wo daraufhin die typische literarische oder künstlerische Atmosphäre aus den Kaffeehäusern verschwand. Sie wandten sich dem neuen »Sex-Geschäft« zu, gerieten aber damit in Konkurrenz zu der jahrhundertealten Variante des erotischen Themas, den traditionellen Geisha-Teehäusern. Die Verdienste und Schwächen der letzten gegenüber denen der »Kellnerinnen-Cafés« wurden bald Gegenstand ernsthafter Debatten. Die Teehäuser und ihre Geisha gingen daraus unverändert hervor, während aus den Cafés die Nachkriegsvarietés wurden.

Nach dem Zweiten Weltkrieg ist außerdem festzustellen, daß die Veränderungen der *kissaten*, kurz *kissa*, bezüglich räumlicher Gestaltung, Speisenangebot, Aufgaben und Leistungen deutlich die sich wandelnden Lebensbedingungen widerspiegeln. In den fünfziger Jahren und danach entstanden, um nur einige zu nennen: *amato-kissa* (süßer Zahn), Spiel-*kissa* und verschiedene Musik-*kissa*, nach gespielten Liedern zu unterteilen in Berühmte-Stücke-, Jazz-, Klassik-, Rock-, Gesangs-, Go-go-, und Karaoke-*kissa*. Auch die sexuellen Anspielungen änderten sich: Hübsche-Mädchen-, ohne-Höschen-, oben-ohne-, Salon-, Privatzimmer-, und Verabredungs-*kissa* kamen auf. Die meisten Moden erwiesen sich als kurzlebig, aber die zugrundeliegende Tatsache, daß immer neue Trends entstehen, zeigt doch, in welchen Bereichen sich Sitten und Gebräuche ändern.

Kissaten und die junge Generation

Die sinkende Zahl von *kissaten* ist ein Indiz dafür, daß jüngere Leute seit den achtziger Jahren nicht mehr so häufig wie zuvor Kaffeebars besuchen. Als Grund für diese Tendenz wird die Ausbreitung von Schnellimbissen genannt. Zusätzlich macht sich die Aufhebung der Einfuhrbeschränkungen für Kaffee 1960 und Pulverkaffee 1961 bemerkbar, denn Kaffee ist seitdem auch zuhause eine weit verbreitete Alternative zu grünem Tee. Damit ist die Wandlung des Kaffees vom exklusiven Genußmittel zum alltäglich verfügbaren Getränk vollendet. Schließlich sind die Wohnungen der Menschen größer und bequemer geworden, so daß ein *kissaten* nicht länger als Ersatz für Wohn- und Eßzimmer oder Büro dienen muß. In der heutigen modernen Stadt mag auch die Rolle des Kaffeehauses als Ort für den Austausch von Informationen überflüssig werden.

Insofern können die ständigen verwirrenden Wandlungen der *kissaten* als verzweifelter Kampf ums Überleben gedeutet werden. Heute hat ein *kissaten* nur noch Anziehungskraft, wenn es modernste Räume und aktuellste Informationen bieten kann. Damit wird es seinerseits zum Spiegel der japanischen Informationsgesellschaft und ihrer Veränderungen.

In letzter Zeit haben zwei *kissaten* besonderen Anklang gefunden: Bars mit Kaffeeausschank und Lokale, die mit lebendiger, offener Atmosphäre gut in die geschäftigen Innenstädte passen. Die Getränkekarte der meisten *kissaten* enthält heute neben Kaffee auch importierte Schwarztees mit Milch oder Zitrone, Säfte und Alkohol – nur grünen Tee können Sie dort immer noch nicht bestellen.

Vielleicht steht die *kissaten*-Kultur in Japan an einer Schwelle zu einem neuen Abschnitt. Die Rückkehr zu ursprünglichen Formen wie dem Londoner Kaffeehaus, dem Café aus Paris und dem Teehaus von Kyoto ist ebenso möglich wie die Perspektive, in naher Zukunft Überbleibsel der *kissaten* nur noch in Form vereinzelter Klubs für nostalgische Schwarztee- oder Kaffeeliebhaber mittleren Alters zu finden.

Pachinko: Der einsame Spieler

Tsutomu Hayama

»Manager! Können Sie den Kampf vierundzwanzig Stunden pro Tag durchhalten?« So beginnt ein Werbespot im Fernsehen. Den ganzen Tag über beschäftigt zu sein, galt in Japan schon immer als Tugend. Besonders Büroangestellte haben – meistens völlig zu Recht – den Ruf von Arbeitssüchtigen.

Die von Arbeit hart bedrängte japanische Bevölkerung hat aber von der Nachkriegszeit mit ihrem schnellen Wirtschaftswachstum bis zum heutigen Informationszeitalter eine Beschäftigungsmöglichkeit für jeden Tag gefunden, die auch erholsam ist: Pachinko, ein dem Flipper ähnliches Spiel, ist von allen mit Glücksspiel verbundenen Freizeitindustrien, die in der modernen japanischen Gesellschaft Fuß gefaßt haben, die bei weitem erfolgreichste.

Die nüchternen Zahlen zeigen, daß sich hinter Pachinko eine Mammutindustrie verbirgt mit jährlichen Einnahmen von ungefähr 13 Billionen Yen, was mehr als vier Prozent des japanischen Bruttosozialproduktes entspricht. Bei der letzten Zählung kam auf fünfunddreißig Bewohner Japans ein Automat, das ergibt fast 16.000 Spielhallen und dreieinhalb Millionen Pachinko-Automaten. Drei Millionen davon werden jedes Jahr neu hergestellt, und über 400.000 Angestellte bedienen etwa dreißig Millionen Spieler. Die Pachinko-Industrie macht mehr als ein Fünftel des japanischen Freizeitmarktes aus.

Wie verbreitet Pachinko in Japan ist, zeigt eine Umfrage unter Büroangestellten: Neunzig Prozent der Befragten hatten schon einmal dieser Form von Glücksspiel gefrönt, dagegen entfielen auf *mah-jongg* siebzig und auf Pferdewetten sogar nur vierzig Prozent. Besonders bei der japanischen Stadtbevölkerung ist das Pachinko-Spiel die beliebteste Form der Erholung, schließlich gibt es in ausnahmslos jedem Einkaufsviertel in jeder Stadt eine Spielhalle, und selbst kleinere Bahnstationen verfügen zumindest in der Nähe über Spielmöglichkeiten. Ohne diese überall gegenwärtige Freizeitbeschäftigung läßt sich die japanische Alltagskultur nur unvollständig begreifen. Ich werde im folgenden versuchen, die Anziehungskraft des Pachinko zu erklären und seinen Weg zu Japans Stadtbevölkerung nachzuzeichnen.

✧ ✧ ✧

Die Spielregeln sind einfach: Sie schnipsen eine Kugel ein senkrechtes Spielbrett hinauf und hoffen, daß sie beim Zurückrollen in eins der auf dem Brett befindlichen Löcher fällt. Warum läßt sich das Publikum von einem derartig simplen Spiel geradezu versklaven? Man spielt normalerweise allein, kaum jemals besuchen Gruppen eine Halle. Übertragungen im Fernsehen fehlen in dieser »Sportart« ebenso wie Zuschauertribünen, im wörtlichen Sinn kämpft der Spieler allein gegen die Maschine. Wieso sind die Städte zum Bersten voll mit Pachinko-Hallen?

Der Raum, der jedem Spieler zur Verfügung gestellt wird, ist extrem klein, doch darüber beklagt sich nie jemand. Japaner sind an beschränkten Raum gewöhnt, wie die vollgestopften Wohngebiete und die überfüllten Pendlerzüge beweisen. Auch wenn die Menschen zusammengepfercht sind, bauen sie automatisch im Kopf unsichtbare

Typische Spielhalle

Mauern um sich herum auf. Es scheint ihnen sogar ein Gefühl der Sicherheit zu geben, mit anderen auf kleinem Raum zusammengedrängt zu sein.

Vom Spiel fasziniert und völlig vereinnahmt sitzen sie vor dem Pachinko-Automaten, alle Konzentration auf die Bewegungen der schimmernden Stahlkugeln gerichtet, die über die Metallstifte herunterpurzeln. Das dabei entstehende Geräusch und die Bewegung lenken ab und lassen die Spieler totale geistige Leere und ein Gefühl der Loslösung erleben. Ihre Umgebung nehmen sie nicht mehr wahr.

Pachinko enthält sehr viel Zufall. Zwar gibt es unter den Spielern Experten, die gleichbleibend gute Resultate erzielen, aber das Durchschnittspublikum kann sich nicht ausschließlich in Spielhallen aufhalten, um Herrschaft über das Spiel zu erlangen. Für diese Spieler sind die Bewegungen der Kugeln kaum vorhersagbar und so bizarr wie die Schwimmstöße der Fische im Aquarium, nur von unendlich höherem, schwindelerregendem Tempo.

Heutzutage braucht der Spieler den Hebel, der die Kugeln hinaufjagt, nicht mehr bei jedem Spiel zu betätigen, weil Elektronik die manuelle Steuerung ersetzt hat. Damit wird der Zufall noch wichtiger. Ob die Kugel ein Loch berührt oder nicht, hängt nun im wesentlichen von der Position der als Ablenkvorrichtung arbeitenden Nägel auf dem Brett ab. Deren Verteilung ist bei jedem Automaten anders, und es bleibt eine Frage des Glücks, ob man einen »guten« bekommt. Weil Pachinko in diesem Sinn auf dem Zufallsprinzip basiert und außerdem ein Preisgewinn für eine bestimmte Anzahl erfolgreicher Kugeln möglich ist, muß es als eine Art Glücksspiel angesehen werden – und zwar als eine der wenigen offiziell akzeptierten Formen in Japan.

Viel von ihrer Anziehungskraft gewinnen die Spielhallen durch die einzigartige Gestaltung der Räumlichkeiten. Überdimensionale Girlanden aus Plastikblumen und bei Tag und Nacht hell blinkende Scheinwerfer schreien dem Passanten die Existenz einer Pachinko-Halle schon auf der Straße entgegen. Drinnen gibt es noch mehr knalligen Blumenschmuck, Lärm, laute Musik und grelle Beleuchtung. Der Ort vermittelt den Eindruck summenden pulsierenden Lebens weitab vom Stumpfsinn des Alltäglichen. Pachinko besteht zudem aus einer völlig simplen Tätigkeit, deren Ergebnis nach wenigen Sekunden feststeht. Auch jemand, der nur ein paar Minuten Zeit hat, kann für einen Moment hereinkommen und sich entspannen, denn Spielhallen sind überall in bequemer Nähe gelegen, und eine Runde kostet nur hundert Yen. Damit ist Pachinko für alle überall und zu jeder Zeit ein Erholungsprogramm im Vorübergehen.

✧ ✧ ✧

Die Ursprünge des Pachinko sind unbekannt. Es scheint begonnen zu haben, als das Brett für das »Korintherspiel« in die Senkrechte gekippt wurde, denn man benutzt ein kastenförmiges, aufrechtstehendes Brett mit Glasoberfläche und kleine Stahlkugeln, die mittels einer Feder hinaufbefördert werden. Fällt eine Kugel auf ihrem Rückweg in ein Loch, gibt der Automat mehrere neue Kugeln zum Weiterspielen heraus, die aber auch in Preise eingetauscht werden können. Das »Korintherspiel«, Vorläufer des amerikanischen Flipper, wurde in Japan eingeführt, wo kurz darauf ein Hersteller in Osaka oder Kanazawa die Idee entwickelte, das Spielbrett aus Gründen der Platzersparnis senkrecht zu stellen. Bereits in den zwanziger Jahren tauchte die Urform des heutigen Pachinko in den Spielecken der Kaufhäuser und auf Jahrmärkten auf. Im Kansai-Gebiet in Westjapan hieß es *pachi-pachi*, in der Gegend von Tokyo *gachanko*.

Seitdem konnte Pachinko seinen Platz als beliebtestes Entspannungsspiel immer wieder behaupten, auch wenn es häufig Rückschläge gegeben hat. Als »Industrie, die die öffentliche Moral betrifft«, stand Pachinko immer unter Kontrolle der Behörden. Während des Pazifikkrieges war es gänzlich verboten, wurde aber 1945 wieder zugelassen, als Möglichkeiten zur Entspannung rar waren. In der Folgezeit sorgte eine Reihe von Verbesserungen für ständig steigende Beliebtheit. 1952 kam beispielsweise der sogenannte »Maschinengewehrautomat« heraus, der die Kugeln automatisch nur durch leichten Anschlag des Hebels in schneller Folge ausstieß. Bei den alten Automaten mußten die Kugeln mit der Hand ins Spiel gebracht werden. Ein halbwegs professioneller Spieler konnte auf diese Weise bis zu hundert Kugeln in der Minute einsetzen, während ein schwächerer im gleichen Zeitraum auf dreißig kam. Der Maschinengewehrautomat hob diesen Unterschied auf und machte Pachinko für das Amateurpublikum noch attraktiver. Die höhere Geschwindigkeit in Verbindung mit anderen Verbesserungen und dem verstärkten Wirken des Zufalls führte zu einem unglaublichen Aufschwung: 1953 erreichte die Zahl der Spielhallen die Rekordmarke von 45.000.

Diese Entwicklung scheint den Behörden unheimlich geworden zu sein; das »Pachinko-Fieber« schlage zu hohe Wellen, urteilten sie und verboten 1955 das Schnellschußsystem. Ein Automat, der so hohe Geschwindigkeiten und entsprechenden Kugelverbrauch ermögliche, überschreite die Grenzen des akzeptablen »Glücksspiels im kleinen Rahmen«. Dieses Verbot bremste das weitere Anwachsen der Pachinko-Begeisterung, und die Anzahl der Spielhallen nahm wieder deutlich ab.

1957 wurde ein neuer Automat auf den Markt gebracht, der das Publikum zum Pachinko zurücklocken sollte. Um das Spiel attraktiver zu machen, war das Spielbrett optisch verbessert worden. Von Rückschlägen aufgrund regelmäßig wiederkehrender staatlicher Maßregeln erholte sich die Pachinko-Industrie jedes Mal und expandierte dabei stetig. In den späten sechziger Jahren erhielten die Spieler Stühle, damit sie in entspannterer Haltung spielen konnten und verleitet wurden, länger zu verweilen. Die Wiederzulassung der Schnellschußautomaten war der erste Schritt, in großem Stil Elektronik in die Glücksspielindustrie einzuführen. Geschicklichkeit, wie sie die alte manuelle Betätigung der Automaten erfordert hatte, war nun endgültig überflüssig, und jeder konnte unabhängig von Alter, Geschlecht und Erfahrung unter gleichen Bedingungen spielen.

Das erweiterte den Anhängerkreis wiederum beträchtlich, bis die Pachinko-Industrie in den siebziger Jahren unter anderem durch Ölkrise, steigende Beliebtheit von Videospielen und Preiserhöhungen zum falschen Zeitpunkt erneut in ein Tief geriet. Durch die heftige Konkurrenz untereinander waren Spielhallenbetreiber gezwungen, alle drei Monate zu renovieren, um Kunden anzulocken; das hatte es in keinem anderen Wirtschaftsbereich jemals gegeben! Doch auch dieses Mal katapultierte eine neue Entwicklung Pachinko wieder nach vorn: 1980 kamen digitale Automaten mit integrierten Schaltkreisen auf den Markt, zum Beispiel das Modell »Fieber«. Es war eine Kombination aus Pachinko und Glücksspielautomat; wenn eine Kugel auf den Hauptgewinn traf, kamen ganze Kaskaden von neuen Kugeln ins Spiel. Während das Publikum diese erneute Verstärkung des Glücksspielanteils und die damit verbundene berauschende Wirkung begeistert begrüßte, erließen die Behörden aufgrund genau dieser Elemente eine Verfügung nach der anderen, um den Aufruf zum Glücksspiel zu unterbinden.

Bereits diese grobe Skizze der Nachkriegsgeschichte des Pachinko enthüllt einen Kreislauf: Die Verschiebung vom entspannenden Geschicklichkeits- zum Glücksspiel löst einen Aufschwung aus, wird aber gleichzeitig zum sozialen Problem, das zu staatlicher Reglementierung führt, die einen Niedergang bewirkt. Dieser wird überwunden durch Einführung neuer Modelle, die den Markt wieder beleben. Bis heute wiederholt sich das Muster. Es steht für das typische Tauziehen zwischen einem nach Profit strebenden Wirtschaftszweig und Behörden, die die öffentliche Ordnung aufrechterhalten wollen. Es entspricht wohl sogar einem Tauziehen zwischen Gier und Gewissen bei den Pachinko-Anhängern selbst. Die Spieler können sich der ge-

Pachinko-Automat

mäßigten Form des Glücksspiel hingeben und gleichzeitig die Angst vor Abhängigkeit beschwichtigen.

✧ ✧ ✧

Auf die Pachinko-Automaten ist während ihrer Entwicklung jeweils sorgfältig die fortschrittlichste industrielle Technologie angewandt worden. Es hat laufend Neuerungen für die Bedienung und Verbesserungen von Material und Struktur gegeben: Die Sperrholzgrundlage zum Beispiel ist inzwischen feuchtigkeitsbeständig; die aus hochbelastbaren Materialien gefertigten Nägel, die fünf Zentimeter in das Spielbrett getrieben werden, halten mehrere Millionen Treffer aus, ohne sich zu lösen; doppelte Glasschichten neutralisieren magnetische Kräfte; die Kugeln bestehen aus gehärtetem Stahl, um die Präzision zu erhöhen und Verformungen zu verhindern. Nach Jahren fehlgeschlagener Versuche ist die Neigung des Brettes auf dreizehneinhalb Millimeter ausbalanciert worden. Zu den bedienungstechnischen Verbesserungen gehören automatischer Kugelnachschub und ebensolche Verteilung sowie Reinigungsmittel für die Kugeln.

Übrigens arbeitete der spätere Erfinder einer Nachschubvorrichtung mit dem Namen »Tintenfischbein« während des Zweiten Weltkrieges als Wehrpflichtiger bei den »Mitsubishi«-Flugzeugwerken. Er soll gesagt haben, daß die dort gelernten Techniken für die Konstruktion des Kugelnachschubgerätes nützlich gewesen seien – dies als Beispiel friedlicher Nutzung von Militärtechnologie.

Die Elektronik hat die größten Veränderungen gebracht. Jeder Pachinko-Automat enthält heute einundzwanzig integrierte Schaltkreise und einen großintegrierten Schaltkreis. Anzahl der Preiskugeln und Gewinnchancen werden über Computer gesteuert, die auch von den ehemaligen »Nagelspezialisten« die Aufgabe übernommen haben, die Position der Nägel zu kontrollieren. Mit anderen Worten, Schaltkreistechnik, die in Amerika militärisch genutzt wird, bedient in Japan die Freizeitindustrie.

Die Geschichte des Pachinko beinhaltet die jeweils fortschrittlichsten technischen Errungenschaften, doch sollte darüber der menschliche Anteil nicht vergessen werden. Ohne Generationen von Unternehmern und Erfindern gäbe es Pachinko heute nicht. Der Reichtum dieser Industrie ist entstanden aus der unermüdlichen Suche nach neuen Ideen, den technischen Neuerungen zur Verwicklichung dieser Ideen und den Möglichkeiten, die Bedienung der Automaten zu vereinfachen.

✧ ✧ ✧

Vor Pachinko hat noch das ältere *hôbiki* eine gewisse Beliebtheit erreicht. Es war die Vereinfachung eines traditionellen Kartenspiels, existierte schon in der Muromachi-Zeit und blühte während der Edo-Zeit auf belebten Straßen in der Stadt als *tsuji-hôbiki* (Straßenrandglücksspiel). An möglichst viele Passanten wurden an einem bestimmten Tag Lose verkauft, die einen großen Geldgewinn versprachen. Die Gewinnummern wurden durch eine Ziehung ermittelt, wie es heute noch in Lotterien üblich ist. Diese haben einiges mit Pachinko gemeinsam: Das eigene Schicksal wird den Glücksgöttern anvertraut, die Kosten für eine Runde sind niedrig, der Spieler kann die Höhe des Einsatzes selbst bestimmen und einen Gewinn in Bargeld tauschen. Beide Spiele sind städtische Formen des Glücksspiels: vom Straßenrand aus gibt es die Angebote an die Passanten, die sie, und das ist das Wichtigste, jeder für sich allein wahrnehmen können.

Hana-fuda, ein frühes Kartenspiel der einfachen Leute

Pachinko-Hallen bieten heute ein helles, sauberes Bild in guten Lagen in den Einkaufsstraßen mit einer Rezeption wie im Hotel und charmanten Empfangsdamen. Das Interesse einer Industrie, einen großen Kundenkreis beider Geschlechter anzusprechen, wird deutlich. Es gibt keinen Grund, für die Zukunft an der Wandlungsfähigkeit des Pachinko und seiner Beliebtheit als billige, bequem zu genießende Entspannungsmöglichkeit zu zweifeln.

Kultur des Lernens – »Volkshochschulen« in Japan

Takeshi Moriya

Freude am Lernen und der Wunsch, neue Fähigkeiten zu erlangen, motivieren fast alle Japaner, im Laufe ihres Lebens nichtakademische Studien zu betreiben und freiwillig Kurse zu besuchen. Dieses Verhalten hat eine Tradition geschaffen, die als Unterrichtskultur beschrieben werden kann.

Das gesamte Kursangebot für das Lernen in der Freizeit heißt *o-keiko-goto*, viele der Lehrgänge befassen sich mit den traditionellen Künsten. Deren Lehre wird in Japan von einer Anzahl »Schulen« beherrscht, die eine Familie, oft die Gründerfamilie, leitet. Diese Familie oder häufiger ihr Oberhaupt heißt *iemoto*. Meistens nimmt die Hierarchie der Schule eine ausgefeilte, nur auf den *iemoto* ausgerichtete Form an, das *iemoto*-System.

Unter diesem Begriff läßt sich eine Organisation verstehen, die Unterrichtsstunden und dafür notwendige Lehrkräfte anbietet. Studenten schreiben sich ein und arbeiten nach einem festgesetzten, einheitlichen Lehrplan. Für jede absolvierte Stufe des Plans wird ihnen gegen Gebühr eine Bescheinigung über den Lernfortschritt ausgestellt. Dem Kursleiter steht ein bestimmter Prozentsatz der entrichteten Summe zu, den Rest bekommt der *iemoto*. Damit dieses System wirksam funktionieren kann, sind eine große Zahl Lehrer und Studenten und eine klare Hierarchie mit einem *iemoto* an der Spitze der Pyramide nötig.

Einerseits handelt es sich beim *iemoto*-System um eine alte Institution, andererseits ist es sehr modern und blüht heute in nie dagewesenem Maße. Das zeigen die jährlichen Veröffentlichungen der Einkommensteuerlisten, auf denen immer die Namen mehrerer *iemoto* ganz oben unter den Spitzenverdienern stehen.

Zeitweise galt das *iemoto*-System als feudalistisches Überbleibsel, dessen erfolgreiches Fortbestehen ein Zeichen für Japans Rückständigkeit sei. Heute ist jedoch klar, daß diese Auffassung nicht den Kern der Sache getroffen hat: Je moderner die Gesellschaft wird, desto stärker und einflußreicher präsentiert sich das *iemoto*-System.

Andere Theorien verstehen das *iemoto*-System als höchsten Ausdruck der Einzigartigkeit sozialer Beziehungen in Japan und benutzen *iemoto* als Schlüsselwort für die Unverwechselbarkeit der japanischen Gesellschaft. Allerdings wären sehr genaue vergleichende Untersuchungen erforderlich, um festzustellen, ob diese Organisationsform tatsächlich nur in Japan existiert.

Wir wissen lediglich, daß das *iemoto*-System in Japan etwa vierhundert Jahre alt ist. Vorbereitet wurde es in der städtischen Gesellschaft des siebzehnten Jahrhunderts, um im achtzehnten Jahrhundert ausgebaut zu werden. Der Begriff selbst war vor der zweiten Hälfte des achtzehnten Jahrhunderts nicht gebräuchlich. Die ersten Kurse lehrten die Teezeremonie, *ikebana* und traditionelle darstellende Künste wie den Tanz. Mit dem neunzehnten Jahrhundert kamen weitere künstlerische Bereiche dazu. Einige *iemoto* eröffneten ihre Schulen im ganzen Land, während andere sich auf bestimmte Regionen spezialisierten.

✧ ✧ ✧

O-keiko-goto ist ausschließlich als Allgemeinbildung für die Bevölkerung insgesamt konzipiert und unterscheidet sich deutlich von jeder Form beruflicher Schulung und Ausbildung. Für die Einschätzung des *iemoto*-Systems ist deshalb entscheidend, wie es sich auf das allgemeine Publikum einstellt, von dem es getragen wird.

Die zentrale Rolle in der Geschichte des *o-keiko-goto* spielte die Stadtbevölkerung des späten siebzehnten Jahrhunderts. In den reichen Städten gelang es damals der unteren Mittelklasse, zu Vermögen zu kommen und sich Freizeit zu verschaffen, indem sie flexible Arbeitszeiten nutzte. So konnten sich viele Menschen dem *o-keiko-goto* zuwenden. Sie verstanden die Unterrichtsstunden als erholsame Beschäftigung, wie die Bezeichnung *yûgei* (erholsame Künste) für die Kurse zeigt. Künste bezog sich dabei nicht nur auf ästhetische Bereiche wie Gesang und Tanz, auch Unterricht in Medizin und Gartenbau fiel in der Edo-Zeit unter *yûgei*. Thematisch konnte *o-keiko-goto* alles lehren, vorausgesetzt, die Vermittlung blieb erholsam. Dieses

Verständnis ist bis heute unverändert: Auch für moderne Japaner gehören das Erlernen einer Fremdsprache oder des Kochens selbstverständlich zu *o-keiko-goto*.

Die Entstehung einer breiten Öffentlichkeit mit Interesse am *o-keiko-goto* bot den Künstlern eine Alternative zum klassischen Pfad, »den eigenen Weg und Stil finden und durchsetzen« zu müssen. Sie konnten nun auch »die Kunst lehren«. Das steigende Interesse trug in jeder Stadt eine wachsende Zahl dieser *machi-no-shisho* (Unterrichtsexperten), die sich darauf spezialisierten, den Amateuren ihre Kunst beizubringen. Dazu mußten sie nicht Meister ihres Faches sein, sondern nur etwas von seiner Vermittlung verstehen.

Im späten siebzehnten Jahrhundert enthielten die Stadtführer Listen der ortsansässigen Lehrer. Diese Praxis kurbelte *o-keiko-goto* weiter an. Noch mehr Künstler wandten sich dem Unterricht zu, gleichzeitig wählten Interessierte verstärkt neue Themen und Dozenten aus. Auch Aktivitäten der Lehrpersonen steigerten die Zahl der Anmeldungen. Wie beim sprichwörtlichen Huhn und dem Ei läßt sich hier nicht entscheiden, ob der Anstieg der Lehrerzahlen die Zahl der Studenten steigen ließ oder umgekehrt.

iemoto einer *ikebana*-Schule

O-keiko-goto trat in eine Systematisierungsphase, als die selbständigen Lehrkräfte in den Städten versuchten, in bestehende *iemoto*-Schulen aufgenommen zu werden. Für sie bedeutete die Anbindung an eine eingeführte Schule berufliche Sicherheit, weil mit dem Ruf des Instituts im Rücken leichter Schüler zu bekommen waren. Für die Schule brachte die Aufnahme eines Dozenten Vorteile, denn er führte der Schule seine Studenten zu, und es war zu erwarten, daß sein Ruf auch in der Zukunft neue Schüler gewinnen würde. Es bestehen durchaus Ähnlichkeiten zwischen dieser Form der Angliederung und modernen Geschäftspraktiken wie dem Franchise-System mit seiner Lizenzvergabe.

Gleichzeitig war das *iemoto*-System eine Art Lehrergewerkschaft. Bei allgemeiner Verbreitung der Organisation folgte daraus, daß Lehrer außerhalb der mächtigen Vereinigung nur noch schwer ihr Geld verdienen konnten, wenn sie sich von ihrer Schule trennten. Im *iemoto*-System waren die Lehrkräfte Mittler zwischen der Zentrale und Studenten. Wer den geforderten Lehrstoff vollständig erarbeitet hatte, konnte selbst Lehrer werden. Auf diese Weise sorgte das *iemoto*-System früher und auch heute noch selbst für einen kontinuierlichen Nachwuchs an fähigen Lehrkräften.

Die Entwicklung eines derartigen Systems bedeutete für den *iemoto* die Aufgabe, sich vielen sozialen und institutionellen Herausforderungen zu stellen. Nach außen hin mußte er sich den feudalstaatlichen Behörden gegenüber legitimieren und mit ihnen zurechtkommen. Intern arbeitete er Lehrpläne aus und bereitete die fachlichen Inhalte so auf, daß die Kunst in einfacher, entspannender Form vermittelt werden konnte.

✧ ✧ ✧

Eine Basis des *iemoto*-Systems ist der Grundsatz, Bildung für alle anzubieten und niemanden davon auszuschließen. So betrachtet, handelt es sich um eine offene, demokratische Organisationsform. Das ist einer der Gründe, warum es zur Zeit die schnell wachsende Zahl von *o-keiko-goto*-Interessenten wirkungsvoll auffängt und dadurch einen der blühendsten Abschnitte seiner Geschichte erlebt. Denn letztlich wird der Einfluß einer Schule von ihren Studentenzahlen bestimmt, und das *iemoto*-System hat in seiner langen Tradition immer Menschen der verschiedensten gesellschaftlichen Gruppen angesprochen.

Andererseits beruht das System auf der Bedeutung der Fortschrittsbescheinigungen. Nur der *iemoto* darf sie ausstellen, und dieses Monopol sichert und begründet die erbliche Position an der Spitze der Pyramide. Studenten können Leistungsnachweise erhalten und im System aufsteigen, aber nie innerhalb der Hierarchie das Recht erlangen, selbst Zertifikate auszugeben. Es ist ihnen grundsätzlich verwehrt, den Posten des *iemoto* zu übernehmen. In diesem Sinn ist die Institution keineswegs demokratisch.

Iemoto kann nur werden, wer die Organisation verläßt und eine eigene, unabhängige Schule gründet. Dafür gibt es keine rechtlichen Einschränkungen und Erfordernisse, es herrscht freie Konkurrenz. Ob es allerdings wirklich vorteilhaft ist, ohne einen gewissen Ruf *iemoto* einer eigenen Schule zu werden, statt in der Organisation zu bleiben, ist schwer vorherzusagen. Jeder vielversprechende Schüler, der über einen solchen Schritt nachdenkt, muß mit Angriffen seines bisherigen *iemoto* rechnen, der seine persönlichen Interessen bedroht sieht. Es gibt genügend Beispiele in der Geschichte für mächtige *iemoto*, die abtrünnige Gründer eigener Schulen schikaniert haben. In dieser Hinsicht muß das System als extrem autoritär und abgeschlossen bezeichnet werden.

Offenheit gegenüber der Masse einerseits sowie hermetische Geschlossenheit an der Spitze andererseits kennzeichnen das *iemoto*-System. Anders als in regulären Universitäten gibt es darüber hinaus keine Graduierungszeremonien, die die Studenten aus dem System entlassen würden. Es existiert nur ein Punkt, von dem aus kein weiterer Aufstieg möglich ist. Puffer zwischen diesen Widersprüchen des Systems sind die Lehrer, die sich oft selbst in der zweideutigen Position wiederfinden, weder echte Amateure noch anerkannte Profis zu sein.

✧ ✧ ✧

O-keiko-goto ist normalerweise Selbstzweck und nicht Mittel, ein praktisches Ziel zu erreichen. In Japan gilt es als unangemessen, die Künste zur Verbesserung der eigenen Lebenssituation zu benutzen.

Selbst wenn das Erlernen einer Kunst sich irgendwann als nützlich erweist, sollte man seine Studien nicht mit diesem Ziel begonnen haben! Pianostunden für Kinder zum Beispiel sind typisch für *o-keiko-goto*, denn niemand bekommt Klavierunterricht mit der Absicht, Konzertpianist zu werden.

Oberstes Ziel von *o-keiko-goto* ist Zufriedenheit mit dem eigenen Tun. Die wird im *iemoto*-System durch die Fortschrittsbescheinigungen vermittelt. Sie sind die Schlüssel zu der offenen, an der Masse orientierten Struktur des *o-keiko-goto* und zum Bewußtsein der Studierenden, die es tragen. Denn die Zeugnisse bedeuten für die Studenten das greifbare Maß dessen, was sie während des Studiums erreichen. Durch die Bescheinigungen auf jeder Stufe der Kurse erleben sie das Gefühl eigenen Fortschritts und erhalten die Bestätigung, etwas geleistet zu haben.

Weil die Zertifikate natürlich eine Wertung beinhalten, wollen die Studenten möglichst durch eine anerkannte Autorität beurteilt werden – je berühmter der *iemoto*, desto wertvoller das von ihm ausgestellte Zeugnis.

Die *iemoto* sind sich dessen selbstverständlich bewußt und stehen ständig unter dem Druck, ihre Autorität beweisen zu müssen. Sie treten daher von Zeit zu Zeit öffentlich auf und »weisen den Weg«. Während die alltäglichen Anleitungen in den Kursen eher praktisch sind, gewinnen die Äußerungen des *iemoto* bei seinen Auftritten die Qualität eines spirituellen Diskurses und erinnern an das, was man vom verehrten Meister einer religiösen Sekte erwarten würde. Es ist daher auch kein Zufall, daß Veröffentlichungen des *iemoto* im Ton den Zeitschriften religiöser Gruppen ähnlich sind.

✧ ✧ ✧

Von der Edo-Zeit an waren die *iemoto*-Schulen innerhalb des *o-keiko-goto* im wesentlichen auf die Lehre einer traditionellen Kunst beschränkt. Seit kurzem gibt es daneben für neue künstlerische und musikalische Bereiche auffällig viele Schulen, die das *iemoto*-System übernehmen, weil die Vorteile der Pyramidenstruktur auf der Hand liegen, wenn man Studenten heranziehen und zu Lernfortschritten bringen will. Die Fortschrittsbescheinigungen oder ein gleichwertiger

Ersatz für sie spielen entsprechend eine ebenso große Rolle wie im alten System. Sogenannte Kulturzentren bieten Kurse an; ihre Lehrer gehören zu Körperschaften, die Zertifikate vergeben dürfen. Nicht einmal berühmte Künstler würden an einem Kulturzentrum unterrichten wollen, ohne Mitglied einer bekannten Organisation zu sein, denn natürlich erwarten die Kursteilnehmer Zeugnisse anerkannter Autoritäten.

Anders als im alten System besteht jedoch die Möglichkeit, im Kulturzentrum unter einem Dach verschiedenste Angebote wahrzunehmen, von Kalligraphie über Blumenschmuck bis zu Jazzdance, Fremdsprachen und Nähen gibt es alles. Damit ist eine neue Struktur des *o-keiko-goto* erreicht, wobei die Lehrkräfte verschiedener Schulen Klassenräume mieten wie Boutiquenbesitzer Verkaufsflächen in einem großen Kaufhaus. Die sich daraus ergebenden neuen Möglichkeiten für traditionelle und neue *iemoto*-Systeme leuchten sofort ein.

Allerdings hat das Modell der Kulturzentren seine Grenzen in den Räumen, die für die Kursangebote zur Verfügung stehen. Wenn Schüler große Fortschritte gemacht haben, werden sie deshalb gebeten, im privaten Studio des Dozenten weiter zu arbeiten. Danach können sie sogar in die Zentrale der Schule eingeladen werden. Insofern haben die Kulturzentren das *iemoto*-System weiter gestärkt, denn sie sorgen auf effektive Weise für Nachwuchs.

Solange die Zahl der *o-keiko-goto*-Schüler weiter steigt und sie den Wert der Fortschrittsbescheinigungen als Maßstab akzeptieren, werden sich die *iemoto* alter und neuer Prägung sicher auch in Zukunft in ihrem Ruhm und Reichtum sonnen. In letzter Zeit gibt es allerdings – wenn auch schwache – Anzeichen für eine Abkehr von den Zertifikaten. Besonders Kulturzentrumsstudenten sind wenig begeistert von der Idee, auf höhere Ebenen aufzusteigen. »Schließlich ist es *o-keiko-goto*, wir wollen nichts wirklich Schwieriges lernen. Was sollen wir mit einer Bescheinigung?« sagen sie. Sobald ihr Grundkurs zuende ist, verlassen sie die Schule und bilden auf privater Ebene Klubs, um gemeinsam aus Spaß an der Freude ihrer Freizeitbeschäftigung nachzugehen.

Im Moment sind diese Studenten eine kleine Minderheit. Aber wenn die Tendenz sich verstärken sollte, könnte die Grundlage für Prestige und Autorität der *iemoto* geschwächt werden. Obwohl das

System zur Zeit die größten Erfolge in seiner Geschichte genießt, mag es in Wirklichkeit an einem für seine Zukunft kritischen Wendepunkt angekommen sein.

Pauschalreisen, Pilgerfahrten und Vergnügungstouren

Akinori Kato

Tourismus in großem Stil ist eine Begleiterscheinung des Friedens und der Wohlstandsgesellschaft, denn Stabilität führt mit hoher Wahrscheinlichkeit zu verstärktem Interesse an Reisen. Wenn dafür Bequemlichkeit und Sicherheit versprochen werden, gewinnt die Vorstellung, Ferien in Übersee zu machen, viele Anhänger. Natürlich sollte ein Urlaub ein gewisses Maß an Spannung und Aufregung enthalten, aber Unterhaltung und Sorglosigkeit müßten doch überwiegen. Diesen Ansprüchen genügen in bemerkenswerter Weise die Pauschalreisenangebote, die Millionen von Japanern jedes Jahr wahrnehmen. Für die Tourismusindustrie der Nachkriegszeit spielen sie eine entscheidende Rolle.

Der japanische Ausdruck für Pauschalreise *pakku ryokô* bedeutet »alles umfassender Reiseplan«. Damit ist gemeint, daß Transport während der Reise, Unterbringung und Besichtigungen von einem Vertreter des Veranstalters geplant und dann als Standardpaket an die Reisewilligen verkauft werden. Auf diese Weise braucht man nur einmal eine Route auszuarbeiten, die dann viele Reisende benutzen können. Auch vom Standpunkt des Kunden sprechen die Pauschalreisen für sich: Kosten und Inhalt des Pakets sind vorher bekannt, lästige Planungen und Papierkram entfallen, die Preise sind normalerweise vernünftig, für etwaige Probleme ist ein Reiseleiter zuständig, und im fremdsprachigen Ausland haben die Reiseteilnehmer untereinander Gesellschaft. Auch ein unerfahrener Tourist kann sorgenfreie Ferien genießen, wenn alle Einzelheiten von Reisebegleitern oder Personal am Ort bedacht werden.

Andererseits läßt die festgelegte Reiseroute kaum Veränderungen oder Absagen zu. Die Planer packen oft viel zu viele Attraktionen in das Programm, so daß ein haarsträubend enger Zeitplan besteht. Ohne die Gruppe etwas zu unternehmen oder abseits gelegene Orte zu besichtigen, ist so gut wie unmöglich. Doch trotz dieser Nachteile expandierte die japanische Pauschaltourismusindustrie in der Nachkriegszeit enorm, besonders im Bereich der Überseereisen.

Als 1964 die Olympischen Spiele in Tokyo stattfanden, wurden die Beschränkungen für Reisen nach Übersee aufgehoben. Jeder durfte nun jährlich den Gegenwert von fünfhundert Dollar aus dem Land bringen. Noch im selben Jahr reisten 128.000 Japaner ins Ausland. Fünfundzwanzig Jahre später war die Zahl auf über zehn Millionen angestiegen, was einer geradezu phänomenalen Wachstumsrate entspricht, zu der ohne Zweifel vor allem der starke Anstieg der Pauschalreisen beigetragen hat.

Der erste Auslöser der Reisewelle war ein Pauschalreisenangebot von Swiss Air im Juli 1964. Im Jahr darauf folgte Japan Airlines mit dem Reisepaket »Jalpack«, das bald zum Synonym für Überseereisen überhaupt wurde. Konkurrierende japanische Fluggesellschaften zogen mit einer wahren Flut von Pauschalangeboten nach. 1968 traten erstmals Großhändler auf den Markt, und anstelle der Fluggesellschaften begannen Reiseveranstalter, unter eigenem Namen für Pauschalreisen zu werben. 1970, das Jahr der Weltausstellung in Osaka, bot für die Tourismusindustrie einen neuen Anreiz mit dem Bau des Jumbojets, der endgültig das Zeitalter des Massentourismus einleitete: Die Zwischenhändler konnten bei Abnahme großer Mengen Flugkarten mit sechzig Prozent Nachlaß gegenüber dem normalen Preis kaufen und die Kosten für Pauschalreisen entsprechend senken.

Diese Entwicklung war der Vorbote der allgemeinen Verbreitung von Überseereisen: 1971 überstieg die Zahl der ins Ausland reisenden Japaner zum ersten Mal die Millionengrenze. Die Regierung erließ ein neues Gesetz für die Reiseindustrie. Darin werden Reisende eindeutig als Verbraucher anerkannt, was Reiseveranstalter für die Rechte und Sicherheit ihrer Teilnehmer haftbar macht. Mit diesem vorausschauenden Gesetz war die allgemeine Öffentlichkeit abgesichert, und dem Massentourismus stand nichts mehr entgegen. Seit 1972 gab es einen Reiseboom, bei dem das Angebot die Nachfrage schuf. Rückschläge, wie die Ölkrise 1973, und Verbesserungen, wie der Einsatz von Charterflügen bei Pauschalreisen ab 1978, hatten das System reifen lassen, als zwei Jahre später mittels Werbung in den Zeitungen noch mehr Kunden für Pauschalreisen gewonnen werden sollten.

1989 konnte man in Japan fast fünfhundert verschiedene Pauschalreisen nach Übersee kaufen, die ungefähr sechzig Prozent der zehn Millionen Auslandsreisenden in Anspruch nahmen. Eine Schätzung aus dem Jahre 1992 ergibt ähnliche Zahlen. Von etwa elfeinhalb Millionen Überseereisenden fuhren laut Ausreisepapieren achtzig Prozent nicht aus geschäftlichen Gründen; von diesen Privatreisenden nutzten wiederum ungefähr siebzig Prozent Pauschalangebote.

Es überrascht daher nicht, daß sich der Markt für Pauschalreisen mehr und mehr aufgefächert hat. Führende Firmen entwickeln alternative Programme, um verschiedene Verbrauchergruppen anzusprechen. Städte-, Insel- und Luxustouren, Flitterwochen, Gourmetreisen, Fahrten zu wenig bekannten oder vom Teilnehmer selbst bestimmten Zielen, mit besonderen Themenschwerpunkten oder bezogen auf ein spezielles Hobby, von einem Arzt begleitete Seniorenferien oder Sprachstudienreisen, alles steht heute auf dem Programm. In Anspruch genommen werden diese Vorschläge häufig von erfahrenen Urlaubern, die etwas Neues ausprobieren möchten. Anfänger dagegen empfinden nach wie vor die klassische Exkursion als angenehm beruhigend, bei der sie vom immer gegenwärtigen Reisebegleiter in kür-

Beim Einchecken für eine Gruppenreise

zestmöglicher Zeit zu den verschiedensten Sehenswürdigkeiten gescheucht werden.

✧ ✧ ✧

Während diese standardisierte Reiseform in Japan allgemein verbreitet ist und von allen akzeptiert wird, weckt sie in anderen Ländern Spott und scheint zu bestätigen, daß Japaner wie Schafe nur in einer Herde funktionieren können. Doch die Reisegewohnheiten sind nicht einfach auf Herdentrieb oder natürliche Furchtsamkeit zurückzuführen, sondern wurzeln in vormodernen Zeiten, als einfache Leute unterschiedlichster Herkunft anfingen, Pilgerfahrten zum Großen Schrein von Ise zu unternehmen.

Allgemein hält man in Japan die Vorstellung, sich allein zu erholen, für ein modernes Phänomen. Vorher war Erholung selbstverständlich Angelegenheit einer Gruppe. Sie konnte nur stattfinden und von der Gemeinschaft akzeptiert werden, weil sie nach allgemeinem Konsens um der Götter willen praktiziert wurde. Mit anderen Worten, Aktivitäten, die normalerweise als nutzlos und frivol galten und mit Stirnrunzeln bedacht worden wären, wurden stillschweigend geduldet, wenn sie religiös motiviert waren und in der Gruppe stattfanden.

Insofern ergibt es einen Sinn, daß Reisen für die breite Masse in der Edo-Zeit fast nur Pilgerfahrten mit einem offensichtlich religiösen Zweck waren. Die Reisen zu Schreinen und Tempeln ermöglichten es einmal, die Mitreisenden besser kennenzulernen, zum anderen nahm das ganze Dorf daran Anteil, denn es gab eine Abschiedsfeier für die Aufbrechenden und später Andenken für die Daheimgebliebenen. Der Erholungsanteil der Pilgerreise bestand im Besuch von Sehenswürdigkeiten.

Ein typisches Beispiel für die damalige Reisepraxis war die Fahrt nach Ise. Ursprünglich war dieser heiligste der Schreine für die Allgemeinheit verboten gewesen, wurde aber während der Heian-Zeit der Öffentlichkeit zugänglich gemacht. Im Mittelalter herrschte so starker Besucherandrang, daß die Schreinpriester einen Kodex spiritueller Regeln einführen mußten, wie der Gottesdienst durchgeführt werden sollte. Es existierten detaillierte Anweisungen, Tabus und andere Vorschriften, weil eine wachsende Zahl einfacher Leute zu der heiligen Stätte kam.

Alleinreisende waren im Mittelalter vielen Schwierigkeiten ausgesetzt. Soziale und politische Instabilität herrschte, es fehlte an Unterbringungsmöglichkeiten, Zoll- und Grenzstationen erschwerten den Weg, und am Ziel warteten die komplizierten Regeln für die Anbetung im Schrein selbst. Wir können deshalb annehmen, daß ein Schreinbesuch meistens als Pilgerfahrt in der Gruppe geplant und von einem erfahrenen Führer, dem heutigen Reiseleiter, begleitet wurde. Seit dem sechzehnten Jahrhundert gab es in den Dörfern Vereine, die die Fahrten nach Ise finanziell unterstützten. Alle Mitglieder zahlten regelmäßig Beiträge in einen Fond, mit dessen Mitteln einzelne nach Ise geschickt wurden. Allen langjährigen Geldgebern war auf diese Weise garantiert, wenigstens einmal im Leben selbst nach Ise pilgern zu können. Diese Vereine vermehrten sich schnell, und bald reisten alle jungen Männer nach Ise, um sich durch dieses Bildungserlebnis auf ihre Rolle als künftige Familienoberhäupter vorzubereiten. Die Fahrt zum Ise-Schrein galt künftig als Zeremonie zum Erreichen der Volljährigkeit, und wer sie nicht absolviert hatte, war noch nicht flügge.

So wurde die Pilgerfahrt eine feste Einrichtung und Pflicht für jeden Bürger. Allerdings hatten viele Menschen, besonders Frauen und Kinder, weder Zeit noch Geld für eine der regulären Reisen. Daraus entwickelte sich die Praxis *nuke-mairi*, das heißt: sich ohne Erlaubnis der Familie davonstehlen, um den Ise-Schrein zu besuchen. Auch Lehrlinge und Bedienstete, deren Herren das Verlassen der Arbeit nicht erlaubten, reisten auf diese Weise. *Nuke-mairi*-Flüchtlinge wurden nicht verfolgt oder bestraft, sondern üblicherweise von reichen Leuten auf ihrem Weg materiell unterstützt.

Bis zu Beginn der Edo-Zeit hatte *nuke-mairi* noch eine andere Form der Gruppenreise mit sich gebracht, *okage-mairi* (Trittbrettpilgerfahrt). Es dauerte nämlich nicht lange, bis die Zahl der *nuke-mairi*-Reisenden deutlich erhöht wurde durch andere, die spontan die Gelegenheit nutzten und sich zu ihnen gesellten. Das war eine gute Möglichkeit, auf Reisen zu gehen, ohne Geld ausgeben zu müssen, denn die Bewohner der jeweiligen Gegend waren moralisch verpflichtet, die vorbeiziehenden Pilger mit Nahrung, Unterkunft und sonstigem Reisebedarf erheblich zu unterstützen. Praktiken wie *nuke-mairi* und *okage-mairi* hätten sich natürlich nicht durchsetzen können, wenn nicht der Glauben an die Bedeutung des Ise-Schreins auf gesellschaftlichem Konsens beruht hätte und tiefverwurzelt gewesen wäre.

Die Bekleidung der Pilger bestand aus weißen Gewändern mit oder ohne Ärmel, Wanderstock, Schilfgrashut und um die Taille gebundener Schöpfkelle. Auf dem Hut standen in großen Buchstaben Heimatpräfektur und Name der Pilger, mitgeführte Fahnen trugen deftige Zeichnungen oder die Namen ihrer Gemeindegruppe. So boten die Pilger ein farbiges, Aufmerksamkeit erregendes Bild. Einige Gruppen machten die Reise sogar in besonders auffälliger Kleidung, sangen Ise-Chorgesänge und benahmen sich, als seien sie Teilnehmer einer Parade.

Pilgerfahrten hatten auch etwas von Vergnügungsreisen, im Furuichi-Gebiet zwischen dem inneren und äußeren Schreinbezirk entstand schließlich sogar ein Vergnügungsviertel (*ashi-arai-ba*). Die Reise zum Schrein wurde als Vorwand benutzt: Nachdem die rituellen Gebete erledigt waren, verbrachte man den größten Teil der Zeit im Vergnügungsviertel.

»Trittbrettpilger« auf dem Weg zum Ise-Schrein. (Edo-Zeit)

✧ ✧ ✧

Die von allen als angemessen empfundene Bekleidung der Pilger auf ihrer Fahrt nach Ise verbarg den eigentlichen Zweck als Vergnügungstour. Ich würde sagen, das trifft auch auf heutige Reisen zu, denn japanische Touristengruppen im In- und Ausland geben sich oft den Eindruck, an einer bildenden oder religiösen Veranstaltung teilzunehmen. Damit tarnen oder rechtfertigen sie den Erholungsanteil ihrer Unternehmung. Zwei ganz offensichtliche Beispiele dafür sind Schulfahrten in Städte wie Kyoto oder Nara und Ausflüge zu heiligen Stätten.

Alle Kinder japanischer Schulen machen mindestens im letzten Jahr der Grundschule, der Mittel- und Oberstufe eine Klassenfahrt von zwei oder mehr Tagen. Der erklärte Zweck dieser Reisen ist es, den gesellschaftlichen Horizont der Schüler zu erweitern. Das hindert die Kinder jedoch nicht, sich monatelang darauf zu freuen und während der Tour ihren Spaß zu haben.

Wie bei Pauschalreisen üblich, stehen Ziele und zu besichtigende Sehenswürdigkeiten für die Schulfahrten lange vorher fest, und jedes Jahr werden aufeinanderfolgende Klassen auf die gleiche Route geschickt. Es gibt unzählige Regelungen, die das Benehmen in der Gruppe betreffen, aber selbst wenn die als zu streng und einschränkend empfunden werden und die Schüler das Privileg fordern, bei den Planungen zu ihren Reisen mitzuhelfen, wird der Bildungsaspekt nie außer acht gelassen.

Pilgerreisen zu heiligen Stätten sind heute vor allem bei Frauen mittleren Alters und älteren Personen beiderlei Geschlechts sehr beliebt. Einige der Touren sind durchaus ehrgeizig, eine bekannte Route führt zu achtundachtzig buddhistischen Shingon-Tempeln auf der Insel Shikoku. Man kann ein- oder zweimal fahren, um alle Tempel zu sehen, und der Zeitaufwand hängt davon ab, ob sie im Bus angefahren werden oder nicht. Tagsüber wandern die Pilger bergauf und bergab, um an jedem der heiligen Orte zu beten, aber abends entspannen sie sich im Gasthaus und genießen die gegenseitige Gesellschaft und die lokalen Gaumenfreuden.

Auch die modernen Pilger sind oft weiß gekleidet, ihre strengen Zeitpläne zwingen sie wie früher zu einer Menge Wandern und Klettern, daher können die Reisen auch heute als Form körperlicher und geistiger Übung angesehen werden. Tatsächlich scheint es mehr auf die Tätigkeit des Gehens als auf das Erreichen eines Zieles anzukommen. Die Japaner schätzen die Anstrengungen und das geforderte Durchhaltevermögen einer Pilgerfahrt genauso hoch wie die religiösen Inhalte.

Auch Überseereisen legen mehr Wert auf die Bewegung als auf das Ziel, im Extremfall können sie einem harten Trainingsprogramm ähneln. Erholung fehlt sicher nie ganz, aber die Notwendigkeit von Disziplin und Durchhaltevermögen ist besonders für Anfänger auf ihrer ersten Auslandstour gut erkennbar. Pauschaltouristen nehmen alles Mögliche in Kauf, wovon bei wirklich erholsamen Ferien nicht die Rede sein dürfte. Beispielsweise wird ihnen nur ein kurzer Blick auf die berühmten Sehenswürdigkeiten gestatten, bevor sie in den Bus zurückgetrieben werden. Genauso an der Tagesordnung sind Einheitsmenüs für die ganze Gruppe im Restaurant und Großeinkäufe für alle in teuren Boutiquen.

Pauschalreisen sollen für das sofortige, kompakte Bildungserlebnis sorgen. Die Teilnehmer erwarten, daß alle berühmten Sehenswürdigkeiten der angefahrenen Orte im Programm enthalten sind und kulturelle Brocken in Form von Tanz, Musik oder Theater geboten werden. Zusätzlich steuert der Reiseleiter während der Fahrt eine fortlaufende Erzählung mit historischen oder statistischen Informationen bei.

Ironischerweise lernt der Tourist aber wesentlich mehr, wenn er unabhängig von einer Gruppe reist, in gemütlichem Tempo ein fremdes Land erkundet und mit Einheimischen ins Gespräch kommt. Für den Pauschaltouristen ist es das Wichtigste, Zugang zu vorher gebuchten Sehenswürdigkeiten und Einkaufsmöglichkeiten zu erhalten, ohne sich um Planungen kümmern zu müssen. Die Reisen bestehen zumeist aus einer hektischen Fahrt und Großeinkäufen ortstypischer Produkte. Dabei bleibt das vermittelte Wissen über ein fremdes Land zwangsläufig oberflächlich. Als erste Einführung ist eine Pauschalreise angemessen, doch viele Teilnehmer verfallen dem Irrtum, danach Experten des besuchten Landes zu sein.

In der Pilgerfahrt nach Ise ließen sich schon bestimmte Merkmale der Pauschalreisen ausmachen wie die Zusammensetzung aus Gruppe und Reiseleiter, die Vorstellung, es handle sich um eine persönliche Übung, und der festliche, teilweise hemmungslos ungezwungene Charakter. Beiden Formen der Gruppenreise ist es außerdem gelungen, viele Teilnehmer aus der einfachen Bevölkerung zu gewinnen. Ich glaube, der Grund für diese überwältigende Beliebtheit liegt im Wertesystem der japanischen Gesellschaft, die Lernen positiv beurteilt. Die Reisenden bekommen durch ihre Tour die Bestätigung, daß sie etwas über die Welt lernen und sich weiterbilden. Wir sehen hier den Charakter der Japaner, die nicht auf eine Vergnügungsreise gehen möchten, ohne dazu eine gesellschaftlich akzeptierte Form zu wählen.

Unter diesem Blickwinkel scheint die Pauschalreise mit ihrem garantiert allgemein akzeptierten Inhalt letztendlich nur Gutes zu bieten: Sie ist eine Versicherung gegenüber gesellschaftlichen Sanktionen dort, wo jeder jederzeit etwas Nützliches tun sollte. Teilnehmer können ihren Reisegelüsten nachgeben und diese Nachgiebigkeit rechtfertigen, weil die Gesellschaft eine derartige Reise als wirksamsten Weg ansieht, etwas über fremde Länder zu lernen.

Die elektrische Geisha

Kunihiro Narumi

Wer in Japan auf einer Party oder in einer Bar Kostproben seiner »verborgenen Talente« zum Besten geben möchte, kann bei seinem Publikum im allgemeinen mit wohlwollender Toleranz rechnen, die ihre Wurzeln wohl in der Geisha-Party hat. Berufsmäßige Geisha gab es zum ersten Mal in den großen Städten der Edo-Zeit. Bei einer traditionellen Party sollten sie weniger ihre eigenen künstlerischen Fähigkeiten vorführen, als es den Gästen erleichtern, aus sich herauszugehen und miteinander fröhlich zu sein. Ihr Spiel auf der *shamisen*, einem dreisaitigen dem Banjo ähnlichen Instrument, ermunterte die Besucher, zu ihrer Begleitung zu singen. Die *gei* (Kunst) der Geisha bestand nicht aus einem Auftritt, sondern in der unauffällig ermutigenden Teilnahme an einem Fest. Insofern ist Karaoke eine elektrische Geisha, weil es Menschen zusammenbringt und ihnen die Kommunikation erleichtert. Karaoke steht für den Ausdruck »leeres Orchester«: Tonbandaufnahmen mit Instrumentalbegleitungen werden abgespielt, während willige Teilnehmer die Stimmen »live« ergänzen.

Karaoke wurde in Japan zum ersten Mal um 1975 in den Bars städtischer Unterhaltungsviertel angeboten. Damals mieteten die Lokale die nötige Ausstattung noch von den Herstellern. Doch bald entwickelte man Karaoke-Anlagen »für den Hausgebrauch«, die heute in vielen Haushalten zu finden sind. Besonders verbreitet sind sie in ländlichen Gegenden, wo Unterhaltungsprogramme und Entspannungsmöglichkeiten nicht so zahlreich sind wie in den Städten.

Zuerst bestand Karaoke aus einfachen Cassettentonbändern, Mikrophon und Liedertextbuch. Die Anlagen, die heute auf dem neuesten Stand sind, benutzen Laser-Platten, von denen jede achtundzwanzig Lieder enthält. Hat der Benutzer eine Auswahl getroffen, sucht die Maschine wie eine Musikbox automatisch nach der gewünschten Tonspur. Auf einem Fernsehbildschirm erscheinen die

Eine Frau begleitet den Gesang ihres Gatten mit *shamisen*-Spiel (Edo-Zeit, Hokusai)

Texte. Sie sind über einen kurzen Videofilm gelegt, der passend zur Stimmung des Liedes gestaltet ist, um es für die Zuhörer interessanter zu machen. Die Textzeilen auf dem Schirm ändern außerdem im Verlauf des Liedes ihre Farbe, so daß auch ein unerfahrener Darsteller leicht zur Karaoke-Musik singen kann. Tempo und Tonhöhe können an den Sänger angepaßt werden.

Wenn Sie überlegen, wieviele Lieder in einem Karaoke-Apparat zur Verfügung stehen, kommen Sie bei einer beliebten Anlage auf 2139 Wahlmöglichkeiten. Es gibt zehn hawaiianische Lieder, fünf weihnachtliche, vierunddreißig koreanische, elf Militärmärsche und achtundzwanzig beliebte westliche Schlager, dazu japanische Melodien von *natsu-mero* (beliebte alte Lieder) bis zu neuesten Hits der Popstars, außerdem 112 Duette für Frauen- und Männerstimmen.

✧ ✧ ✧

Karaoke wird durch Mißbrauch leicht zur Quelle störenden Lärms, aber es hat auch viele positive Aspekte. Singen mit der Familie zur Karaoke-Begleitung etwa ist eine gemeinsame, entspannende Aktivität. Dazu kommt die Wirkung bei Parties: Anders als bei westlichen Feiern, auf denen Besucher sich mit Gesprächen und Tanz unterhalten, werden japanische Treffen oft zur Bühne für Gäste, die ihre verborgenen Talente zeigen möchten. Das können Auftritte mit magischen Tricks oder anderen Künsten sein, doch fast immer gibt es auch Gesang.

Gewöhnlich wurde *a capella* gesungen, während die Zuhörer mitklatschten. Es ist klar, daß unter solchen Bedingungen nicht jeder glänzen konnte. Aber gerüstet mit dem Hintergrund der Karaoke-Begleitung und stimmverstärkendem Mikrophon, bieten auch ungeübte Sänger einen ordentlichen Auftritt. Mehr noch, bei Tausenden von Liedern zur Auswahl ist es leicht, wenigstens ein bekanntes Stück zu finden.

Nationale Grenzen kennt die Begeisterung für Karaoke nicht, wie die Teilnehmer des »New Town World Forum« in Osaka 1987 feststellten. Japanische, deutsche und niederländische Tagungsbesucher gingen an einem Abend nach dem Tagesprogramm in eine Bar. Zuerst fühlten sich die ausländischen Gäste etwas verloren, aber als die Japaner anfingen, Jazzstücke und Lieder der Beatles zur Karaoke-Begleitung zu singen, wollten die Europäer die Anlage auch ausprobieren. Es dauerte nicht lange, bis sie alle zusammen *Lili Marleen* sangen.

In den Wohnblocks deutscher Städte gibt es wenig Gemeinschaftssinn, und der Vandalismus greift um sich. Bei der Erörterung dieses Problems im Forum sagte eine der Deutschen, die an der Karaoke-Runde teilgenommen hatte, ihrer Meinung nach sei Karaoke ein geeignetes Mittel, Gemeinschaftsgeist auch in ihrem Land zu entwickeln. »In sehr kurzer Zeit sangen Leute zusammen, die sich kaum kannten«, meinte sie, und Gesang bringe Menschen immer näher zusammen. Sie fügte hinzu, sie würde gern eine Karaoke-Anlage kaufen und mit nach Hause nehmen.

Doch Karaoke kann mehr als soziale Hindernisse verschwinden lassen. Menschen geben sich der befreienden Wirkung des eigenen Ausdrucks hin. Schon das Versprachlichen von Dingen mildert Streß, Gesang ist noch effektiver. Oft hört man, Japaner seien furchtsam und nicht zu Selbstbehauptung fähig. Doch schon ein kurzer Blick in eine Karaoke-Bar widerlegt dieses Vorurteil. Wieso werfen Japaner bei Karaoke ihre Hemmungen über Bord? Merkwürdigerweise scheint das Geheimnis im Mikrophon zu liegen – dieser magische Zauberstab schafft die Atmosphäre, in der Selbstbehauptung akzeptabel ist. So-

Die alte und die neue Generation der Unterhaltung Seite an Seite: Geisha und Karaoke

bald Japaner ein Mikrophon in der Hand halten, verwandeln sie sich augenblicklich: Schüchterne junge Leute stolzieren herum wie Popidole, normalerweise reservierte Ältere singen mit schmalzigen Gesten und gefühlvollem Gesichtsausdruck Schnulzen.

✧ ✧ ✧

Gemeinsames Singen ist in allen Kulturen beliebt, Formen und Gelegenheiten weichen aber stark voneinander ab. In Deutschland beispielsweise sind seit der Mitte des neunzehnten Jahrhunderts in verschiedenen Gegenden viele Vereine mit unterschiedlichen Aktivitäten entstanden, die meisten von ihnen sind jedoch Chöre. Die traditionelle Liebe zum Chorgesang ist typisch für Deutschland als einem der großen westlichen Zentren klassischer Musik. Dazu kommt der Einfluß des kirchlichen Gesangs. Auch Japan hat eine Tradition des Chorgesangs, der auf die Meiji-Zeit zurückgeht. Hier handelt es sich aber normalerweise um Vorbereitung auf öffentliche Auftritte, während sich Singen im Chor als reine Freizeitbeschäftigung nie wirklich durchgesetzt hat.

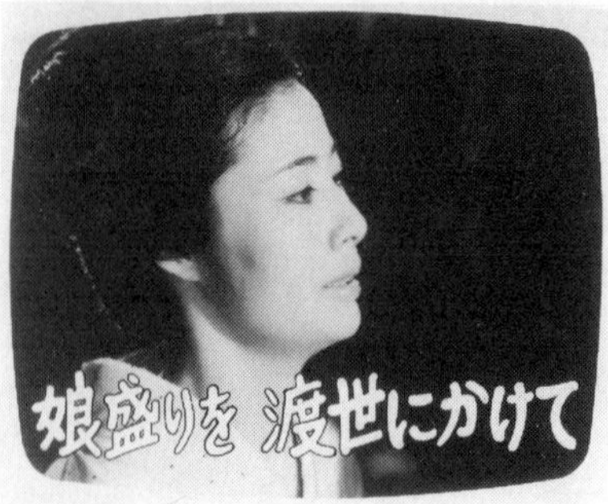

Typischer Karaoke-Aufbau mit Musik und Text, von einem kurzen Videofilm begleitet

Doch waren in größeren japanischen Städten im siebzehnten oder achtzehnten Jahrhundert Unterrichtsstunden in erholsamen Künsten wie zum Beispiel dem Balladensingen zur *shamisen*-Begleitung beim allgemeinen Publikum beliebt. Diese Gesangsdarbietungen waren kein Gruppenunternehmen wie das Chorsingen, sondern legten Wert auf individuelle Vervollkommnung, die von den einfachen Leuten ebenso eifrig angestrebt wurde wie von Mitgliedern der würdigen Samurai-Klasse.

Shamisen kayô shûseisho, ein Liederbuch für *shamisen*, erschien 1703. Als sorgfältig gegliederte Anthologie, vermutlich von blinden Berufsmusikern zusammengestellt, war es weit mehr als eine Sammlung beliebter, unterhaltender Lieder. Ihr folgte eine Flut ähnlicher Veröffentlichungen. Diese Liederbücher, die nicht nur traditionelle Stücke sondern auch neue Kompositionen enthielten, trugen viel zur allgemeinen Beliebtheit von *shamisen*-Liedern bei – besonders, weil die Bücher zudem häufig neu bearbeitet wurden. Unterstützung für die Verbreitung der Sammlungen kam von den *iemoto*, deren Lehrer in ihrem Unterricht auch diese Kunst weitergaben (Genaueres zum *iemoto*-System im entsprechenden Kapitel).

Früher war der Auftritt eines Darstellers auf einer Party häufig das Ergebnis solch heimlicher Studien. Jeder Zuschauer war beim Lüften des Geheimnisses beeindruckt oder tat zumindest so. Die Tradition der Edo-Zeit, sich privat mit Unterrichtsstunden in den *yûgei*, erholsamen Künsten auszubilden, läßt sich heute noch an der durchaus gebräuchlichen Anrede *sensei* (Lehrer) für den Barpianisten ablesen. Wenn man jemanden necken möchte, der beim Karaoke glänzt, kann man ihn fragen, für wieviele Nachhilfestunden er gezahlt habe.

Aber selbst wenn die Präsentation der eigenen Fähigkeiten nicht im Mittelpunkt steht, finden sich auf Feiern oft Gäste auch ohne elektronische Unterstützung singend zusammen. Was wird dann gesungen?

Stadtbewohner, die aus verschiedenen Teilen des Landes stammen, wählen oft zuerst die Lieder ihrer Heimat. In Japan hat jede Gegend ihre eigenen Volkslieder, die über Jahre hinweg in den Unterhaltungs- und Vergnügungsvierteln aufpoliert und ausgeschmückt worden sind. Seit der Meiji-Zeit wurde das Volksliedersingen im Alltag zwar durch die Verbreitung der westlichen Popmusik und die Mechanisierung der Landwirtschaft zurückgedrängt, aber aufgrund der Anstrengungen der Komponisten und Textdichter wurden viele der traditionellen Lieder auf Tonband aufgenommen und im Radio gespielt. So ist der ganzen Nation das Liedgut der einzelnen Gegenden mit den regionalen Färbungen vertraut. Die Musik wurde sogar zum Erkennungsmerkmal: Wenn jemand ein bestimmtes Volkslied sang, konnten die Zuhörer daraus sein Herkunft ableiten.

Dazu kommen aus der Vorkriegszeit die Lieder der einzelnen höheren Schulen und Wohnheime. Sie wurden nicht nur bei Sportwettkämpfen zwischen Schulen, sondern auch im Radio gesungen. Auf Parties und anderen Treffen nutzen viele Menschen heute die Gelegenheit, ihr altes Schullied zu singen, die häufig gehörten sind allgemein beliebt geworden. Ebenfalls werden auf Parties oft Stücke gesungen, mit denen eine Altersgruppe gemeinsame Erinnerungen verbindet.

Wenn es um die Beliebtheit des Singens in Japan geht, darf man die Rolle eines Amateursängerwettbewerbs nicht unterschätzen, der im Radio vom staatlichen, öffentlichen Rundfunk NHK gesendet wurde. 1946 wurden zum ersten Mal überall im Land in Stadthallen oder sogar im Freien Vorrunden dafür abgehalten. Damit war für Erholung und Unterhaltung besonders in den Nachkriegsjahren gesorgt, als es nicht viel anderes gab. Der Geist dieser Wettbewerbe lebt in einigen Karaoke-Anlagen weiter, die auf eine Bewertung des Sängers programmiert sind, auch wenn Karaoke normalerweise nur zum Spaß gesungen wird. Diese Maschine enthält aber nicht nur die Hilfen für den Gesang, sondern zeigt auch eine erreichte Punktzahl zwischen eins und einhundert an. Die volle Punktzahl zu erreichen, ist fast unmöglich, aber hin und wieder schafft jemand fünfundneunzig. Wie wenige das sind, zeigt die Tatsache, daß einige Bars diesen Leute eine Flasche Whisky zur Belohnung versprechen.

Die Technik, mit der die Anlage den Sänger bewertet, hat wenig mit der eigentlichen Qualität des Gesangs zu tun. Punkte werden für ganz mechanische Dinge, wie Richtigkeit von Rhythmus und Atemstärke, vergeben. Aber auch wenn man das weiß, bleibt die Maschine eine Herausforderung. Das Bewertungssystem ist ein Überbleibsel aus den NHK-Gesangswettbewerben, die heute im Fernsehen übertragen werden. Die Juroren der Sendung sind Gesangslehrer und teilen die Darsteller in die drei Kategorien »nicht erwähnenswert«, »nicht schlecht« sowie »Gewinner« ein. Sie bewerten aber nicht jede Darbietung nach ihren eigenen Vorzügen, sondern benutzen ein vorgegebenes Raster. Gewonnen hat, wer dem genügen kann. Diese Art der Bewertung ist in Japan weit verbreitet. Das Rangsystem von Judo und Kendo folgt diesem Muster ebenso wie das Lernen im *iemoto*-System, selbst wenn es um *ikebana* geht. Die zentrale Rolle spielt eine qualifizierte Autorität der jeweiligen Disziplin.

Heutzutage sind Lieder kurzlebig. Melodien, die bei jungen Leuten beliebt sind und gesungen werden, wechseln alle drei Monate. Wenn ein neues Stück herausgebracht wird, geht die Karaoke-Version fast gleichzeitig in den Verkauf, und die junge Leute beginnen zu üben. So wie die Lieder von Berufsmusikern präsentiert werden, sind sie nicht mehr nur zum Zuhören und Genießen da, sondern auch Grundlage zur Imitation.

In den letzten Jahren ist die Beliebtheit der Karaoke-Zimmer stark gestiegen. Es handelt sich dabei um kleine, schalldichte Räume mit Sofas, Tischen, Aschenbechern und einer Karaoke-Anlage. Sie werden meistens von Freunden, Ehepaaren oder Familien benutzt. Auf Wunsch bekommt man in einigen auch kleine Mahlzeiten. Inzwischen findet man diese Räume in ganz Japan besonders in den Unterhaltungsvierteln. Außerdem ist eine kleine, tragbare Karaoke-Anlage mit Kopfhörern erfunden worden, denn man sollte regelmäßig üben. Dann entfaltet Karaoke für den Einzelnen oder die Gruppe seine größtmögliche Wirkung als Hilfe zum eigenen Ausdruck und zur Kommunikation.

Zusammenfassend läßt sich die Funktion von Karaoke beschreiben als eine Mechanisierung zweier Rollen: einmal die der Geisha, deren Unterhaltung und Konversation bei Treffen im kleinen oder größeren Kreis geschätzt wurde, und die des Gesangslehrers und der Liederbücher, die beide die Kunst des Singens lebendig erhielten. Dauernde Fortschritte in der Elektronikindustrie erweitern diese neue soziale Institution jedes Jahr um neue Dimensionen.

Zwei Vorhersagen für die Zukunft möchte ich machen. Erstens wird Karaoke die Zahlen der Amateursänger und der Profis weiter wachsen lassen, und irgendwann wird fast jeder die gemeinsame Sprache des Liedes beherrschen. Zweitens werden überall auf der Welt Menschen mit Hilfe von international bekannten Schlagern miteinander ins Gespräch kommen, weil Karaoke – genau wie die beliebten regionalen Volkslieder auf japanischen Parties – das Eis zwischen Fremden brechen kann. Seine Möglichkeiten im Dienst internationaler Freundschaft sind noch nicht in ganzer Tiefe ausgelotet.

Leben im Alltag

Sänfte, Rikscha und Taxi: Ein Beitrag zum Personennahverkehr

Atsuko Tanaka

Japan ist berühmt für seine leistungsfähigen Personenbeförderungsmittel, die sich in zwei Gruppen einteilen lassen: Busse, Züge und andere große Fahrzeuge transportieren viele Menschen auf einmal, während Taxen nur wenige Fahrgäste aufnehmen. Die Regierung hat schon seit der Entwicklung der ersten Pferdebuslinie im Tokyo der Meiji-Zeit den Einsatz von Massenbeförderungsmitteln unterstützt, weil sie diese als grundlegenden Dienstleistungszweig im modernen Staat ansah. Aber die kleineren Fahrzeuge, die wir hier »Minitransporter« nennen wollen, können sich einer längeren Geschichte und eigener Faszination rühmen.

Verbreitet waren die »Minitransporter« schon in der Edo-Zeit. In Japan kannte man keine pferdegezogenen Kutschen, die wichtigsten Transportmittel auf dem Landweg waren Pferderücken und *kago* (Sänften). Einfachen Leuten war die Benutzung beider offiziell verboten, aber in Edo (heute Tokyo) war es trotzdem bald auch ihnen selbstverständlich, sich in den *kago* tragen zu lassen.

Eine Sänfte bestand aus einer Tragestange mit daran aufgehängter Kabine aus geflochtenem Bambus. Schon in älteren Zeiten waren Sänften in unterschiedlicher Weise eingesetzt worden, doch während der Edo-Zeit entwickelten sich neue, zweckgebundene Varianten. Wohlhabende Familien und niederer Adel ließen sich in *hôsenji-kago* tragen, für ältere und kranke Leute sowie Frauen waren *shite-kago* bestimmt, was wörtlich »vierhändige Sänfte« bedeutet. Der Name ergab sich, weil man die Kabine einfach auf vier Bambusstangen montierte. *Machi-kago* (Stadtsänften) waren in Kyoto und Osaka beliebt und wurden meistens in der Umgebung der Vergnügungsviertel benutzt. Später kamen noch *shinobi-kago* für höhere Adelige, *rusu-kago* für Samurai und Verwalter, *tabi-kago* für Reisende und *shamo-kago* für den Transport von Verbrechern dazu.

Bis etwa 1600 gingen einfache Leute grundsätzlich zu Fuß, *kago* sah man in den Städten selten. Aber innerhalb eines Vierteljahrhunderts wurden sie ein wesentlicher Bestandteil des Alltags für Angehörige aller Klassen. Die Feudalregierung verbot daraufhin einfachen Leute, ohne besonderen Grund eine Sänfte zu benutzen, und versuchte so, die Entwicklung aufzuhalten, aber auch ohne Betriebserlaubnis vermehrten sich *kago*. Ein Regierungsdekret folgte dem anderen, um die einfachen Leute an der Ausbildung extravaganter Angewohnheiten zu hindern und den Gebrauch der Sänften zu beschränken oder zu verbieten. 1663 erhielten nur sechshundert Miet-*kago* in Edo eine Betriebserlaubnis, davon dreihundert für die Stadt, hundert in den Tempel- und Schreinbezirken und zweihundert bei den Büros der Verwaltungen. Eine Verfügung von 1665 erlaubte einfachen Leuten, auf den Ausfallstraßen von oder nach Edo *kago* zu benutzen, aber nicht in der Stadt selbst. 1675 durften in der Stadt höchstens dreihundert Mietsänften eingesetzt werden. Schließlich wurde 1681 der allgemeinen Öffentlichkeit grundsätzlich die Benutzung eines Transportmittels verboten. Doch trotz dieser Anstrengungen nahm die Zahl der *kago* während der Blütezeit der Städte im frühen achtzehnten Jahrhunderts schnell zu. Sogar Frauen und Kinder ließen sich in ihnen offen überall herumtragen. Sänften waren in der Stadt als beliebtes Transportmittel ein unverzichtbarer Teil des Alltagslebens geworden, ihre Zahl stieg bisweilen sogar auf 3.500 an.

In den frühen Jahren der Meiji-Zeit drängte eine neue Form des »Minitransporters« die *kago* zurück: 1871 wurden mit der Rikscha oder *jinrikisha* zum ersten Mal Personen auf Rädern befördert. Der Gebrauch dieser kleinen, von Männern gezogenen, zweirädrigen Kutschen verbreitete sich innerhalb von zwei oder drei Jahren bis in jeden Winkel des Landes. Das Stadtleben beeinflußten die Rikscha viel unmittelbarer als die politischen Veränderungen von der Edo- zur Meiji-Zeit. Modische Neuheit war jedoch nicht der einzige Grund für ihre Beliebtheit. Eine Fahrt kostete bei gleicher Strecke nur ein Fünftel der *kago*-Gebühren und dauerte weniger lange. Das waren Vorteile, die die Rikscha zu einem sehr bequemen Transportmittel machten, nicht nur für geschäftliche Zwecke, sondern auch für Mütter mit kleinen Kindern und Leute, die es eilig hatten.

Westlicher Empfindsamkeit scheint es erniedrigend, ein menschliches Wesen anstelle eines Pferdes ein Fahrzeug ziehen zu lassen, aber die Japaner dachten anders. Als das Feudalsystem der neuen Welt der Meiji-Zeit wich, dämmerte am Horizont eine Ära der Freiheit für die Masse der Bevölkerung herauf. Diese Menschen waren daran gewöhnt gewesen, sich jedes Mal zu Boden zu werfen, wenn ein Adeliger mit Gefolge vorbeikam. Sie hatten immer von ganz unten nach oben gesehen. Nun genossen sie begeistert ein Gefühl von Bequemlichkeit und Erhabenheit, wenn sie auf einer *jinrikisha* herumfuhren, die Stadt ganz nach ihrem Belieben erkundeten und im wörtlichen Sinn auf

Beförderung mit der Sänfte: Männer mühen sich, schwere Sumo-Ringer zu tragen (Edo-Zeit). Darunter: Träger posieren mit ihren fremden Passagieren für ein Foto auf der Route über den Hakone-Bergpaß, eine besonders schwierige Strecke (frühe Meiji-Zeit)

andere Leute hinuntersahen. Vor allem dieses Empfinden von Freiheit und Überlegenheit führte zur raschen Verbreitung der *jinrikisha*.

Dazu kamen die Vorteile für die Männer, die das Gefährt zogen. Es erforderte weder spezielle Fähigkeiten noch einen großen Kapitalaufwand, Rikscha-Lenker zu werden. Damals war das praktisch die einzige Beschäftigung, die ein Mann ohne Vorbedingungen aufnehmen konnte; sie brachte Bargeld ein und verlangte nicht mehr als einen starken, gesunden Körper.

Bis 1873 waren zwei Drittel der Sänftenträger zu Rikscha-Führern geworden. Die rasche Verbreitung dieser Beschäftigung führte zu teilweise absurden Situationen, wenn beispielsweise zwölf- oder dreizehnjährige Jungen mit ihrer Arbeit ganze Familien ernährten oder Siebzigjährige viel jüngere Männer zogen. Altersbeschränkungen für den Beruf des Rikscha-Lenkers waren die Folge dieser Probleme.

Siebenundzwanzig Jahre nach ihrem ersten Auftauchen hatte die Zahl der ein- und zweisitzigen *jinrikisha* 1896 in Japan die Grenze von 210.000 überschritten. Zu dieser Zeit blühte auch das Exportgeschäft, zum Teil konnten die Hersteller kaum die Nachfrage befriedigen. 4.623 Fahrzeuge wurden 1896 ausgeführt, 1906 waren es schon 10.097 und 1910 sogar 14.197. Die ersten Exporte gingen nach China, dann in den ganzen südostasiatischen Raum. Einige Rikscha fanden als Kuriosa ihren Weg selbst nach England und Deutschland, später nach Amerika, Australien und sogar Afrika. Die Jahre vor und nach der Jahrhundertwende waren wirklich das »Goldene Zeitalter« der *jinrikisha*.

Als neue Transportmöglichkeiten drohten, die *jinrikisha* zu ersetzen, wie sie selbst vorher die Sänfte verdrängt hatte, leisteten die Rikscha-Führer heftigen Widerstand. 1872 bei der Eröffnung der Pferdebuslinie in Tokyo zwischen Shinbashi und Nihonbashi trat der Konflikt deutlich zutage und dauerte bis in die ersten Jahre dieses Jahrhunderts an. Auch als die *kago* durch die *jinrikisha* ersetzt worden waren, hatte es Proteste gegeben, die aber nie die Ausmaße des Widerstandes gegen Eisen- und Straßenbahnen erreicht hatten. Jedes Mal, wenn Schienen für Züge und elektrische oder pferdegezogene Straßenbahnen verlegt wurden, gab es Schwierigkeiten.

Fahrzeuge mit Motoren tauchten in Japan zum ersten Mal 1899 auf. Daß sie als ausgesprochene Luxusgüter galten, versteht sich von

Rikscha auf der Ginza (1874)

selbst. Die erste japanische Spedition, die »Kaiserliche Lastwagentransportgesellschaft«, fing 1907 an, zwei Autos gegen Entgelt für Fahrgäste zur Verfügung zu stellen, um Verluste im Speditionsgeschäft auszugleichen. Die »Japanische Motorfahrzeuggesellschaft«, die 1909 gegründet worden war, um im Ausland produzierte Wagen zu verkaufen, vermietete ihre Autos ebenfalls, wenn die Verkaufszahlen zu wünschen übrig ließen. Diese Geschäfte mit Leihwagen führten in Japan auf direktem Weg zu den Taxiunternehmen.

Bis 1917 wurde der Fahrpreis mit Hilfe eines Zeitsystems errechnet, danach gab es die ersten Taxameter in den Wagen, die die Entfernung als Berechnungsmaßstab benutzten. Größere Genauigkeit und Wirtschaftlichkeit dieser Fahrpreisermittlung trugen einiges zur Beliebtheit der Taxen bei. Der allgemeine Reichtum, der mit dem Ausbruch des Ersten Weltkrieges einherging, brachte Japan ein günstiges Umfeld für das stetige Wachstum der Taxi-Industrie. Im August 1912 eröffnete eine »Taxi-Gesellschaft« neben der Sukiya-Brücke in Tokyo.

Die Gesamtzahl der Motorfahrzeuge einschließlich Lastwagen und Fahrgastautos betrug im gleichen Jahr in ganz Japan nur 535. Weitere Taxiunternehmen gab es ab 1914 in Kyoto, 1915 in Nagoya und 1916 in Osaka, danach erschienen sie auch in den anderen Städten im Land. 1916 existierten bereits 1.284 Taxen, bis 1921 wuchs die Zahl auf 8.265 an.

In Osaka fuhren seit 1925 *en-taku* (Ein-Yen-Taxen), die innerhalb einer bestimmten Zone einen Pauschalpreis verlangten. Obwohl die Nachfrage nach Beförderung zu der Zeit nicht mehr stieg, breiteten sich kleine Taxenunternehmen weiterhin aus, weil vorher eine riesige Lücke zwischen Bedarf und Angebot geklafft hatte. Bald jedoch führte ein hitziger Kampf um Fahrgäste zu einem Preiskrieg, der die Beförderungsgebühren weiter und weiter drückte. Diese Situation griff bis 1927 auch auf Tokyo über. Die meisten *en-taku* gab es 1929 und 1930, als die Pauschalgebühren nur noch einen halben Yen betrugen.

Während der Wirren des Zweiten Weltkriegs und der Nachkriegszeit wurde das Taxi durch fahrradgezogene Rikscha ersetzt, an die heute noch die indischen Rikscha und die *rintaku* in den Straßen der ostasiatischen Städte erinnern. Sobald aber in Japan nach dem Krieg friedliche Zustände herrschten, befanden sich die Taxiunternehmen wieder im Aufwind. 1946 gab es im ganzen Land nur 8.484 Taxen, 1950 aber schon 14.755. Die Zahlen stiegen bis 1960 weiter auf 75.644 und 253.917 im Jahre 1989.

Interessant daran ist, daß sich trotz steigender Nachfrage in den letzten zehn Jahren die Anzahl der Taxen in den japanischen Großstädten nicht wesentlich erhöht hat. Die Behörden unterbinden nämlich einen Anstieg, um Konkurrenzkämpfe zwischen den einzelnen Unternehmen zu verhindern. Keiner Firma darf offizieller Politik zufolge erlaubt werden, andere in einen ruinösen Wettbewerb zu zwingen, damit alle bestehen können. Bequemlichkeit für die Fahrgäste spielt dabei überhaupt keine Rolle.

✧ ✧ ✧

Taxen sind sicher und bequem, aber andererseits im Vergleich zu Massenbeförderungsmitteln sehr teuer. Der Reiz dieser »Minitransporter« ist trotzdem ungebrochen, wie ein näherer Blick zeigt:

Vor einigen Jahren bot ein Taxiunternehmen seine Dienste unter folgender Werbeüberschrift an: »Bewundern Sie die schönen, historischen Sehenswürdigkeiten Kyotos vom Taxi aus!« Seitdem ist die Zahl der Mittel- und Oberstufenschüler, die für Schulausflüge ein Taxi benutzen, von Jahr zu Jahr deutlich angestiegen. Die Schüler werden in Fünfer- oder Sechsergruppen herumgefahren. Gegenüber den bekannten Bustouren hat die Nutzung von Taxen gute Gründe für sich: Die Schüler können selbst entscheiden, welche Wege sie einschlagen wollen, darüber hinaus erzählen die Fahrer ihnen etwas über die Geschichte der Schreine, Tempel und anderen Sehenswürdigkeiten. Diese ins Einzelne gehenden, aus dem Gespräch entstehenden Erklärungen kommen der lebhaften Neugier von Schülern wesentlich mehr entgegen als die Vorträge, die sie während einer Busreise berieseln. Außerdem bekommen die Schüler persönlichen Kontakt zu dem Fahrer, das heißt zu einem ortsansässigen Menschen. Kurz, die Taxiausflüge sind immer beliebter geworden, weil sie Bequemlichkeit und die Gelegenheit zu sozialkundlichem Anschauungsunterricht bieten, auch wenn die zeitabhängigen Kosten größerer und mittlerer Taxen etwas höher liegen als die der Busse.

✧ ✧ ✧

Im Prinzip ist ein Taxi ein festverschlossener Raum, in dem Sie völlig der Gnade des Fahrers ausgeliefert sind, sobald Sie Platz genommen haben. Niemand würde es bemerken, wenn man Sie irgendwo verschwinden ließe. Damit befinden Sie sich in einer potentiell gefährlichen Lage. Doch Verbrechen im Zusammenhang mit Taxen sind in Japan ausgesprochen selten. Viel verbreiteter sind herzerwärmende Geschichten über Taxifahrer, die ihren vergeßlichen Fahrgästen Wertgegenstände und Bargeld zurückgebracht haben. Frauen und ältere Leute verschwenden keinen Gedanken an eine Bedrohung durch Untaten des Taxifahrers. Nachts halten es junge Frauen für sicherer, ein Taxi zu nehmen, als zu Fuß zu gehen.

Ganz selten trifft man auf einen Taxifahrer, der sich die Unkenntnis ortsfremder Fahrgäste zunutze macht und einen überflüssig langen Weg fährt. Taxen, die von solchen Gaunern gefahren werden, heißen *kumosuke*-Taxi. *Kumosuke* ist der alte Begriff für *kago*-Träger, die das Gleiche taten. Doch auch wenn man diese Ausnahmen in Betracht zieht, sind Taxen in Japan im allgemeinen sauber und sicher und die Fahrer ehrlich.

Fast alle japanischen Taxen sind mit einer automatischen hinteren Tür ausgestattet, die den Fahrgästen die Mühe des Öffnens und Schließens erspart. Das gibt es seit 1955, so daß einige Japaner beschämt erleben mußten, wie es ist, im Ausland ein Taxi heranzuwinken und dann auf dem Bürgersteig stehenzubleiben, um auf das Öffnen der Tür zu warten.

Die automatische Tür ist aber trotz ihrer Bequemlichkeit ein technisches Mittel. In Japan, wo Arbeit teuer ist, werden von Menschen verrichtete Dienstleistungen höher bewertet und geschätzt als die Tätigkeit einer Maschine. Um in diesem Sinne höherwertige Leistungen zu bieten, springen heute die Fahrer eines Taxiunternehmens wieder aus dem Wagen, um den Fahrgästen die Tür von Hand zu öffnen. Sie nehmen sogar an Übungen teil, um ihren Auftritt zu beschleunigen, denn der Kunde soll wie ein König behandelt werden. Einige Firmen gehen noch weiter und lassen ihre Fahrer von bekannten Modemachern in Uniformen mit Mütze und weißen Handschuhen einkleiden. Diese Fahrer versehen dann ihre Aufgaben mit der Haltung eines Angestellten in einem erstklassigen Hotel. So können die Fahrgäste für eine kurze Zeit den Hauch der »Oberen Zehntausend« spüren. Alle Taxen sind auf Hochglanz poliert, die Sitze immer sauber, und der Innenraum ist mit *eau de cologne* besprüht. Eine Firma in Kyoto bietet ihren Fahrgästen sogar vorgewärmte Handtücher an.

Ich möchte noch erwähnen, daß in den ersten beiden Jahrzehnten des Jahrhunderts der Beruf des Taxifahrers hochgeschätzt war, weil diesen Männern wie den Piloten der Flugzeuge oder den Kapitänen auf Schiffen das Leben von Menschen anvertraut wurde. Viele der heute getragenen Uniformen stellen diese Gedankenverbindung wieder her und erhöhen den Status der Fahrer.

Wenn Menschen Geld ausgeben für unnötige Dinge wie Lotterielose, Pachinko oder Pferderennen, benutzen sie einen Teil ihres mageren Gehaltes, um sich einen Traum zu kaufen. In den Städten werden Träume feilgeboten. In ähnlicher Weise gönnen sich sogar Menschen, die normalerweise ganz genügsam sind, zwischendurch ein großartiges Essen oder ein besonders aufwendiges Produkt. Eine

Taxen vor dem Shinjuku-Bahnhof in Tokyo

gelegentliche Taxifahrt ist ein vergleichsweise bescheidener Luxus, der im Gegensatz zum alltäglichen Leben das Gefühl von Reichtum vermittelt. Daher sind Taxen nicht nur bequem und praktisch, die psychologische Anziehungskraft dieser »Minitransporter« hat seit den Tagen der *kago* und *jinrikisha* nicht nachgelassen.

Abschließend läßt sich sagen, daß die Beliebtheit von Taxen in Japan vor allem auf der relativen Sicherheit in den Städten beruht. Daneben kommt man mit einem Taxi bequem und schnell überall hin und kann außerdem aus kundiger Quelle Informationen über einen unbekannten Stadtteil erhalten. Schließlich sind Taxen billig genug, um für die meisten Leute wenigstens gelegentlich bezahlbar zu sein, und so prachtvoll, daß sie beim Fahrgast einen Moment lang ein Gefühl von würdiger Vornehmheit auslösen.

Geschirr: Ein Töpferwarenmuseum in jedem japanischen Haushalt

Masahiro Hikita

In den meisten westlichen Staaten besteht ein typisches Tafelservice aus runden, mit gleichem Dekor versehenen Porzellantellern verschiedener Größe. Vergleichbares findet sich in fast allen anderen Ländern: Die Schalen sind normalerweise rund oder rechteckig, und alle bei einer Mahlzeit verwendeten Gefäße ähneln sich in Bezug auf Material und Form. Häufig denkt man auch gar nicht über das benutzte Geschirr nach. Auf dem japanischen Tisch werden dagegen Gedecke verschiedener Farben, Formen und Materialien im Hinblick auf die ästhetische Wirkung kombiniert. In der Edo-Zeit, aus der diese Praxis stammt, war sie ein Ausdruck der übersprudelnden Lebensfreude der städtischen bürgerlichen Massen, die sich nach Abwechslung und Neuem sehnten, um ihr Alltagsleben zu bereichern.

Die wesentlichen Bestandteile einer japanischen Mahlzeit sind Suppe und Reis. Die Gefäße, in denen sie serviert werden, sind weder ähnlich noch aufeinander abgestimmt: eine lackierte hölzerne Schüssel für die Suppe, eine aus Porzellan für den Reis.

Obwohl Lackwaren schon seit alten Zeiten bekannt waren, kamen sie erst im siebzehnten Jahrhundert in größerer Menge in Gebrauch, als Holzhandwerker aus Ômi durch das ganze Land wanderten und sie überall verbreiteten. Vorher hatte man zerbrechliche, unglasierte Keramikschüsseln benutzt. Lackschalen gewannen an Beliebtheit, sowohl für Reis wie für Suppe, bis Porzellanschüsseln in großen Mengen hergestellt werden konnten und erschwinglich waren. Doch auch dann verwendete man sie nur für Reis, während Suppe weiterhin in lackierten Holzschüsseln serviert wurde, denn diese waren leichter und hielten Flüssigkeiten länger heiß. Seit fünfundzwanzig Jahren werden zumindest alltags immer mehr billige Plastikimitationen von Lacksuppenschalen benutzt.

Der Gebrauch von Porzellan ist in Japan eine vergleichsweise junge Erscheinung, die noch nicht einmal vierhundert Jahre alt ist. Un-

Ein japanisches Essen in den typischen, symmetrischen und asymmetrischen Schalen

gefähr 1605 begann in Japan die Produktion von Porzellan, als Yi Cham Pyung, ein koreanischer Töpfer, der von einem Soldaten aus Saga als Kriegsgefangener mitgebracht wurde, bei Izumiyama in Arita das Rohmaterial Kaolin entdeckte und es zur Herstellung von weißem Porzellan verwendete. Der Feudalherr von Saga baute ein Monopol für die Arita-Technik auf, um die Fabrikation auf seinem Besitz zu fördern, und begann mit der Herstellung von Porzellanwaren, die er vom nahen Hafen Imari, der den Gefäßen ihren Namen gab, verschiffte. Erst in der Meiji-Zeit wurde der Irrtum korrigiert und »Imari-Porzellan« wurden zu »Arita-Ware« (*Arita-yaki*).

Nach der Einführung der Imari-Produkte versank das Seto-Gebiet, das ein Zentrum für Keramik gewesen war, in Bedeutungslosigkeit. Doch 1807 studierte ein Handwerker aus Seto, Katô Tamikichi, die Herstellungstechniken in Arita, kehrte dann nach Seto zurück und begann dort selbst mit der Produktion. Bald war die Porzellanherstellung über das ganze Land verteilt, und zwischen den einzelnen Gegenden herrschte rege Konkurrenz. Ungefähr zu dieser Zeit erschienen in einigen Gebieten Porzellanschalen auch auf den Tischen der einfachen Leute. Erst gegen 1760 war zum ersten Mal berichtet worden, daß der Shogun Reis aus einer Porzellanschale aß; das heißt, dieses ursprünglich der Elite vorbehaltene Produkt brauchte nur ungefähr vierzig Jahre, um seinen Weg zur einfachen Stadtbevölkerung zu finden. Die erstaunliche Geschwindigkeit, in der die neuartigen Waren angenommen wurden, zeigt, wie sehr die städtischen Massen einen höheren Lebensstil anstrebten. Sie weist auch darauf hin, daß der gesellschaftliche Abstand zwischen den höheren und niederen Gruppen selbst in der strengen Klassenhierarchie der Edo-Zeit nicht so groß war, wie wir normalerweise annehmen.

Deckellose Reisschalen aus Porzellan konnten schließlich gegen Ende des neunzehnten Jahrhunderts in Mino als billige Massenware produziert werden. Das trug zu ihrer Verbreitung ebenso bei, wie der landesweite Aufbau eines Eisenbahnnetzes, das weite Transporte schwerer Güter zu relativ geringen Preisen erleichterte.

Heute werden Reisschalen aus Porzellan nach hohen Qualitätsmaßstäben hergestellt und bei beträchtlichen Temperaturen von dreizehnhundert Grad Celsius gebrannt. Töpfer versuchen ständig, durch verfeinerte Techniken leichtere Schüsseln zu schaffen, weil es in Japan üblich ist, Suppen- und Reisschüsseln beim Essen vom Tisch hochzuheben. Einer Autorität auf diesem Gebiet zufolge wogen die alten Imari-Schalen durchschnittlich zweihundert Gramm und die des späten neunzehnten Jahrhunderts einhundertachtzig Gramm. Jahrzehnt für Jahrzehnt nahm das Gewicht weiter ab, bis heute hundert Gramm pro Schale erreicht sind.

Übrigens heißt das japanische Wort für »Reisschale« *chawan*, was wörtlich »Teeschale« bedeutet. Und ursprünglich war sie genau das:

eine Schale, aus der Tee getrunken wurde. Inzwischen ist aus *chawan* ein Oberbegriff für Keramikgeschirr im allgemeinen und Reisschüsseln im besonderen geworden.

✧ ✧ ✧

Reis- und Suppenschüsseln sind rund geblieben, aber anderes Tafelgeschirr prunkt mit großer Formenvielfalt. Diese Entwicklung zeichnete sich das erste Mal inmitten der Verbreitung von Keramikgeschirr während der Edo-Zeit ab, als Frieden und Stabilität den Handel blühen ließen. Damals wurden *hachi* erfunden, Schalen, auf denen Fisch- und Gemüsespeisen angerichtet werden konnten, mit denen die wohlhabenden Schichten ihre Mahlzeiten aus Suppe und Reis neuerdings anreicherten. Flache *sa-hachi* aus Porzellan und tiefere *donburi-hachi* oder einfacher *donburi* aus Ton wurden in verschiedenen Formen und Mustern aus einer Vielzahl von Erden hergestellt. Jede neue Schüssel erhielt ihren Namen nach dem Gericht, für das sie bestimmt war.

Auch Teller waren nicht notwendigerweise rund. In der Edo-Zeit gab es beispielsweise blumenförmige *kikyô-zara* (Glockenblumenteller) sowie rechteckige, quadratische und asymmetrische. Sie wurden auch nach den Speisen benannt, die auf ihnen angerichtet wurden – roher oder in Essig eingelegter Fisch, gekochte Gerichte, Süßigkeiten und so weiter.

Wenn man dem Töpfer Tôkurô Katô glauben will, war der Erfinder dieser Geschirrkultur Furuta Oribe (1544-1615), ein Feudalherrscher und Teemeister:

> Oribe war wirklich ein großer Gestalter. Durch seine Anstrengungen entstand ein japanischer Stil in der Töpferei. Oribe war derjenige, der den Entwicklungsprozeß für verschiedene Glasuren und Formen in Bewegung brachte. Die meisten der Neuerungen betrafen die Gerätschaften für die Teezeremonie. Er schnitt aus farbigem Papier die Formen und Motive aus, die er wünschte, und klebte sie auf die Bestellungen für die Töpfer in Seto, Mino, Iga, Bizen und Karatsu. Seine Entwürfe beherrschten die Zeit und sind heute noch auf Textilien und Keramiken zu finden.

Oribe schuf nie gesehene Formen, die man als verzerrt oder verspielt bezeichnen könnte. Gleichgültig welche Farbe, welches Muster, er hatte einen eigenen, ganz typischen Stil. Sein Vorgänger, Rikyû, hatte seinen Geist mehr dem Mittelalterlichen zugeneigt, sich gedanklich mehr dem Tod zugewandt als den Verheißungen des Lebens. Aus diesem Grund liebte er Abwechslung bei seinen Teeschalen nicht, aber Oribe hatte epikureischen Geschmack.
Besonderen Wert legte Oribe auch auf das Eßgeschirr. Zu seiner Zeit begannen die Menschen, die Grundnahrungsmittel Reis und Suppe mit neuen Gerichten zu ergänzen, die in kleinen Schüsseln oder auf Platten, *mukôzuke*, gereicht wurden. Oribe entwarf sie in vielfältigen Formen und Farben.
Mukôzuke-Geschirr wurde während der Mahlzeit nicht hochgehoben und brauchte deshalb nicht leicht oder einfach faßbar zu sein. Andererseits wurde das Essen bei einem formellen, mehrgängigen japanischen Mahl auf einzelnen kleinen Tabletts serviert. *Mukôzuke*, die darauf nicht gepaßt hätten, wären nutzlos gewesen. Oribes Entwürfe aber erfüllten sowohl die funktionalen wie die ästhetischen Anforderungen außergewöhnlich gut.

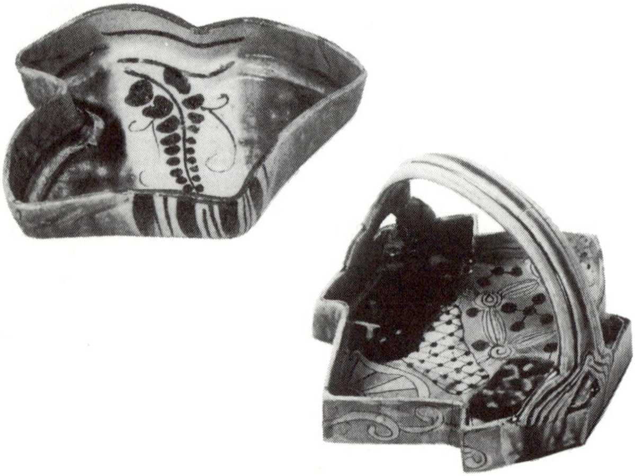

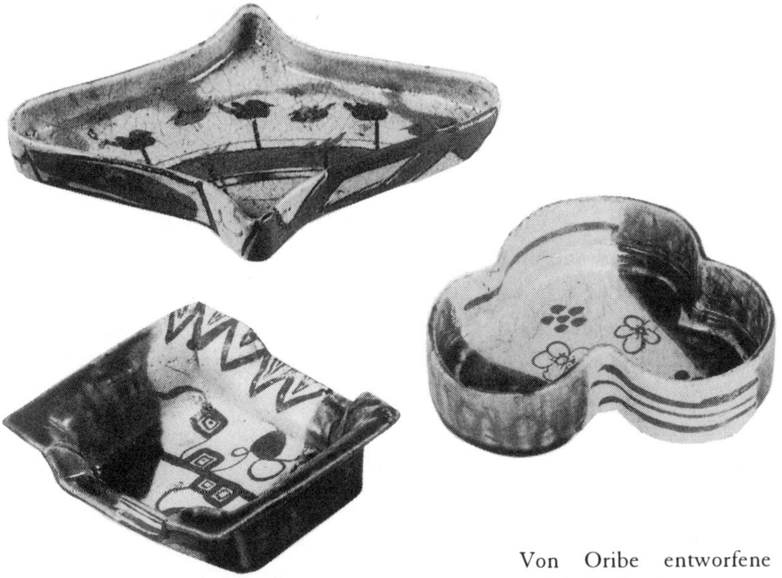

Von Oribe entworfene *mukôzuke*-Stücke

Vor Oribes Zeit wurden nur eine Reisschale, eine Suppenschüssel und vielleicht ein kleiner Teller auf den Tisch gestellt. Alle Gegenstände waren rund und unauffällig. Während Oribes Lebenszeit begannen die Leute jedoch, zusätzlich Speisen aufzustellen, die nach Reis und Suppe eingenommen wurden. Weil man diese mit ihren Gefäßen während des Essens nicht bewegte, waren *mukôzuke* in allen möglichen Formen erlaubt, so daß Oribe seiner Phantasie freien Lauf lassen durfte.

Es ist schon herausgestellt worden, wie sein ästhetischer Sinn sich auf verfremdende und abstrakte Formen richtete und in eine Reihe mit der Ästhetik des in der Edo-Zeit und vorher sehr beliebten *kabuki* oder *kabukimono* gehörte. »Eine Neigung in einer üblicherweise Senkrechten« ist die ursprüngliche Bedeutung des Wortes, aber es wurde auch benutzt zur Beschreibung unkonventioneller Kunstformen, seltsamer Kleidungsstücke oder Haarfrisuren und aller Dinge, die vom Traditionellen und Erwarteten abwichen. Auch das *kabuki*-Theater hat darin seinen Ursprung. All diese Formen hatten einen komischen oder spielerischen Aspekt, es ist kein Zufall, daß diese Ästhetik gerade in der städtischen Gesellschaft der Edo-Zeit gedieh.

Schließlich war diese Epoche nach Jahren des Krieges friedlich, und Mengen ungelenkter Energie beherrschten die bürgerlichen Stadtbewohner, die ihre Freude am sofortigen Genuß und an der Freiheit des Ausdrucks hatten. Die neue Ästhetik faßte sicher nicht in der geordneten ländlichen Gesellschaft Fuß.

Oribes Vorgänger und Lehrer war Sen-no Rikyû (1522-91), der Gründer der Senke-Linie von Teemeistern, die heute noch die Welt der Teezeremonie beherrschen. Rikyû wurde von dem Kriegsfürsten Toyotomi Hideyoshi gezwungen, den rituellen Selbstmord (*seppuku* oder *harakiri*) zu begehen. Dreiundzwanzig Jahre später erging es Oribe ebenso, als er bei Tokugawa Ieyasu in Ungnade fiel. Aber für ein Vierteljahrhundert war er Japans erster Teemeister, Lehrer von Shogunen und Führer auf dem Gebiet der Künste. Während seiner Karriere ließ er viele phantastische Teeschalen und Geschirr bei verschiedenen Töpfereien bestellen und löste damit eine Bewegung aus, die bis heute anhält.

Die Einzigartigkeit der japanischen Tischkultur fiel auch den Fremden auf, die ins Land kamen. J. F. van Overmeer Fisscher, ein Niederländer, der von 1819 bis 1829 das Lagerhaus der niederländischen Ostindien-Gesellschaft auf Dejima leitete, berichtete bewundernd über die Schönheit und Vielfalt all der Lackwaren und Porzellangefäße, die er bei Besuchen in den Häusern sah. S. W. Williams, der Commodore Perry am Ende der Edo-Zeit nach Japan begleitete, bestaunte das wunderschöne, hochwertige Porzellan und vermutete, daß die Japaner in der Lage seien, Töpferwaren in wirklich jeder beliebigen Form herzustellen.

So wurde Eßgeschirr, das normalerweise nur als Behältnis für Nahrungsmittel dient, für die Japaner ein Mittel der Zerstreuung und Form der dekorativen Kunst. Sie sind nicht mit einem Gegenstand zufrieden, der seine Funktion erfüllt, schön muß er außerdem sein. Das ist auch heute den Haushaltsgegenständen anzusehen.

Wichtig ist, daß sich dieses Empfinden im Reich des Geschirrs manifestierte, sobald die einfachen Leute die Mittel hatten, über ihr lebensnotwendiges Ernährungsminimum hinauszugelangen. Auch wenn die Neuerungen von begnadeten Einzelnen wie Oribe eingeführt wurden, hat die Stadtbevölkerung, in einer Zeit des Friedens und der Stabilität eifrig auf Genuß bedacht, sie doch mit erstaunlicher Geschwindigkeit und Begeisterung angenommen.

✧ ✧ ✧

Heute besitzen japanische Haushalte nicht nur japanisches Geschirr, sondern auch chinesisches und westliches, woraus sich eine recht stattliche Sammlung ergibt. Weil sie kulinarische Sitten aus Japan, China und dem Westen pflegen, sehen sich Japaner vor die Notwendigkeit gestellt, die für die verschiedenen Speisen erforderlichen Gerätschaften und Gefäße bereitzustellen. Das bedeutet nicht, daß ein japanischer Haushalt soviel westliches Geschirr enthält, wie man in einem europäischen Haus erwarten würde. Einer Untersuchung zufolge lagern Europäer dreimal soviele Gegenstände aller westlichen Küchenutensilien wie Japaner. Die einzige Ausnahme bilden Kaffeetassen, von denen es in den Haushalten in beiden Ländern ungefähr gleich viele gibt. Das könnte darauf hindeuten, daß die Verwestlichung ihren Weg in das japanische Alltagsleben über die Bewirtung von Gästen fand.

Die Auswahl von Haushaltsgegenständen ist in Japan ohnehin in den letzten Jahren stärker westlich orientiert, wie der steigende Warenwert an Porzellanimporten aus England und anderen europäischen Ländern zeigt. Daran angepaßt haben große japanische Geschirrhersteller ihren eigenen Stil entwickelt. Die Gefäße tragen oft traditionelle Muster, passen sowohl zur westlichen wie zur japanischen Küche und stellen dort eine Mischung zwischen östlichem und westlichem Geschirr dar, wo sich bis vor kurzem beide unabhängig voneinander entwickelt hatten.

Die neue Zweideutigkeit hat zu interessanten Kombinationen geführt: Wenn westliche Speisen ein Grundbestandteil eines japanischen Essens sind, wird die Mahlzeit auf westlichen Tellern serviert und mit Messer und Gabel gegessen. Handelt es sich bei den westlichen Speisen um Beilagen in einem japanischen Reisgericht, wird alles mit Stäbchen verzehrt.

Was wir jetzt gebrauchen, ist Geschirr, das genau auf den heutigen japanischen Lebensstil zugeschnitten ist. Je mehr Frauen außer Haus arbeiten, desto weniger Zeit können sie in der Küche verbringen. Ab-

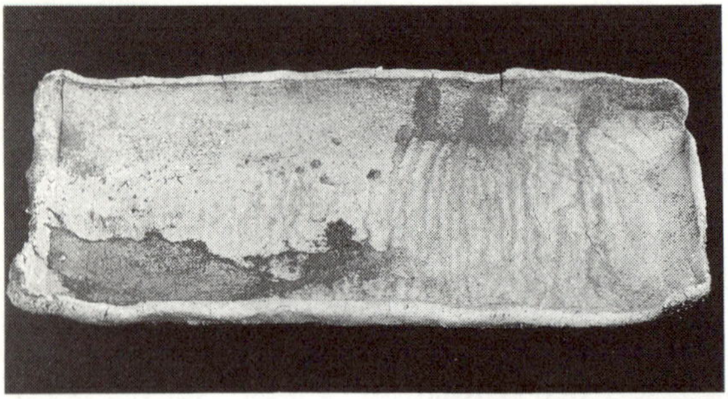

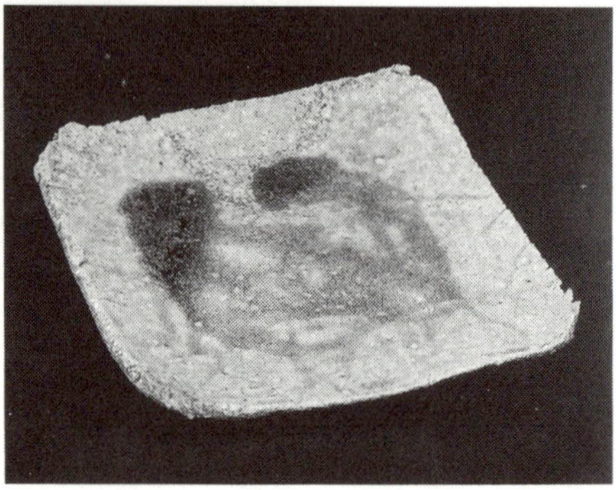

Große Servierplatten aus Steingut, im traditionellen Trockenofen gebrannt, werden noch in vielen Häusern und Restaurants benutzt. Iga-Shigaraki Keramik mit Flecken aus natürlicher Aschenglasur, von Shiro Tsujimura

gesehen davon lehnen immer mehr Frauen es ab, allein in der Küche zu stehen und während des Essens mehrfach zum Servieren aufstehen zu müssen, wenn alle anderen entspannt am Tisch sitzen bleiben.

Die neue Gewohnheit, am Tisch zu kochen oder eine große Schüssel zu servieren, aus der sich alle selbst bedienen können, löst diese Probleme wenigstens teilweise. Dafür besonders geeignet ist eine pfannenartige erhitzbare Schale zum Grillen oder Köcheln von Speisen direkt am Tisch. Eintöpfe, *sukiyaki*, *shabu-shabu* und andere Gerichte, die nur minimale Vorbereitungszeit erfordern, können mit dieser neuen Vorrichtung einfach angerichtet werden, und vier von fünf japanischen Familien machen schon Gebrauch davon. Drehbare Geschirrkörbe und Schüsselsätze mit passenden kleinen Tellern, oft in nicht traditionellen künstlerischen Formen und Mustern, finden in vielen Haushalten auf dem Tisch Verwendung.

Dies sind nur einige der Neuerungen, die nach und nach aus den funktionalen und ästhetischen Bedürfnissen der modernen japanischen Eßkultur entstehen. Es fragt sich, ob wenigstens einige von ihnen die Unverwüstlichkeit des *mukôzuke* haben werden, das nach fast vierhundert Jahren immer noch in japanischen Haushalten und traditionellen Restaurants zu finden ist.

Mahlzeiten – auswärts und zuhause

Naomichi Ishige

Wenn Sie in einem typischen japanischen Haushalt in das private Adreßbuch schauen, finden Sie dort bestimmt neben den Telefonnummern der Freunde und Verwandten auch die von *sushi*- und Nudellokalen. Sie stehen dort nicht, um wegen einer Tischreservierung anrufen zu können, sondern um Lieferungen nach Hause zu bestellen. Auch im Büro gibt es die entsprechenden Eintragungen in den Telefonverzeichnissen: Wenn es zu mühsam ist, in der Mittagspause auswärts essen zu gehen, läßt man sich die Mahlzeit direkt an den Schreibtisch bringen.

Ein hoch entwickelter Bringedienst für Mahlzeiten machte schon immer die Attraktivität des japanischen Gaststättengewerbes aus. In den letzten Jahren haben zwar viele Lokale wegen der Verkehrsstaus und des Arbeitskräftemangels diesen Kundendienst aufgegeben, aber bis in die sechziger Jahre lieferten fast alle Restaurants Mahlzeiten ohne zusätzliches Entgelt.

Der Lieferservice begann in Japan in der Edo-Zeit, als in den großen Städten sehr viele Restaurants eröffneten. Sie arbeiteten mehr für die einfache Stadtbevölkerung als für den Adel oder die Samurai-Klasse. In Europa fanden zur gleichen Zeit ähnliche Entwicklungen statt. Die ersten Restaurants erschienen in Paris vor und nach der Französischen Revolution auf der Bildfläche. Davor war die feine Küche den Tischen der Aristokraten vorbehalten gewesen, die Berufsköche beschäftigten. Mit dem Zusammenbruch des Klassensystems gründete das aufsteigende Bürgertum Restaurants, in die jeder kommen konnte, um ein gutes Essen zu genießen.

Im japanischen Feudalstaat befanden sich die Samurai im oberen Bereich der Gesellschaft nur wenig unter dem Adel, die Kaufleute dagegen auf den unteren Rängen. Bis 1867 behielt sich die privilegierte Klasse der Samurai offiziell ihren Führungsanspruch im Staat vor, aber in Wirklichkeit wurden die Angelegenheiten Japans schon im achtzehnten Jahrhundert nicht mehr von ihnen gelenkt, sondern von den reichen Handelsherren, die die Wirtschaftsmacht des Landes bildeten. Bis zur Mitte des Jahrhunderts war Japan durch die Kaufleute eigentlich längst zu einer bürgerlichen Gesellschaft geworden.

In diese Zeit fiel auch der Aufstieg vieler Dienstleistungsbereiche, darunter waren die Restaurants, die ein bürgerliches Publikum ansprachen. Als die Idee einmal da war, verbreiteten sich die kommerziellen Restaurants schnell, besonders in den großen Städten Kyoto, Osaka und Edo. Weil diese Städte nicht einem einzelnen Herrscher unterstanden, war die Atmosphäre, frei von den Zwängen des Feudalsystems, entspannter und lockerer. Die Stadtbürger waren der konsumorientierten Philosophie der Wirtschaftswelt eher zugewandt als der Kargheit, die der Feudalismus predigte.

Einer Untersuchung von 1804 zufolge gab es in Edo damals 6165 Restaurants an festen Standorten, eines pro hundertsiebzig Einwohner. Die Anzahl der Essensangebote war tatsächlich noch viel höher, weil die Untersuchung nicht jedes Restaurant berücksichtigte und vor allem die zahlreichen beweglichen Stände ausschloß, die in den Straßen von Edo Speisen verkauften. Wenn wirklich alle dazugezählt werden, ist es durchaus möglich, daß Edo im neunzehnten Jahrhundert die größte Konzentration von Eßlokalen und Getränkeangeboten auf der Welt besaß. Diese Menge von Restaurants und die daraus entstehende Konkurrenz spornte die Entwicklung des Bringedienstes für Mahlzeiten an.

✧ ✧ ✧

Japan kennt zwei Arten des Lieferservice: *shidashi* und *demae. Shidashi* bezieht sich auf die Lieferung eines vollständigen, mehrgängigen Menüs oder einzelner Teile eines solchen. Man verbindet damit hervorragende Küche für wohlhabende Kunden. Doch in den Städten nehmen auch einfache Leute *shidashi* in Anspruch, wenn besondere Gelegenheiten wie Beerdigungen oder Gedenkfeiern anliegen. Bestellen kann man *shidashi* in Restaurants und kommerziellen Küchen. Die letzten kochen nur für Bestellungen nach auswärts und haben keine eigenen Speiseräume. Einige erledigen Aufträge auch, indem sie einen

Koch zum Kunden nach Hause schicken, der dort an Ort und Stelle das Essen für eine Feier oder einen Empfang vorbereitet.

In Kyoto, dem religiösen und künstlerischen Zentrum Japans, sind *shidashi*-Küchen am erfolgreichsten. Besucher aus allen Teilen des Landes kommen nach Kyoto, um an religiösen oder kulturellen Ereignissen, Versammlungen in Tempeln oder Veranstaltungen zu traditionellen Künsten wie *ikebana*, Teezeremonie und *nô*- und *kyôgen*-Theater teilzunehmen. Inmitten dieser kulturellen Erlebnisse erwarten sie natürlich traditionelle Gerichte aus Kyoto und nicht chinesisches oder westliches Essen. Dabei spielen die alten traditionsreichen Küchen eine große Rolle. Sie liefern nicht nur Speisen für Hunderte von Menschen zu den Stätten, an denen Empfänge stattfinden, sondern kochen auch für eine kleine Gruppe von Gästen in Pensionen und Teehäusern. Einige Pensionen in Kyoto bereiten nur das Frühstück selbst zu und haben keinen angestellten Koch. Für das Abendessen sorgen sie je nach den Wünschen der Gäste einfach durch einen Anruf bei einem Restaurant oder einer *shidashi*-Küche. Das mehrgängige Menü kann aus bis zu zehn verschiedenen Speisen bestehen, wobei die Qualität und die Aufmerksamkeit für Details den Vergleich mit einem hochklassigen Restaurant ohne weiteres aushalten. Der Kundendienst wird so sorgfältig geplant, daß die Speisen manchmal sogar zu unterschiedlichen Zeiten geliefert werden, damit die Gäste bei jedem Gang in den Genuß frischer Zubereitung kommen. Das Personal der Pension muß nur noch servieren oder vielleicht die Suppe aufwärmen. Auch in den Teehäusern, wo die Gäste Saké nippen und den Geisha zuschauen, wird normalerweise nicht selbst gekocht. Wenn ein Gast etwas zu essen wünscht, greift der Wirt einfach zum Telefon.

Früher lag die Hauptaufgabe der *shidashi*-Küchen nicht darin, auswärtige Gäste zu versorgen, sondern Kunden aus der eigenen Nachbarschaft zu beliefern. In der Edo-Zeit gab es in Kyoto und Osaka eine große Zahl selbständiger Handwerker und Händler, deren Wohnhäuser gleichzeitig als Werkstatt oder Laden dienten. Sie mußten nicht nur Geschäftspartner bewirten, sondern hatten oft auch Helfer oder Lehrlinge, die mit im Haus wohnten. Als Ergänzung zu dem einfachen Essen, das sie ihren Angestellten vorsetzten, bestellten viele Familien ein oder zwei Gerichte zusätzlich für sich in den *shidashi*-Küchen. Auch wenn die Familie ein einfaches Abendbrot aß, war es üblich, dem Familienoberhaupt, das besonders vor dem Zweiten Weltkrieg als große Autorität galt, eine extra Beilage zu servieren. Weil die Vorbereitung einer solchen für nur eine oder zwei Personen nicht nur umständlich, sondern auch zu teuer gewesen wäre, gewöhnten sich viele Familien an, jeden Tag eine zusätzliche Speise in der Garküche zu bestellen.

So verbreitet war diese Gepflogenheit in Kyoto, daß es in jedem Viertel eine *shidashi*-Küche gegeben haben soll. Die Köche hatten große Erfahrung mit den Wünschen der einzelnen Kunden, sie kannten Geschlecht und Alter der Familienmitglieder, die Vorlieben und Lieblingsspeisen aller und das Geschirr in den Küchen. Sie waren in mancher Hinsicht wie ein Datenspeicher der Nachbarschaft. Nicht ohne Grund gehörte ein Besuch in der Garküche dazu, wenn bei Heiratsvorbereitungen Auskünfte über die Familie eingeholt werden sollten. Einige Köche betätigten sich sogar als Heiratsvermittler zwischen ihren Kunden.

Qualität und Reichhaltigkeit des Speisenangebots aus der *shidashi*-Küche sind mit einem guten Partyservice im Westen vergleichbar. Im Gegensatz dazu sorgt der *demae*-Service für leichte Speisen aus Lokalen, in denen einfache Leute gelegentlich auf eine Zwischenmahlzeit vorbeikommen. Während *shidashi*-Küchen Gerichte nach den speziellen Wünschen und Geldbeuteln der Kunden vorbereiten, bestellen *demae*-Kunden nach einer festliegenden Speisenkarte. Restaurants, die *demae*-Lieferungen anbieten, verteilen ihre Karten oft in der Umgebung, um zu telefonischen Bestellungen anzuregen.

Im Gegensatz zu *shidashi*, das ein mehrgängiges Menü oder Teile desselben umfaßt, besteht eine *demae*-Bestellung normalerweise im wesentlichen aus einem sättigenden Gericht wie Nudeln, *sushi* oder *donburi-mono*, das nach der großen Porzellanschüssel benannt ist, in der es serviert wird. Zwei der beliebtesten *donburi-mono* sind *oyako donburi* (wörtlich Eltern-Kind-*donburi*) bestehend aus Reis mit Huhn und Ei, sowie *unagi-donburi*, Reis mit gebackenem Aal. Diese »Mahlzeit in einer Schüssel« ist in vieler Hinsicht mit dem Sandwich vergleichbar, es enthält nicht nur ein beliebtes Grundnahrungsmittel, sondern ist auch einfach, leicht und bequem.

Demae-Bestellungen werden normalerweise bei der Auslieferung bezahlt, aber Stammkunden können einmal im Monat ihre Rechnung begleichen. Die leeren Behälter brauchen nicht abgewaschen zu werden, sie werden einfach vor dem Haus abgestellt und dort später eingesammelt. Da auch Wegwerfstäbchen mitgeliefert werden, können Kunden ihre Mahlzeit genießen, ohne einen Fuß in die Küche gesetzt zu haben.

Am meisten genutzt werden *demae*-Bestellungen, wenn jemand zu beschäftigt zum Kochen ist, unangemeldete Gäste eintreffen oder man spät abends noch etwas essen möchte. Ebenso willkommen sind sie als Abwechslung von der gewohnten Kost – professionell zubereitetes *sushi* schmeckt einfach besser.

Demae entwickelte sich in den *shitamachi*, den zentralen Geschäfts- und Unterhaltungsvierteln der Städte in der Edo-Zeit, weil die Feudalherren und ihre Samurai-Beamten, die in den Villenvierteln (*yamate*) lebten, normalerweise nicht in Restaurants gingen oder Speisen bestellten. Diese Hüter des Feudalsystems waren nicht nur zu einer feindlichen Haltung gegenüber wirtschaftlich orientiertem Handeln erzogen worden, sondern verachteten auch die Art des Kochens, die mit *demae* verbunden war, als vulgär und schmutzig.

Die Innenstädte waren aber andererseits das Zuhause vieler Händler und Künstler. Sowohl gute Restaurants wie billige Eßlokale entstanden für ihre Bedürfnisse. Die wohlhabenderen Kaufleute besuchten die erstgenannten. Künstler, deren Gesamteinkommen nicht sehr hoch war, die aber täglich kleinere Barzahlungen erhielten, galten als gute Kunden der letzten. Je mehr Edo als Hauptstadt zum Zentrum vieler Aktivitäten wurde, desto rascher wuchs die Stadt. Sie wurde aber auch von zahlreichen Bränden heimgesucht. Dadurch fanden viele Tischler und andere Handwerker beim Wiederaufbau Arbeit, und erneut entstand ein Markt für Eßlokale. Jede Straße in der Innenstadt besaß im neunzehnten Jahrhundert mit Sicherheit ein Nudel- und ein *sushi*-Lokal und darüberhinaus andere Restaurants. Angeblich gab es in den belebteren Vierteln in mehr als der Hälfte aller Läden an den Hauptstraßen etwas zu essen und zu trinken.

✧ ✧ ✧

Mit der Ausnahme von *sushi* und dem merkwürdigen »Kalte-Nudeln-Gericht« sind *demae-Speisen* im allgemeinen heiß – und damit entsteht

Auslieferung mit dem Motorrad

das Problem, die Bestellungen ausliefern zu müssen, bevor sie kalt geworden sind. In der Edo-Zeit beherbergte jedes Viertel mehrere Lokale in nächster Nähe, daher konnten die Angestellten die in einer Kiste verpackten *donburi*-Schalen zu Fuß austragen. Die Moderne hat viele Veränderungen im Liefersystem mit sich gebracht. Als gegen Ende des neunzehnten Jahrhunderts Fahrräder aufkamen, wurden sie sofort für *demae* in Anspruch genommen. Wenn allerdings Nudelsuppe in den Radkorb gestellt wurde, bestand die Gefahr, daß sie durch die Erschütterungen während der Fahrt umherspritzte. Um diesem Problem aus dem Wege zu gehen, entwickelten sich die Auslieferungsfahrer in kürzester Zeit zu wahren Gleichgewichtskünstlern, die fünf oder sechs Schüsseln in einer Hand oder sogar auf ihrem Kopf balancieren konnten, während sie mit der anderen Hand das Fahrrad lenkten.

Als in den fünfziger Jahren die Motorradindustrie in Japan aufblühte, benutzte man für *demae*-Lieferungen kleine Krafträder, die einen speziell dafür geeigneten Tragekorb hatten. Ursprünglich hing er an einer Feder von einer Stange, um Erschütterungen zu verhindern. Das wurde durch einen geschlossenen Gepäckträger mit eigenem Federungssystem ersetzt. Heute gibt es als Ergänzung zu den vierrädrigen Lieferfahrzeugen auch dreirädrige Minimotorräder, die extra für diesen Zweck konstruiert wurden. Sie fallen auf, wenn sie eilig die Stadt durchqueren und auf den Spuren zwischen Autos im Verkehrsstau hin und her flitzen.

In der ersten Hälfte dieses Jahrhunderts waren Fernsprecher in Japan noch nicht weit verbreitet, so daß telefonische Bestellungen für *shidashi* oder *demae* meistens aus Büros, Läden oder wohlhabenden Haushalten kamen. Auch die Zahl der Lokale, die Bestellungen per Telefon annehmen konnten, war begrenzt. Sowohl Bestellung wie Auslieferung mußten zu Fuß erledigt werden, der Kundendienst war also nur denen zugänglich, die in städtischen Gebieten lebten oder arbeiteten, wo es Lokale in genügender Zahl gab. Diese Situation änderte sich in den sechziger Jahren, als beinahe jeder Haushalt ein Telefon bekam. Nun konnte man *demae* zu bestellen, indem man einfach den Hörer abhob, und es mit dem Motorrad auch über weitere Entfernungen noch heiß ausliefern. Auch in weniger dicht besiedelten Vierteln, die selbst keine Garküchen besaßen, konnten die Bewohner jetzt die Bequemlichkeit des Kundendienstes nutzen.

✧ ✧ ✧

Die Modernisierung Japans nach der Meiji-Restauration von 1867 hat sich nicht nur auf politische und soziale Veränderungen beschränkt, sondern das ganze Alltagsleben einschließlich des Essens erfaßt. Besonders revolutionär für die »Modernisierung des Magens« war die Einführung von Fleisch als Grundnahrungsmittel. Es ist klar, daß sich dadurch die Eßgewohnheiten und Speisenangebote in Restaurants und für *demae*-Kunden änderten.

Unter dem Einfluß des Buddhismus hatte Japan fast tausend Jahre ohne Fleisch gelebt. Nun verschwand das Tabu im Modernisierungsprozeß, als die Meiji-Regierung den Fleischverbrauch förderte und es in die Ernährung der Armee einführte, weil es die körperliche Leistungsfähigkeit der Menschen steigere.

Da die traditionelle japanische Küche kein Fleisch gekannt hatte, mußten die Zubereitungsweisen aus der westlichen und chinesischen Küche erlernt werden. Bald entstanden entsprechende Restaurants überall, und es dauerte nicht lange, bis sie ihren eigenen *demae*-Service anboten. Eines der heute beliebtesten *demae*-Gerichte ist *râmen*, chinesische Nudeln in einer würzigen Brühe aus Hühner- oder Schweinefleisch oder beidem.

Während einerseits in den sechziger Jahren der *demae*-Kundendienst auch in ländlicheren Gegenden in Anspruch genommen werden konnte, gerieten die Bringedienste andererseits bereits in Schwierigkeiten. Das Wirtschaftswachstum führte zu einem Zuwachs an Fahrzeugen und Verkehr, Lieferautos kamen nicht mehr durch die Staus. Aber das war noch nicht alles. Der expandierende Industriebereich brauchte immer mehr Arbeiter, was zu einer landesweiten Knappheit an Arbeitskräften führte, und Restaurantbesitzer konnten nicht mehr sicher davon ausgehen, jemanden für die Auslieferungen entbehren zu können. Außerdem konnten viele Lokale nicht mehr spätabends noch offen gehalten werden, als Arbeitszeiten und Löhne in die öffentliche Diskussion gerieten. Heute ist es fast unmöglich geworden, ein mitternächtliches Mahl zu bestellen. Nur noch zwanzig Prozent der Nudellokale bieten einen *demae*-Service an.

Schon zu Beginn dieser Entwicklung ist ein Produkt auf den Markt gekommen, das die entstandene Lücke schließt und sich mittlerweile riesiger Beliebtheit erfreut: Instant-Nudeln. Sie erfordern nur die Zugabe von heißem Wasser und sind in Hunderten von Geschmacksrichtungen erhältlich, die meistens aus dem beliebten *râmen*-Gericht abgewandelt sind. Japan verbraucht heute mehr als vier Milliarden Pakete Instant-Nudeln im Jahr, das entspricht mehr als vierzig Paketen pro Kopf, vom Säugling bis zur Großmutter. Die Nudeln werden in mehr als achtzig andere Länder exportiert und in zehn anderen Staaten hergestellt. Die Gesamtmenge der Produktion wird weltweit auf über acht Milliarden Einheiten geschätzt. Überall auf der Welt lassen sich Menschen zu einer Schale Instant-Nudeln nieder, einige von ihnen mag es überraschen, daß dieses Produkt seine Ursprünge in den lebendigen innerstädtischen Vierteln der Edo-Zeit hat, als die Japaner sich erstmals an die Bequemlichkeit von *demae* gewöhnten.

Der Reichtum der Jauchegruben

Takahiro Hisa

Unausweichliche Folgen des Stadtlebens sind die riesigen Müllmassen, die die Menschenmengen bei ihren täglichen Beschäftigungen produzieren. Immer wenn ein neuer Stoff entdeckt oder erfunden wird, entsteht auch ein neues Abfallprodukt. Unsere Zeit zum Beispiel hat die Geburt von Atommüll erlebt, der so gefährlich ist, daß er das Überleben der ganzen menschlichen Rasse in Frage stellt. Unter den vielen Abfällen gibt es jedoch eine unveränderliche, jederzeit vorhandene Substanz, die seit Jahrhunderten die Städter plagt: unser körpereigener Abfall. Seit alten Zeiten suchen Stadtbewohner verzweifelt nach Möglichkeiten, das wieder loszuwerden, was sie selbst allein durch ihre Existenz dauernd produzieren.

In einer Stadt mit einer Million Einwohnern fallen täglich ungefähr hundertfünfzig Tonnen Fäkalien an. In der Zehnmillionenstadt Tokyo beläuft sich die Menge entsprechend auf 1.500 Tonnen. Wenn man dazu das Volumen von ein bis zwei Litern Urin pro Person rechnet, bekommt man eine Vorstellung von den irrsinnigen Massen menschlichen Abfalls, die Städte alle vierundzwanzig Stunden entsorgen müssen.

Das Phänomen, sich über die eigenen Körperabfälle Gedanken machen zu müssen, ist typisch menschlich und im besonderen den Stadtbewohnern eigen. Warum müssen wir uns als einzige Lebewesen damit befassen? Die Antwort ist einfach: Unsere Ausscheidungen sind längst aus einem natürlichen Kreislauf herausgelöst. In der Natur werden Fäkalien, beispielsweise die wild lebender Tiere, ihrer Bestimmung gemäß irgendwann wieder zu Humus. Einige Bauern streuen auch heute noch ihre eigenen Exkremente als Dünger auf die Felder. In modernen Städten jedoch gibt es wenige oder überhaupt keine Felder zu düngen, und die Ausscheidungen sind ein überflüssiges Produkt geworden, das regelmäßig entsorgt werden muß.

Ein Blick in die europäische Vergangenheit

Die mittelalterlichen Städte Europas hatten keine Abwasserleitungen zur Fäkalienentsorgung, und die Menschen, die in den oberen Stockwerken lebten, entleerten ihre Nachttöpfe einfach auf die Straße. Die berühmte Kanalisation von Paris, in der der Roman *Die Elenden* von Victor Hugo spielt, gab es seit 1370, aber ihr eigentlicher Zweck war die Ableitung von Regenwasser. Menschliche Abfälle wurden in London zum ersten Mal 1815 in Kanäle geleitet und in Paris 1880. Allerdings kamen nur wenige Stadtbewohner in diesen Genuß, und die meisten Menschen praktizierten das gleiche »Entsorgungsverhalten« wie zuvor.

Um die unhygienischen Verhältnisse zu verbessern, bemühten sich moderne europäische Stadtplaner um den Aufbau eines Kanalnetzes, das für alle erreichbar war. Alle menschlichen Ausscheidungen sollten mit Hilfe von Wasser hineingespült werden. Indem man die Exkremente mit einem Wasserschwall aus dem Gesichtskreis verbannte, waren die Dinge geklärt, jedenfalls soweit es die unmittelbare Umgebung anging. Diese Denkweise ist ein typisches Beispiel für die »Ausschlußphilosophie« des modernen Städtebaus. Die Planer schufen Städte, die äußerlich sauber und sicher wirkten, weil alles Schmutzige oder Anomale entfernt wurde.

Allerdings gab es ein Problem. Die Abwässer strömten in die Flüsse, und es gab zu der Zeit noch keine Kläranlagen. Dadurch wurden die Seine in Paris und die Themse in London schnell zu faulig riechenden Müllgruben. 1889 wurde in London als erste Abwasserbehandlungsmöglichkeit ein Absetztank (Sediertank) konstruiert. Kläranlagen mit heute üblicher Belebtschlammverarbeitung gibt es erst seit 1928.

Östliche und westliche Konzepte der Fäkalienentsorgung

Die Moderne hat in der Behandlung und Entsorgung von Fäkalien erhebliche Fortschritte mit sich gebracht, aber die dahinterstehende Philosophie veränderte sich nicht. Exkremente werden schleunigst außer Sicht gespült, in Kläranlagen gesammelt, bearbeitet und weggeworfen. Der Westen wenigstens hält an der Tradition fest, menschliche Abfälle als nutzloses Produkt zu betrachten, das man möglichst schnell loswerden möchte.

Ein Kritiker dieser Denkweise, der Umwelttechniker Sim Van der Ryn, zeigt die wichtigsten Widersprüche des heutigen Abwassersystems in seinem Buch *The Toilet Papers* (Toiletten-Papiere) von 1978. Er schlägt als Alternative dazu vor, menschliche Ausscheidungen mittels einer »Komposttoilette« in Kompost zu verwandeln und wiederzuverwerten. Er ist begeistert von der Entsorgungsmethode im vormodernen Japan. Die in den Städten anfallenden Fäkalienmengen wurden dort zur Düngung umliegender Felder verwendet. Für Van der Ryn ist das ein hervorragendes Beispiel, wie Fäkalien in einen sinnvollen, erneut nutzbaren Rohstoff verwandelt werden können.

Dank dieser Wiederverwertungspraxis waren vormoderne Städte in Japan deutlich sauberer als anderswo. Das fiel auch Reisenden wie dem Amerikaner Edward S. Morse auf, der 1877 Japan besuchte und folgende Eindrücke in seinem Buch *Japan Day by Day* (Japan Tag für Tag) schrieb:

> Überrascht, daß die Sterberate von Tokyo niedriger ist als die von Boston, interessierte ich mich näher für das Gesundheitswesen. Ich fand heraus, daß jene Krankheiten, die bei uns schlechter Kanalisation, unzureichender Wasserspülung bei Toiletten und ähnlichem zugeschrieben werden, hier unbekannt oder selten sind. Die Freiheit von solchen Beschwerden liegt daran, daß alle Exkremente von Männern aus der Stadt getragen werden, die sie für ihre Bauernhöfe und Reisfelder benutzen.

Susan B. Hanley, Professorin für japanische Geschichte an der Universität Washington, analysierte 1989 in ihrem Aufsatz *Urban Sanitation in Preindustrial Japan* (Hygiene in den Städten des vorindustriellen Japan) die Gründe für die guten hygienischen Verhältnisse in japanischen Städten der Edo-Zeit. Sie zeigt darin, daß diese Städte, die einschließlich Edo mit einer Million Einwohnern zu den größten der Welt gehörten, keine höhere Sterblichkeitsrate hatten als die ländlichen Gegenden. Dieses Ergebnis schreibt sie der hervorragenden Wasserversorgung und dem Abfallentsorgungssystem zu und folgert:

Die Japaner leben seit fast einem Jahrtausend in einer Gesellschaft mit hoher Bevölkerungsdichte. Sie haben gelernt, mit begrenzten Resourcen auf den fünfzehn Prozent des Landes, das nicht bergig ist, zu leben. Bis zur Tokugawa-Zeit hatten die Japaner eine Lebensweise hervorgebracht, die sie befähigte, große städtische Bevölkerungen zu unterhalten. Das kann sehr wohl Teil des Schlüssels zu dem Erfolg sein, den Japan heute hat. In jedem Fall war Edo im achtzehnten und neunzehnten Jahrhundert wohl eine gesündere Stadt als Paris oder London.

Abwasserbeseitigung im vormodernen Japan

Die Verwendung von Fäkalien als Dünger ist nichts Einzigartiges, sie ist im Gegenteil in ländlichen Gegenden durchaus üblich, besonders in Ostasien. In Japan begann sie vor ungefähr siebenhundert Jahren während der Kamakura-Zeit, als entsprechende Techniken aus China eingeführt wurde. Das Abfallwiederverwertungssystem der Edo-Zeit war jedoch ungewöhnlich, weil es nicht auf Kreisläufen innerhalb eines Dorfes beruhte, sondern Stadt und Land als abfallwirtschaftlichen Großraum verband. Menschlicher Abfall, der »Nacht-Dünger«, spielte als Rohstoff eine lebenswichtige Rolle in der Wirtschaft, seine Wiederverwertung hatte eine regelrechte Industrie hervorgebracht.

Die Praxis, Fäkalien aus den Städten auf dem Lande als Kompost zu nutzen, wurde in der Mitte der Edo-Zeit, also zwischen dem späten siebzehnten und frühen achtzehnten Jahrhundert üblich. Diese Entwicklung war ursächlich verbunden mit dem Wachstum der Landwirtschaft rund um die Städte. Um immer mehr Stadtbewohner mit frischem Gemüse zu versorgen, mußten die Bauern es in großer Menge direkt vor den Toren der Stadt anbauen. Mit einigen der größten Zentren der Welt als Abnehmer blühte die japanische Landwirtschaft an den Stadträndern – unterstützt vom Dünger eben dieser Städte. Es ergab sich ein bemerkenswerter Kreislauf, in dem die menschlichen Abfälle aus der Stadt, dort ärgerlich und ohne praktischen Nutzen, als Dünger in der Landwirtschaft verwendet wurden und in Form landwirtschaftlicher Produkte wieder in die Stadt zurückkehrten. Dieses Verfahren wurde nicht nur in vielen Städten mit ihren umliegenden

Toilettenhäuschen am Straßenrand. Rechts im Bild zwei Männer, die unter der Umgebung leiden

Dörfern angewandt, es entwickelte sich sogar ein Transport überschüssigen Düngers von Osaka nach Edo.

Zu Beginn der Edo-Zeit tauschten die Vorstadtbauern Gemüse gegen Dünger, aber diese Gewohnheit wurde bald durch Bargeldverkäufe ersetzt. In Osaka wurde der Wert der in zehn Haushalten im Jahr produzierten Fäkalien auf ungefähr anderthalb *ryô* in Gold geschätzt. Wenn man bedenkt, daß eine Person mit einem einzigen *ryô* genug Reis für ein Jahr kaufen konnte, war der »Nacht-Dünger« ein wertvoller Grundstoff. Nach Edward S. Morses Aufzeichnungen aus dem Beginn der Meiji-Zeit erwirtschafteten drei Personen, die zusammen einen Raum in einer billigen Unterkunft in Hiroshima bewohnten, mit dem Verkauf ihrer Fäkalien genug, um die Miete für eine Person zu zahlen.

Als der Dünger so wertvoll wurde, war ein direkter Handel zwischen Bauer und Stadtbewohner nicht mehr machbar. Bauern suchten einerseits fieberhaft ihren Nachschub zu sichern, andererseits wollten die Städter unbedingt den höchstmöglichen Preis erzielen. Daraus ergaben sich häufig Streitereien über den Dünger und seine Bezahlung. Sogar Fälle von Diebstahl des begehrten Stoffes durch die konkurrierenden Bauern sind bekannt geworden.

Schließlich bildeten die Vorstadtbauern Vereinigungen, um sich das Recht auf Düngerkäufe zu sichern, aber das bedeutete kein Ende ihrer Fehden. 1772 versuchte der Magistrat von Osaka, die Situation zu entschärfen, indem er 314 Dörfer in »Nacht-Dünger-Sammel-Unternehmen« umwandelte und jedem das Recht einräumte, in einem bestimmten Stadtteil Dünger zu sammeln.

Auch in den Städten selbst wurden die Dinge schwieriger. In Osaka lag das Recht, feste Abfälle zu verkaufen, beim Vermieter, der Mieter durfte nur Urin verkaufen. Abfallstoffe aus den Haushalten der Samurai erzielten höhere Preise als die der einfachen Stadtbevölkerung. (Weil die Samurai sich besser ernähren konnten, sollten sie angeblich reichhaltigeren Dünger produzieren.) In Edo wurde mittlerweile das Recht, den Dünger aus dem Haushalt eines Feudalherren zu sammeln, wie eine seltene Ehrung vergeben. Häufig genug bekam es nur ein Dorfoberhaupt oder ein reicher Bauer.

Als der menschliche Abfall an Wert gewann, etablierten sich Händler, die auf dieses Produkt spezialisiert waren. Das waren die Urinmakler und Abwässerspediteure. In Edo, wo das Geschäft mit dem Kot seinen Höhepunkt erreichte, sollen die Gesamtumsätze aller damit zusammenhängenden Geschäfte achtzigtausend *ryô* im Jahr betragen haben. Es handelte sich ohne Zweifel um eine führende Industrie.

Im östlichen Edo wurde der Dünger auf dem Sumida-Fluß und dem Ara transportiert, was eine Menge Probleme für die Anwohner mit sich brachte. Berichte erwähnen, daß Scharen von Prostituierten die im Hafen festmachenden Boote lautstark begrüßten. Die Transportschiffe brachten auf dem Rückweg aus den Vorstädten landwirtschaftliche Produkte zum Verkauf auf dem Markt mit, was Klagen der städtischen Gemüsehändler nach sich zog. Ein weiterer Streitpunkt war der Gestank der Exkremente. Es gab immer wieder Bemühungen, den Transportschiffen die Einfahrt in den Hafen zu verweigern, aber die Händler wehrten sich gegen diese Überlegungen sofort mit der Drohung, dann überhaupt keine Fäkalien mehr zu kaufen. Die Stadtverwaltungen wußten nur zu genau, daß die Stadt im Chaos versinken würde, wenn das Geschäft mit dem Nacht-Dünger zum Erliegen käme. Daher mußten sie sich den Bedingungen der Händler beugen.

Eine neue Recycling-Form für menschliche Abfälle

Mit dem Bau von öffentlichen Kläranlagen und der Erfindung des Kunstdüngers ließ die Nachfrage nach »Nacht-Dünger« ständig nach.

In den letzten Jahren hat sich jedoch eine moderne Version der alten Praxis entwickelt. Sie macht aus den Resten Schlamm, der zu Dünger aufbereitet werden kann.

Gründe für diese Entwicklung gibt es genug. Zunächst ist das Problem der steigenden Schlammengen, die bewältigt werden müssen, an einem kritischen Punkt angelangt. Die Umwandlung in Kompost ist eine Möglichkeit, damit fertig zu werden. Andere Anstrengungen zur Wiederverwertung des Klärschlamms versuchten, die Asche von verbranntem Schlamm mit Baumaterialien zu mischen oder sie zu Brennstoff zu trocknen.

Der zweite Grund, der für die Umwandlung von Klärschlämmen in Dünger spricht, ist der wachsende Zweifel am Kunstdünger. Als chemische Bodenvorbereitungen zuerst auf den Markt kamen, fanden Bauern sie wirksam und bequem. Genau wie Menschen, die Vitamintabletten schlucken und besonders viele Nährstoffe zusätzlich essen, vor Energie platzen, erhöht künstlich gedüngter Ackerboden, wenn auch nur vorübergehend, die Erträge bedeutend. Wir wissen jedoch mittlerweile, daß der dauernde Einsatz von chemischem Dünger den Boden verhärtet, so daß er die Fähigkeit verliert, Wasser aufzunehmen.

Damit Ackerboden für Saatgut geeignet ist, muß er eine krümelige Struktur haben, die zwischen den einzelnen Partikeln Raum läßt, um die Lüftung, Wasserzufuhr und Feuchtigkeitsspeicherung zu erleichtern. Nur in der Erdschicht lebende Bakterien können dafür sorgen. Sie verdauen organische Substanzen und zersetzen sie. Bei diesem Prozeß wird ein Sekret abgesondert, das die einzelnen Partikel der Erde in Krümeln bindet. Wird der Boden mit Chemikalien gedüngt, verschwinden die Mikroorganismen, weil Kunstdünger zwar leicht von Pflanzen aufgenommen werden kann, aber als anorganischer Stoff den Mikroben keine Nahrung bietet.

Ein anderes Problem besteht darin, daß mit Chemikalien überdüngte Pflanzen zunehmend schwächlicher werden. Sie sind es gewohnt, ihre Nährstoffe einfach aufnehmen zu können, und ihre Wurzeln breiten sich nicht bis tief in den Boden aus. An der Oberfläche sind sie aber Temperaturschwankungen stärker ausgesetzt und daher jedem Wetterwechsel schutzlos ausgeliefert. Die Widerstandsfähigkeit gegen Krankheiten sinkt, und es wird notwendig, erneut Chemikalien, dieses Mal gegen bakterielle Krankheitserreger, einzusetzen. Auch dabei werden die humusbildenden Bakterien im Boden vernichtet, und die Bodenqualität nimmt weiter ab. Zusätzlich ist der Gebrauch von chemischen Düngern für die Bauern und die Verbraucher schädlich.

Die Ersetzung natürlicher Kreisläufe durch chemische bringt also eine Kettenreaktion von miteinander in Beziehung stehenden Umweltproblemen in Gang. Der einzige Weg, das in den Griff zu bekommen, besteht darin, den natürlichen Abläufen wieder zu ihrem Recht zu verhelfen. Landwirtschaftliche Chemikalien sind nicht nur ein kurzsichtiges Mittel, Ernten zu erhöhen, sie zerstören auch das Gleichgewicht des ganzen Systems. Im allgemeinen zeigt das moderne Denken diese gefährliche Tendenz, den Gesamtzusammenhang zugunsten einer scheinbar schnellen Lösung zu vernachlässigen.

Erst jetzt, wo die Landwirtschaft erkennbar unter dem übermäßigen Gebrauch von Chemikalien und Kunstdünger gelitten hat, kehren immer mehr Bauern zu biologischen Anbaumethoden zurück. Steigendes Gesundheitsbewußtsein der Verbraucher und entsprechend höhere Nachfrage nach biologisch angebauten Lebensmitteln haben dazu beigetragen. Sogar Menschen, die sich sonst wenig mit Umweltproblemen befassen, haben begriffen, wieviel gesünder Nahrungsmittel ohne Chemie sind.

Aus verschiedenen Gründen bleibt es aber trotzdem für viele Bauern ein Problem, ihren Kompost selbst herzustellen. Mit dem Vormarsch der einjährigen Pflanzen beim Gemüseanbau entfallen Spreu oder Stroh als Kompostbeigabe. Die Mechanisierung hat die Zugtiere ersetzt, die vorher gute Dunglieferanten waren. Außerdem scheinen nach Jahrzehnten des Kunstdüngereinsatzes bei vielen Bauern die Kenntnisse über Kompostbereitung und Verwendung verloren gegangen zu sein. Als Antwort auf dieses Problem haben sich auf dem Lande Firmen gebildet, die sich darauf spezialisieren, Klärschlamm zu Dünger zu verarbeiten und diesen als abgepacktes Produkt zu verkaufen. Wie andere Wiederverwertungsmodelle haben sie bisher wenig Gewinn gesehen, aber einige Gemeindeverwaltungen subventionieren sie für ihren Beitrag zur örtlichen Stadtreinigung.

Die Zukunft hängt von der Wiederverwertung ab

Die menschliche Rasse wird der Notwendigkeit, ihre eigenen Abfälle zu entsorgen, nie entgehen können. Auch wenn im Idealfall jeder von uns seine eigene »Produktion« als Kompost wiederverwenden könnte, ist das natürlich keine praktikable Lösung für Städte. Was wir brauchen, ist ein Wiederverwertungssystem im Austausch zwischen Stadt und Land wie in der Edo-Zeit – mit dem Unterschied, daß der Grundstoff für den Kompost kein unbehandelter Abfall wäre, sondern verarbeiteter Klärschlamm. Der Ausdruck »zwischen Stadt und Land« läßt sich auch lesen als »zwischen Verbrauchs- und Produktionsgebieten«. Es ist wichtig, den Kreis möglichst weit zu fassen, damit aller Abfall, der durch den Verbrauch entsteht, wieder der Produktion zugeführt wird. Dieses Prinzip gilt nicht nur für Abwässer, sondern für alle Verbrauchsbereiche.

Der Schlamm aus städtischen Kläranlagen sollte als Kompost zu den Bauern zurückkehren. Da die Anzahl der Höfe in Japan jedoch ständig abnimmt, mag eine Zeit kommen, in der die Nachfrage nach Kompost nicht mehr ausreichen wird, die riesigen Mengen Fäkalienschlamm, die von den Städten produziert werden, aufzufangen. Auch hier können wir ins achtzehnte Jahrhundert zurückblicken, als zusätzlicher Nacht-Dünger aus Kyoto und Osaka in die Vorstädte von Edo gebracht wurde, um möglichst ein Gleichgewicht zwischen Angebot und Nachfrage herzustellen. Wenn man dieses Prinzip unter heutigen Bedingungen anwenden will, muß man sich ein weltweit arbeitendes System vorstellen, in dem überschüssiger Schlamm aus den Industrienationen in Kompost umgewandelt wird, der dann in die landwirtschaftlichen Produktionsländer geht. Wie die Abwasserboote könnten die Transportschiffe auf dem Rückweg Produkte der Länder mitbringen.

Werden wir weiterhin unsere Resourcen vergeuden und am Ende lebendig unter unseren Abfallbergen begraben werden – oder sind wir bereit, Wiederverwertung in die Tat umzusetzen? Ich glaube, daß unsere Fähigkeit, Wiederverwertungskreisläufe für die von uns verbrauchten Stoffe zu schaffen, über das Fortbestehen der Städte und der menschlichen Rasse entscheiden wird.

Die Geschichte des Kimono

Kayoko Aikawa

Der Kimono entwickelte sich um die Mitte des sechzehnten Jahrhunderts aus zwei verschiedenen Grundformen: *Kosode* waren lange Gewänder aus wattierter Seide, die schon vor der Edo-Zeit von Adeligen unter ihrer weitärmeligen Tracht getragen wurden. Seit dem vierzehnten Jahrhundert kleidete man sich nach und nach einfacher und begann in der zweiten Hälfte des sechzehnten Jahrhunderts, *kosode* als Oberbekleidung anzuziehen. (Dieser Wandel ist vergleichbar mit dem des Unterhemds zum T-Shirt im Westen.) *Tsutsusode* (Röhrenärmel) waren ähnliche Kleidungsstücke mit engeren Ärmeln für Arbeiter und all jene, deren Aufgaben mehr Bewegungsfreiheit erforderten.

Mit der Entwicklung vom Unterkleid zur Oberbekleidung veränderten sich auch die Farben der *kosode* vom schlichten Weiß zu bunten Mustern. Während der Edo-Zeit gab es verschiedene Moden, was Farbe, Muster und Schnitt des Kleides und des *obi* (Gürtel) anging, bis *kosode* die heutige Form des Kimono erreicht hatten.

✧ ✧ ✧

Wie viele andere Bestandteile traditionellen Lebensstils tauchte der Kimono im vormodernen Japan in den Städten auf. Durch Wachstum von Handel und Produktion entwickelte sich seit dem fünfzehnten Jahrhundert eine bürgerliche Klasse, die zur treibenden Kraft für die Entwicklung verschiedener Künste wie Gesang, Tanz, Teezeremonie und *ikebana* wurde. Für jede künstlerische Betätigung waren spezielle Bekleidung und Ausstattung erforderlich, und die Herstellungstechniken dafür machten in der Edo-Zeit riesige Fortschritte. Außerdem fand ein lebhafter Waren- und Informationsaustausch zwischen Stadt und Land statt. Die meisten der heute noch existierenden Textilherstellungszentren in Japan wurden in der Edo-Zeit gegründet, um –

jedes mit seinem eigenen Stil – die Kunden aus Edo, Kyoto und Osaka zufriedenzustellen.

Kleidungsstücke und Accessoires aus Kyoto hatten einen hervorragenden Ruf. Im ganzen Land war jeder besonders erfreut, *kudarimono*, die hochwertigen Textilien aus Kyoto zu erhalten. Viele der modischen *kosode*-Muster stammten ebenfalls von dort.

Ein spezieller *kosode*-Stil trug oft den Namen der Herstellungsgegend, zum Beispiel Keichô-*kosode*, Kanbun-*kosode*, Genroku-*kosode*. Natürlich wurden auch verschiedene Färbetechniken entwickelt wie *tsujigabana-zome* (diagonale Streifen mit verstreuten Blätterflecken dazwischen), *chaya-zome* (mit Indigo gedruckte Landschaftsbilder), *yûzen-zome* (verschiedenfarbige Landschaften), *kanoko-shibori* (gesprenkelt), *komon* (sich wiederholende kleine Motive) und *chûgata* (mittelgroße Druckmuster). Alle diese Stilrichtungen und Färbetechniken spielten eine wichtige Rolle in der damaligen Mode.

Die massenhafte Veröffentlichung von *hinagatabon*, bebilderten *kosode*-Büchern, begann Mitte des siebzehnten und dauerte bis ins

Junge Frauen aus Kyoto, die *Genroku-kosode* tragen

frühe neunzehnte Jahrhundert. 180 Bände, von denen jeder vielfältige Beispiele einer Technik oder eines Stils zeigte, erschienen im Laufe der Jahre, die Nachfrage nach *kosode* kann also nicht auf die höheren Klassen beschränkt gewesen sein. Die ersten *hinagatabon* waren handgezeichnet, aber als die Stadtbevölkerung reicher wurde und sich mehr Luxus leisten konnte, stieg die Nachfrage so stark an, daß man Holzschnitte benutzen mußte, um Druckvorlagen für größere Auflagen zu erhalten.

MODEMACHER DER EDO-ZEIT

Führend in der Mode waren im Europa des siebzehnten Jahrhunderts Königinnen und adelige Damen, deren persönlicher Stil sich in ihrer Zeit auf Kleidung und Zubehör ausdehnte. Im Gegensatz dazu hat im siebzehnten Jahrhundert in Japan nur eine einzige Frau aus dem Adel eine bestimmende Rolle in der Mode gespielt. Das war Tôfuku Mon'in, die Tochter des Shoguns Tokugawa Hidetada und Gemahlin des Kaisers Gomizuno-o. Mit der finanziellen Macht des Shogunats im Rücken hauchte diese Frau der höfischen Kultur des Adels in der Hauptstadt Kyoto einen neuen, viel weltlicheren Geist ein. Ein Auftragsbuch, das bei dem Kimonohersteller Kariganeya erhalten geblieben ist, beschreibt alle Modelle, die für sie gefertigt worden sind. Sie zeigen genau die Muster und Schnitte, die im frühen siebzehnten Jahrhundert modern waren. Getragen wurde dieser Kanbun-*kosode*-Stil sowohl von der herrschenden Klasse wie von einfachen Leuten.

Zwei andere Quellen für neue Moden waren die Vergnügungsviertel und das *kabuki*-Theater. Beide erreichten seit dem späten siebzehnten Jahrhundert überraschende Bedeutung als Treffpunkt für die städtischen Massen. Innerhalb der Grenzen lizensierter Unterhaltungsviertel konnte die Stadtbevölkerung den Einschränkungen des Feudalsystems entfliehen und sich frei fühlen. Durch diese Freiheit entstanden auch schnell beliebte modische Stilrichtungen wie der lange *haori*-Mantel, der von Freudenmädchen und Teehausdamen getragen wurde. Auch *kabuki*-Schauspieler, besonders die auf weibliche Rollen spezialisierten, prägten die Damenmode. Weit verbreitet waren Ichimatsu-*moyô* (ein schwarz-weiß-kariertes Muster), Rokô-*cha* (eine gelbe Färbung mit einem Hauch rotbraun), Hanshirô-*kanoko* (ein gesprenkeltes Flachsblatt-Muster) und Kichiya-*musubi* (eine spezielle Art, den Gürtel zu binden), die alle nach *kabuki*-Schauspielern hießen. Aus der langen Liste der vom *kabuki*-Theater beeinflußten Muster, Farben, Gürtelknoten, Fußbekleidungen, Haarfrisuren und -bänder sind das nur einige Beispiele.

In der Edo-Zeit gehörten zu hohen Feiertagen bestimmte Bekleidungen, die sich auch bei einfachen Leuten schnell durchsetzten. Beispielsweise gab es einen besonders festlichen Kimono mit Zubehör für Neujahr oder die *yukata*, einfache ungefütterte Baumwollkimonos, die man zu religiösen Festen trug. Auch die Ausflüge zu den verschiedenen Baumblüten erforderten angemessene Kleidung. In dieser Umgebung begannen die Frauen wohlhabender Männer, miteinander zu wetteifern, wer sich im schönsten Staat in der Öffentlichkeit präsentieren würde. Diese Wettbewerbe, die den heutigen Modenschauen entsprechen, verbreiteten ein gewisses Modebewußtsein schnell auch bei einfachen Leuten.

✧ ✧ ✧

Noch eine Gruppe hat viel zur städtischen Modeszene beigetragen: die Handwerker und Händler. Seit der frühen Edo-Zeit waren die Städte Kyoto, Edo und Osaka nicht nur Mittelpunkte des Verbrauchs, sondern auch der Herstellung und Verteilung vieler Waren.

Im Jahre 1690 erschien das Buch *Jinrin kinmô-zui*, das erhellende Informationen über das städtische Handwerk bietet. Mit der Produktion gefärbter und gewebter Artikel waren viele Zweige befaßt: Näher, Sticker, Druckstockhersteller, Bleicher, auf bestimmte Farben spezialisierte Färber, Chintzmacher, Brokatwirker, Weber, Musterbildner, Baumwollschläger und Litzenmacher. Die von diesen Gewerben hergestellten Textilien und das Zubehör konnte man in den im späten siebzehnten Jahrhundert aufblühenden Kimonotuchläden kaufen. 1673 wurde als eines der ersten dieser Geschäfte »Echigoya« gegründet, das heutige Kaufhaus »Mitsukoshi«. Bis dahin waren die Fertigwaren auf Handelsausstellungen und in privaten Salons verkauft worden, zu denen Feudalherren, Verwalter der Shogune und reiche Kaufleute eingeladen wurden. Mit anderen Worten konnten nur die privilegierten Klassen diese Waren erwerben. »Echigoya« bediente dagegen das bürgerliche städtische Publikum. Zum Erfolg des neuen Geschäftes haben sicher auch einige der Änderungen gegenüber der sonst üblichen Verkaufspraxis beigetragen: im Laden wurde Bargeld angenommen, es galten Festpreise (statt die Bezahlung mit jedem Kunden auszuhandeln), und Stoffe waren nicht nur als Ballen, sondern auch im Zuschnitt erhältlich.

Seit der zweiten Hälfte des siebzehnten Jahrhunderts stieg die Nachfrage der städtischen Verbraucher ins Unermeßliche, und die Kaufleute wurden reich. Dadurch bildeten sie selbst bald eine wichtige und einflußreiche Verbrauchergruppe, deren Ansprüche die neuen Verkaufsmethoden bei »Echigoya« genau erfüllten. Derartige Geschäfte trugen viel dazu bei, Kimonotuche in die Hände der Bürger gelangen zu lassen und dadurch Modebewußtsein und wiederum ungeheure Nachfrage zu schaffen. Sie unterstützten auch die Modetrends, die in den Vergnügungsvierteln und im *kabuki*-Theater geboren wurden. In diesem Sinne waren sie die Vorläufer der Kaufhäuser, die in der Meiji-Zeit anfingen, selbst Mode zu machen.

Bereits 1692 kam ein Verbraucherratgeber auf den Markt, *Shokoku kaimono chôhôki* (Einkaufshandbuch für die verschiedenen Gebiete), in dem Kurzbeschreibungen von Kunsthandwerkern, Handwerkern und Händlern, sowie Listen mit qualitativ hervorragenden Waren und Spezialitäten einzelner Regionen enthalten waren. Die erklärte Absicht der Veröffentlichung war es, »dem Leser Einkäufe zu erleichtern durch die Information, welche Produkte man wo kaufen kann und sollte«. Im frühen achtzehnten Jahrhundert erschienen mehrere Anleitungen, wie Geschäfte abzuwickeln seien, und 1813 wurde ein bebildertes Werk herausgebracht, das Ratschläge für die passende Kleidung bei bestimmten Anlässen gab. Die großen Städte der Edo-Zeit waren schon damals Informationsgesellschaften, in denen Neuigkeiten und Nachrichten über alle möglichen Themen, auch Mode, schnell verbreitet wurden.

✧ ✧ ✧

Nach der Meiji-Restauration 1867 wählte man westliche Kleidung für alle öffentlichen Auftritte, die irgendwie mit der Modernisierung des Landes in Verbindung stehen mochten. Die überraschendste Wandlung zum Westlichen fand bei der Arbeits- und Repräsentationskleidung der Regierungsbeamten statt. Durch die Einführung westlicher Kultur gerade in diesen Bereichen gab die Regierung ihrem Bestreben Ausdruck, sich bei der Modernisierung des Landes am Beispiel Europas und Amerikas zu orientieren.

In der Modewelt stand aber weiterhin der Kimono im Mittelpunkt, die plötzliche Hinwendung der Regierung zur Europäisierung drang nicht sofort bis in die Bevölkerung durch. Zuerst wurden vielmehr westliche Stoffe und Zubehör in die Kimono-Ausstattung eingearbeitet. 1886 fing der Kimonotuchladen »Shirokiya« an, *azuma*, einen japanischen Mantel aus Wolle zu verkaufen. Etwa zur gleichen Zeit wurden auch brauner und dunkelroter Kaschmir zum ersten Mal benutzt, und zwar für die *hakama* (lange Röcke) der Schulmädchen. Flanell und Köper waren willkommene Materialien für ungefütterte Frühlings- oder Herbstkleider, und Musselin, bedruckt mit einem farbenfrohen *yûzen*-Muster, war schnell beliebt, weil er in westlicher Form an traditionellen japanischen Crêpe erinnerte. An der Wende

Frauen in westlicher Kleidung, die mit dem neuesten Import aus dem Westen herumspielen – einem Klavier (um 1880)

Junge Geisha im Kimono; Akasaka-Unterhaltungsviertel in Tokyo (um 1920)

Junges Mädchen im Sonntagsstaat (Meiji-Zeit)

zum zwanzigsten Jahrhundert trugen Schülerinnen *hakama* mit westlichen Schuhen und ausländische Haarfrisuren mit breiten Bändern.

Westliche Accessoires wie Broschen, Ringe, Sonnenschirme und Handtaschen wurden zu Ergänzungen des Kimono. Broschen zum Beispiel heftete man an Halstücher oder verwendete sie als Gürtelschnallen. Langsam kamen auch Edelsteine auf, und in den Läden gab es in Japan gefertigte Manschettenknöpfe und Krawattennadeln.

Früh im zwanzigsten Jahrhundert wurden aus einigen der in der Edo-Zeit gegründeten Kimonotuchgeschäften Kaufhäuser nach westlichem Vorbild. Damit erweiterte sich das Warenangebot dieser Läden beträchtlich, auch wenn sie weiterhin das Hauptaugenmerk auf Stoffe richteten. Jedes Kaufhaus besaß seine eigene Textilgestaltungswerkstatt, die neue Kimono-Muster entwarf. So wurde die Kimono-Mode erfolgreich beeinflußt.

Um Kunden über den neuesten modischen Stand und Veränderungen im Laden zu informieren, verteilten einige Geschäfte Zeitschriften. Wie heutige Modemagazine waren sie mit Bildern der wichtigsten angebotenen Waren aufgemacht. Versandangebote gab es außerdem für Kunden in abgelegeneren Gebieten. Die Zeitschriften verschwanden vor oder im Zweiten Weltkrieg, heute jedoch werden einige, zum Beispiel die von »Mitsukoshi«, erneut herausgegeben.

✧ ✧ ✧

Während der Kriege zwischen 1930 und 1945 drängten im Alltag praktischere traditionelle Kleidungsstücke den Kimono zurück. Zur gleichen Zeit erkannten viele Menschen die funktionalen Vorteile der westlichen Bekleidung und betrachteten die langen Ärmel, den breiten Gürtel und die langen Stoffbahnen des Kimono als hinderlich. Empfohlen für den Gebrauch in Kriegszeiten waren stark vereinfachte Kimonos, wie sie vor der Meiji- und Taisho-Zeit getragen worden waren, und nach dem Vorbild der bäuerlichen Arbeitskluft geschneiderte Kleider.

Nach 1945 schalteten viele Japaner direkt von Kriegs- auf westliche Kleidung um, weil sie ihnen vernünftiger und bequemer erschien als der Kimono. Der Einfluß der amerikanischen Kultur, der durch die Gegenwart der Besatzungssoldaten und ihrer Familien noch erhöht wurde, führte dazu, daß alles nur Vorstellbare vom Westen übernommen wurde, gleichgültig ob es Bauweisen oder Stadtplanung waren. Das war ein revolutionäres Kapitel in Japans Kulturgeschichte.

Die Verwestlichung der Alltagskleidung zeigte sich auch im Bildungswesen. Handarbeitsunterricht, der immer schon ein wichtiger Teil der Ausbildung für die Mädchen gewesen war, hatte sich vorher auf das Nähen eines Kimono konzentriert. Nach dem Zweiten Weltkrieg förderte man viel stärker das westliche Nähen. Die Zahl der westlich orientierten Nähschulen stieg von vierhundert mit 45.000 Schülerinnen 1947 auf 2.700 mit 500.000 Frauen 1955. Gleichzeitig verschob sich der Blick der Modewelt vom Kimono auf das westliche Kleidungsstück.

Der Kimono wird nicht mehr als alltägliches Kleidungsstück getragen, seit immer mehr Frauen einem Beruf nachgehen. Seit etwa 1960 trägt fast die gesamte Stadtbevölkerung jeden Tag westliche Kleider, vielleicht mit Ausnahme einiger älterer Leute und derjenigen, die aus beruflichen Gründen traditionell gekleidet sein müssen. In den meisten Fällen ist ein Kimono ein Festkleid für feierliche Anlässe.

Die sechziger Jahre brachten aber auch Gegenreaktionen auf die schnelle kulturelle Anpassung an den Westen. Kritiker forderten, die Gleichberechtigung in den Beziehungen zwischen dem Westen und Japan stärker ins Blickfeld zu rücken. In diesem Jahrzehnt trug man den Kimono wieder stolz als Nationaltracht. Doch trotzdem hörten die Japaner auf, Kimonos und andere traditionelle Kleidungsstücke zu Hause zu nähen, und überließen deren Herstellung berufsmäßigen Handwerkern.

Obwohl die Entwicklung des Kimono ursprünglich eine Antwort auf die Notwendigkeiten des Stadtlebens gewesen war, führte die Verwestlichung der Städte und des japanischen Lebens im allgemeinen dazu, daß er irgendwann als ungeeignet für tägliches Tragen angesehen wurde. Doch dieses Kleidungsstück ist nicht völlig aus dem japanischen Leben verschwunden. Auch heute gibt es noch Kimono- und Zubehörhersteller in Webzentren im ganzen Land, und Kimono tragende Männer, Frauen und Kinder tauchen nicht selten im Blickfeld auf.

Welche Gelegenheiten erfordern heute den Kimono?

Eine ist natürlich die Hochzeit. Während der Zeremonie selbst können die Braut und der Bräutigam entweder japanische oder westliche Hochzeitskleider tragen, je nachdem, ob die Feier im Schrein oder in der Kirche stattfindet. Die Braut erscheint aber wahrscheinlich irgendwann während des folgenden Empfangs in einem farbenfrohen Kimono. Für die meisten Bräute gehören mehrere Kimonos mit Zubehör zur Aussteuer, wie die beträchtliche Anzahl und Verschiedenheit der Kimonos in den Brautmodenabteilungen der Kaufhäuser zeigt.

Für die meisten Menschen ist der Kimono ein Festtagsgewand geworden, das nur bei bestimmten Feiertagen oder Riten im Laufe des Lebens getragen wird. Dazu gehören außer der Hochzeit der erste Schreinbesuch am Neujahrstag, die Volljährigkeitszeremonie, Beerdigungen und Gedenkfeiern.

Der Kimono ist auch ein Kleidungsstück für die traditionellen, darstellenden Künste und zugleich Arbeitsuniform in bestimmten Berufen, zum Beispiel bei Angestellten traditioneller japanischer Gasthäuser und Restaurants und für die Geisha und ihre jungen Lehrlinge, die *maiko*.

Ich glaube, daß der Kimono immer noch getragen wird, weil die meisten formellen Anlässe in traditioneller Form begangen werden. Das Kleidungsstück wird als angemessen empfunden, weil der Rahmen traditionell ist. Zu der ungebrochenen Anziehungskraft des Kimono mag auch beitragen, daß die meisten Frauen das wunderschöne Gewand wenigstens unterbewußt bewundern und es selbst gern tragen möchten.

Weil man den Kimono inzwischen so selten trägt, versäumen viele Eltern, ihren Kindern beizubringen, wie er richtig angezogen wird. Deshalb ist daraus ein Beruf geworden. Es gibt heute überall Schulen, die junge Frauen lehren, wie sie einen Kimono anlegen und den *obi* binden müssen. Eine Frau kann sich aber auch in Schönheitssalons ankleiden lassen.

Der Gegensatz zwischen Alltagsleben und feierlichen Anlässen bleibt ein wichtiger Aspekt der japanischen Kultur. Der Kimono gehörte früher zu beiden Bereichen. Heute läuft das Alltagsleben nach westlichen Mustern ab, und der Kimono hat eine spezielle Bedeutung als festliche, zeremonielle Bekleidung bekommen. Es ist interessant zu beobachten, daß einige Künstler und Intellektuelle diesen Gegensatz in den letzten zehn Jahren wieder zu überwinden versucht haben und den Kimono als alltägliches Kleidungsstück betrachten.

Im Leben der jüngeren Generation gibt es außerdem eine Menge Situationen, die sich nicht in alltäglich oder festlich einteilen lassen, sondern irgendwo dazwischen liegen. Die steigende Komplexität des modernen Lebens erfordert eine größere Flexibilität in vielen Bereichen, auch bei der Kleidung. Zusätzlich zu Alltagskleid und Festtagsgewand gibt es inzwischen Abendkleidung, Straßenkleider und Besuchsanzüge, viele Stilrichtungen je nach Stimmung und Gelegenheit. Die Verschiedenheit der neuen Moden spiegelt den vielgesichtigen Charakter des modernen japanischen Lebensgefühls.

Das japanische Heim: Wundertüte der Traditionen, Trends und Technologien

Shôji Yoshino

In den großen japanischen Städten stellt es sich manchmal als unlösbare Aufgabe heraus, ein Haus nur mit Hilfe einer Adressenangabe zu finden. Straßennamen und Hausnummern sind häufig nicht angeschlagen oder gar nicht existent, Wohnstraßen sind darüber hinaus so zufällig angelegt wie die Patchworkhandarbeit einer Anfängerin. Als wäre das noch nicht genug, verstärkt ein Wirrwarr verschiedener architektonischer Stile den Gesamteindruck von Unordnung. Oft ist beispielsweise ein postmodernes Appartementgebäude neben einem traditionellen ziegelgedeckten Holzhaus zu sehen. Das ruft scharfe Kritik bei Ausländern hervor, die klagen, Stadtplanung finde in Japan völlig unkoordiniert statt. Andererseits halten viele Fremde gerade dies für das Aufregende und kraftvoll Lebendige an japanischen Städten.

Ein Grund für die zufällige Entwicklung der japanischen Stadtlandschaft liegt darin, daß japanische Häuser normalerweise aus Holz und nur für eine Lebensdauer von wenigen Jahrzehnten gebaut werden. Anders als Städte mit Stein- oder Ziegelbauten verändern sich Orte mit Holzhäusern dauernd. Wenn strenge langfristige Richtlinien fehlen, bauen und renovieren verschiedene Menschen zu unterschiedlichen Zeiten ohne jede Rücksicht auf den Gesamteindruck.

In dieser Diskussion über das Wohnen in Japan würde ich gern einen Aspekt stärker betonen, der trotz seiner Bedeutung bisher wenig Aufmerksamkeit erfahren hat: japanische Häuser bestehen aus vorgefertigten Teilen. Ich benutze diesen Ausdruck unabhängig von wissenschaftlich genauer Definition, um die Konstruktion der Gebäude zu beschreiben, die schnell und relativ einfach aus Bauelementen montiert werden können.

Streng genommen bezeichnet der häufig verwendete Ausdruck *purehabu jûtaku* (vorgefertigtes Haus) einen relativ neuen Typ: Als Massenware produzierte Einzelteile werden per Laster von der Fabrik zum Bauplatz gebracht und dort zusammengesetzt. Fünfzehn bis zwanzig Prozent der Häuser, das entspricht einer Zahl von 200.000 jährlich, werden heute in Japan auf diese Weise errichtet. Wenn wir einen weiter gefaßten Begriff von »vorgefertigt« gelten lassen, trifft er aber praktisch seit Jahrhunderten auf alle Holzhäuser zu. Die alte Variante möchte ich zur Unterscheidung von der neuen Fabrikherstellung aber als traditionelle Elementfertigung bezeichnen.

Sie begann schon in der Edo-Zeit. Ausländische Besucher haben Berichte hinterlassen, wie die Japaner Fertigteile aus Holz zum Hausbau herstellten, diese mit bemerkenswertem Geschick zusammenfügten, sie dann später Stück für Stück wieder trennten, um sie an anderer Stelle erneut zusammenzusetzen. Solche Beschreibungen bestätigen das Vorhandensein des Fertigbaus in Japan, lange bevor er zu Beginn dieses Jahrhunderts im Westen eingeführt wurde.

Die Elementfertigung der Häuser in japanischen Städten beruhte auf der Konstruktionsweise, mit leichtem, transportablem Holz das Stützwerk des Gebäudes zu errichten. Dieser Fertigbau befriedigte ideal die Bedürfnisse der vormodernen Zeiten, als häufige Brände und ständige Zuwanderung von Menschen einen riesigen Bedarf an billigem Mietwohnraum schufen.

Auch wenn das heute nicht mehr sichtbar sein mag, haben zwei ganz verschiedene Strömungen die Geschichte des japanischen Wohnungsbaus beeinflußt: der Bau von Wohnhäusern für den Eigenbedarf und die Errichtung von Mietshäusern. Beim ersten spielte die Qualität eine entscheidende Rolle: sie war jedoch nicht so sehr von dem Wunsch bestimmt, in einem hochwertigen Haus zu leben, sondern von der Furcht, mit einem nur durchschnittlichen Schande über die Familie zu bringen. Besonders in den wohlhabenden Schichten der Gesellschaft war die Qualität eines Hauses wichtiger Gradmesser für den Status seines Bewohners. Einsparungen bei Arbeit und Material konnten ein schlecht gebautes Haus bedeuten, das auch für die folgenden Generationen eine Quelle der Beschämung darstellte. Die Handwerker, die unter dem Schutz der Bauherren standen, waren sich dieser Furcht wohl bewußt. Wenn sie ihre Arbeit gut machten, konnten sie sicher sein, noch von den dankbaren Kindern und Enkeln der Kunden belohnt zu werden. Entsprechend war es eine große Ehre für sie, derartige Aufträge zu bekommen. Unnötig zu sagen, daß nicht alle die Mittel hatten, hervorragende Handwerker langfristig unter ihren Schutz zu stellen, so daß diese Baupraxis hauptsächlich den großen Kaufleuten und reichen Feudalherren vorbehalten blieb.

Bei Mietshäusern war die Situation ganz anders, sie mußten nur billig und schnell errichtet werden. Infolgedessen waren Bau- und Installationstechniken weitgehend schematisiert, und die einzelnen Bestandteile hatten nie mehr als die vorgeschriebene Mindestgröße. Die Handwerker benutzten Fertigprodukte in Standardgrößen bei Tatami-Matten, Decken und den verschiedenen Schieberahmen für Türen, Fenster und Raumteiler. In einem Teil der Häuser gab es nicht einmal Tatami oder Einrichtungsgegenstände, dafür mußten die Mieter selbst sorgen. Ein solches Mietverhältnis hieß *hadaka-kashi* (Leermiete).

Während Pläne für Mietshäuser immer wieder verwendet wurden, baute man Häuser für den Eigenbedarf selbstverständlich nur einmal nach einem Plan. Nur wenige gehobenere Mietwohnungen, die den Eigenheimen ähnelten, waren die Ausnahme.

Viele Mietshäuser in den Städten wurden von Zuwanderern gebaut, die auf der Suche nach Arbeit aus verschiedenen Teilen des Landes kamen. Da es sich bei diesen Aufträgen um Vertragsarbeiten und nicht um eine langfristige Schutzbeziehung handelte, gab es unter den Baumeistern heftige Konkurrenz.

Im Vergleich mit westlichen Bauweisen mögen auch die Eigenheime in Elementfertigung errichtet worden sein, aber der Unterschied zur Bauart der Mietshäuser war doch groß, besonders wenn man an die Arbeitshaltung der Handwerker denkt. Doch auch die Bewohner der beiden Haustypen lebten in zwei verschiedenen Welten.

Früher, als Tokyo noch Edo hieß, gab es das Sprichwort »Feuer sind die Blumen von Edo«. Offensichtlich als Ehrung der phantastischen Feuerwehr der Stadt gedacht, weist es auch auf die damals häufigen zerstörerischen Brände hin. Bei jedem verloren viele Einwohner ihr Zuhause und fanden sich obdachlos auf den Straßen wieder.

Je mehr Erfahrungen die Stadtbewohner mit den Feuern machten, desto eifriger suchten sie nach Möglichkeiten, der Bedrohung Herr zu werden. Wohlhabende Hausbesitzer ließen feuerfeste Lagerhäuser bauen, in denen sie Vorräte, Werkzeuge, Möbel und andere Haushaltsgegenstände aufbewahrten; die Dinge für den täglichen Gebrauch wurden jeweils daraus entnommen. Zwischen den Gebäuden

Arbeiter verputzen die Wände eines vornehmen Hauses

errichtete man Feuerschutzwälle, um mögliche Schäden einzudämmen.

Die Menschen in den Mietshäusern hatten diese Hilfen nicht. Wenn ein Feuer ausbrach, konnten sie nichts anderes tun, als ihren Besitz auf einen Karren zu laden und die Flucht zu ergreifen. Ihre Besitztümer mögen nicht viel wert gewesen sein, aber so lange sie ihre Habe mitnehmen konnten, erlitten sie keine direkten Verluste. Mieter, die in Leermiete lebten, entkamen dem Feuer mit einem Karren, ihrem Ofen, den Tatami-Matten und Haushaltsgegenständen. Weil die Wohnungsgrößen genormt waren, konnten sie alles in der nächsten Behausung weiterverwenden. Insofern kann man sagen, ihre gesamte Lebensweise war aus vorgefertigten Elementen montierbar, denn diese Menschen konnten alles zusammensetzen, auseinandernehmen und forttragen, wohin sie wollten.

Wer seinen Besitz gerettet hatte, stand wie ein Zuschauer beim Fußballspiel dabei und feuerte die Brandbekämpfer an. Ein Ausländer schrieb in seinem Tagebuch: »Es ist genau wie bei einem Festumzug«. So weit es die Mieter anging, war es das vielleicht wirklich.

Merklich von den Feuern geschädigt waren nur die Aufseher und Vermieter, deren überhebliche Eigenmächtigkeit beim Eintreiben der

Mieten sie in der Öffentlichkeit alles andere als beliebt machte. Mehr noch, eine große Anzahl der Mieter war Bauarbeiter und profitierte von Bränden, weil sie immer zu plötzlich steigender Nachfrage nach Arbeitskräften führten.

Diejenigen, die ihre Heimatorte verlassen hatten, lebten in der Stadt in ihren gemieteten Räumen in einer unbeständigen, »fließenden Welt« (*ukiyo*). Wegen der häufigen Brände waren ihre Wohnungen nicht mehr als provisorische Schutzhütten, behelfsmäßige Kaninchenlöcher, die Stadt war nur ein vorübergehender Ankerplatz. Daher waren den Mietern im Gegensatz zu den Hausbesitzern das Aussehen und die Umgebung ihrer Behausung relativ gleichgültig.

Dazu führte auch die Verordnung, daß Mieter vom Mitbestimmungsrecht bei örtlichen Angelegenheiten ausgeschlossen waren. Nur Bewohner eines eigenen Hauses galten in diesem Sinn als Einwohner. Mieter bezahlten keine Steuern, einerseits vielleicht ein Segen, andererseits aber der Grund für ihre Rechtlosigkeit und den Ausschluß aus der Gemeinde. Auch wenn sie davon träumten, eines Tages ihr eigenes Haus zu bauen und einen Garten oder einen Laden an der Hauptstraße zu besitzen, blieben das Phantasien, deren Realisierung weit jenseits ihrer Möglichkeiten lag.

Die Fertighäuser mit Mietwohnungen waren keine Musterbeispiele schöner Architektur, sie waren nicht bequem, aber sie förderten die leichtlebige Sorglosigkeit der Mieter. Sie lebten in den Tag hinein, ohne sich über die Zukunft Gedanken zu machen, und versuchten, das Leben zu genießen. Anstatt die Freizeit in ihrem schäbigen Zuhause zu verbringen, gingen sie in die belebteren Stadtteile und bummelten durch die Vergnügungsviertel oder die Hauptgeschäftsstraßen. Gelegentlich konnten sie sich wohl auch einen Besuch im Rotlichtviertel leisten. Weil Mieter achtzig bis neunzig Prozent der Stadtbevölkerung ausmachten, entstanden aus ihren Lebensgewohnheiten und Neigungen die Sitten, Moden und Freizeitbeschäftigungen der Alltagskultur, die wir heute kennen.

✧ ✧ ✧

Zur Zeit erfährt die japanische Bauweise nie dagewesene Veränderungen, wie jeder Gang in die Vorstädte deutlich vor Augen führt. Dort

»Instant« Fertighaus, umgeben von eher traditionellen Häusern

Fertighäuser in einem Wohnviertel der Mittelklasse

findet man ein buntes Gemisch von Häusern verschiedenster Stilrichtungen, um jeden Geschmack zu befriedigen. Dazwischen gibt es natürlich neue und traditionelle Fertighäuser, aber auch viele Modelle, die traditionelle und moderne Fertigelemente verbinden. Beispielsweise kann ein Haus einen traditionellen Rahmen aus Holzelementen haben, aber für alles andere, einschließlich der äußeren und inneren Verzierungen, des Daches, der Fenster und Fußböden industriell gefertigte Teile und Materialien benutzen. Umgekehrt kann alles traditionell erbaut sein, bis auf den industriell gefertigten Rahmen. Diese Mischtypen tauchten zuerst selten, seit 1980 aber immer häufiger auf. Seitdem ist ihre Entwicklung sprunghaft fortgeschritten, besonders industriell produzierte Teile und Materialien greifen um sich, und starke Konkurrenz beherrscht den Markt.

Vor mir liegen drei Kataloge mit den Angeboten von Firmen – jeder so dick wie ein Telefonbuch. Sie finden darin Fußböden, Schallschutzmaterialien, Fenster- und Türrahmen, Vorratsschränke, Speichereinheiten, Küchen- und Badezimmerarmaturen, Außenverkleidungen, Dachpappe, Baumaterialien, Lichtschalter, Lampen, Elektrozubehör, Kabel und vieles andere.

Es gibt 150.000 Posten im Katalog, doch die Produkte vermehren sich wie Amöben, nicht einmal die Angestellten der Firmen wissen, wieviele Artikel zur Zeit erhältlich sind. Und diese großen Anbieter von alten und neuen Fertigteilkombinationen sind nur ein Tropfen im Meer, denn außer ihnen gibt es noch eine erstaunliche Anzahl ähnlicher kleiner und mittelständischer Betriebe.

Wodurch unterscheiden sich ihre Häuser – abgesehen von den kombinierten traditionellen und industriellen Bauelementen – noch von anders errichteten Privathäusern? Zunächst muß man die Tendenz zu pompösem Äußerem erwähnen: weiße Mauern mit schmückenden Vorsprüngen, viktorianische Türportale, Dächer mit Gauben und eine Ansammlung von Vorbauten, Zäunen, Türen und Fenstern. Das alles spiegelt eine Ablehnung der traditionellen japanischen Bauweise, die schlichte Fronten bevorzugte.

Eher an praktischen Überlegungen orientiert ist der Einbau neuer Lagerräume, zum Beispiel Vorratsspeicher auf dem Dachboden oder Müllbehälter unter dem Fußboden. In dieser Hinsicht sind alle traditionellen japanischen Häuser mangelhaft. Tatsächlich war eines der größten Probleme der japanischen Hausfrau schon immer der fehlende Stauraum, daher werden Veränderungen auf diesem Gebiet freudig begrüßt. Unglücklicherweise haben Architekten sich bei der Planung bisher wenig um die Erweiterung der Vorratsräume in den Häusern gekümmert.

Teile und Materialien, die den Aufbau eines Hauses vereinfachen, haben sich bei den Handwerkern schnell durchgesetzt. Kunststoff wird für Dachvorsprünge, Regenrinnen, Verzierungen und Dächer benutzt, Furnierholz ist für die Innenausstattung weit verbreitet, und Fertigbaubäder und Einbauküchen sind inzwischen Standard. Solche Entwicklungen haben die Anforderungen an den Tischlerberuf radikal verändert, aber das ist praktisch ohne Widerstand hingenommen worden. Vielleicht ist der Ansatz nicht ganz neu – tatsächlich erinnert er etwas an die standardisierten Mietshäuser der Vergangenheit.

Heute sind Häuser mit japanischen Tatami-Fußböden sowie westlichen Holzfußböden weit verbreitet. Beim Bodenbelag geht der Trend zu Furnierholz, während die Mode bei den Innenausstattungen sich laufend ändert. Vor mehreren Jahren wurden westlich ausgestattete Räume mit Holzstrukturtapeten beklebt, danach gab es weiße oder gebrochen weiße Kunststofftapeten, *kurosu* (Tuch), die entweder an Stoff oder an Strukturmalerarbeiten erinnerten. Darin läßt sich nicht der leiseste Hauch traditioneller Ästhetik aufspüren, aber eine helle Ausmalung wird als sauber und gesund empfunden. Scheinbar setzt sich Pragmatismus hier immer mehr durch.

Die Mischformen aus alter Element- und neuer Fabrikfertigung machen den Kunden ihr Privileg bewußt, aus einer unendlich wirkenden Fülle von Artikeln auswählen zu können. In der modernen japanischen Konsumgesellschaft scheint das angemessen zu sein. Tatsächlich benutzen mittlerweile Architekten Computer, damit Bauherren ihr Traumhaus planen können. Das Ergebnis, das fertige Haus, ist dann weder japanisch noch westlich. Wenn überhaupt, ist es ein Mittel geworden, den individuellen Geschmack auszudrücken, ein selbstgeschneiderter Stil aus:

[(japanisch + westlich + modisch) x Technologie] : 3

Die inhaltliche Füllung jeder dieser Variablen wird dabei von der Baufirma und ihrem Kunden bestimmt. Da der Trend zum Individuellen in der Architektur von Privathäusern und Geschäftsbauten weitergeht, gibt es für die absehbare Zukunft keine Anzeichen geordneter Stadtlandschaften am japanischen Horizont.

Politik
und
Wirtschaft

Wie Bürokraten die Gesellschaft verwalten

Atsushi Ueda

Ein sehr altes japanisches Sprichwort sagt: »Gegenüber Behörden und einem weinenden Kind bist du machtlos«. Mit »Behörden« sind hier die offiziell bestellten *jitô* (Verwalter) gemeint, die sich im Mittelalter um die Landgüter kümmerten. Obwohl diese mittelalterlichen Verwalter nicht mehr existieren, haben die Japaner immer noch das Gefühl, keine Wahl zu haben und sich den Anordnungen von Verwaltungsbeamten fügen zu müssen.

Im allgemeinen geht man davon aus, Japan sei nach dem Zweiten Weltkrieg zu einem demokratischen Staat geworden. Der Meinung bin ich nicht. Obwohl die Gesellschaft in vielen Bereichen demokratische Züge entwickelt hat, beherrscht die Macht der Bürokratie Japan immer noch. Dies bedeutet, daß seit der Errichtung des Verwaltungssystems in der Kamakura-Zeit vor achthundert Jahren immer Beamte über die einfachen Leute geherrscht haben. Theoretisch sollte es für jede Verwaltung unmöglich sein, so viele Jahrhunderte zu überleben, denn ein Grundsatz der menschlichen Geschichte besagt, daß über einen langen Zeitraum bestehende Machtapparate bestechlich werden und das Volk sie schließlich stürzt.

Muß man daraus also schließen, daß Japans Beamtentum keine Machtstruktur darstellt? Was könnte es sonst sein? Über diese Frage begann ich nachzudenken, als ich selbst Beamter wurde – und sogar heute, lange nachdem ich den öffentlichen Dienst verlassen habe, verfolgt sie mich noch.

Meine Kindheit und Jugend verbrachte ich in Osaka und auf dem chinesischen Festland. Nach dem Universitätsexamen kam ich zum ersten Mal nach Tokyo, um im Hauptquartier eines bestimmten Regierungsministeriums zu arbeiten. Dort warteten einige große Überraschungen auf mich.

In meiner Vorstellung war ein Regierungsbüro ein Ort aus der Feudalzeit, wo die Höhergestellten ihre Untergebenen herumkommandieren. Mich traf fast der Schlag, als ich an meinem ersten Arbeitstag sah, wie ein junger Mitarbeiter sich beiläufig auf den Schreibtisch des Abteilungsleiters setzte, während er mit ihm eine lebhafte Unterhaltung führte.

Es überraschte mich auch, daß Kollegen, ob gewöhnlicher Bediensteter oder in höherer Position, zu mir als Neuling kamen und mir ihre Schwierigkeiten mit den Vorgesetzten anvertrauten. Sie beklagten sich außerdem über die Arbeiten, die ihnen aufgetragen wurden. Überall schien Unzufriedenheit zu schwelen.

Das hat mich außerordentlich beeindruckt. Ein Ministerium schien mir plötzlich ein revolutionärer Ort zu sein. Niemals zuvor war ich solchen Leuten begegnet: überwiegend Absolventen der Tokyo-Universität, höchste Elite – und dennoch revolutionär.

In meiner zehnjährigen Dienstzeit in dem Ministerium machte ich eine Menge interessanter Erfahrungen, erwähnen will ich nur eine, die mir für die hier gestellte Frage besonders wichtig erscheint. Zu der Zeit, als die Warenhauskette »Daimaru« mit Firmensitz in Osaka ihre Geschäfte auch auf Tokyo auszudehnen begann, war die neue Niederlassung am Yaesu-Ausgang des Tokyo-Bahnhofs Stadtgespräch. Ehe ich mich versah, hatten meine Kollegen mir den Spitznamen »Daimaru« gegeben – weil ich ja ebenfalls aus Osaka kam.

Da ich zu der Zeit als einziger im Amt von dort stammte, wurde ich wie eine Art Kuriosum behandelt. Ich habe den Verdacht, deswegen auch oft einer bestimmten Art von Belehrungen ausgesetzt worden zu sein. Zum Beispiel strichen einige Vorgesetzte mir gegenüber immer wieder deutlich heraus, es sei »eine Hauptaufgabe öffentlicher Bediensteter, unschuldige Bürger vor verruchten Händlern zu schützen«. Erst langsam wurde mir klar, daß in ihrer Weltsicht die schlimmsten der »verruchten Händler« die wohlhabenden Geschäftsleute aus der Gegend von Osaka und Kyoto waren. Ein besonders bemerkenswerter Bestandteil dieser Belehrungen war aber auch der Grundsatz: »Sorge dich nicht um Armut, sondern um Ungleichheit.« Wenn man darüber nachdenkt, ist das ganz klar eine sozialistische Vorstellung.

Wie es heißt, hat der Gedanke der Demokratie seinen Ursprung im antiken griechischen Stadtstaat von Athen. Das Wort »Demokratie« ist vom griechischen *democrateia* abgeleitet, einer Wortverbindung aus *demos* (das Volk) und *crateia* (Macht, Autorität, Herrschaft). Anders gesagt, gibt es eine deutliche Unterscheidung zwischen Demokratie und anderen Gesellschaftssystemen wie Monarchie oder Aristokratie, wo die Bevölkerung nur von einer einzigen Person oder einer kleinen Gruppe beherrscht wird. »Herrschaft des Volkes« bedeutet Herrschaft von vielen.

Das ist eine gute Idee, aber wie setzt man sie um? Im alten Griechenland war die Einheit, auf die sich Demokratie bezog, die *polis*, der Stadtstaat. Der blieb auf eine Größe beschränkt, die es allen Bürgern erlaubte, direkt an den Entscheidungen teilzuhaben. Wenn die Bevölkerungszahl zu stark ansteigt, kann dieses System nicht mehr funktionieren.

England war das erste Land, das allgemeine Wahlen einführte, und seine parlamentarische Demokratie wurde sehr bald zu einem Vorbild für den Rest der Welt. Auch heute verstehen wir das unter Demokratie. Sie beruht kurz gesagt auf zwei Prinzipien: zum einen der Herbeiführung politischer Entscheidungen durch Mehrheiten der Volksvertretung, und zum anderen der vollständigen Umsetzung dieser Politik.

Auch Japan hat eine Volksvertretung und eine Nationalversammlung, die den Namen »Diet« trägt. Insofern könnte man beim ersten Hinschauen annehmen, es gäbe eine demokratische Regierung. Ein näherer Blick auf den Gesetzgebungsprozeß enthüllt jedoch, daß die Gesetze nicht in der »Diet« vorgeschlagen, debattiert und verabschiedet werden, sondern in beratenden Ausschüssen, die von den verschiedenen Ministerien eingesetzt werden. In diesen Versammlungen haben fast ausschließlich Bürokraten das Sagen. Sie bestimmen die Gesetze und politischen Richtlinien, die dann als Vorschläge der Regierung den verschiedenen Gesetzgebungsgremien vorgelegt werden.

Erst ganz zum Schluß erreichen die Gesetzesvorlagen die Ebene der »Diet«, deren Aufgabe eigentlich nur noch darin besteht, die Entwürfe zu ratifizieren. Man könnte sogar so weit gehen, eine »Diet«-Sitzung nur als einen zeremoniellen Auftritt zu bezeichnen, der den Menschen innerhalb und außerhalb Japans den Eindruck vermitteln soll, Entscheidungen würden auf demokratische Weise getroffen.

Dagegen werden in Wirklichkeit praktisch alle Gesetze und politischen Richtlinien im japanischen Staat von Bürokraten gemacht. Was soll man davon halten? Genau genommen ist das keine Demokratie. Wir täten besser daran, von »Herrschaft der Bürokratie« zu sprechen.

Als nächstes gilt das Augenmerk der vollständigen Durchführung dieser Gesetze und politischen Richtlinien. Tatsächlich ist die Bürokratie dabei auch das Ausführungsorgan. Hier treffen wir auf *gyôsei shido* (administrative Lenkung nach eigener Entscheidung). Sie verschafft den öffentlichen Bediensteten eine Menge Spielraum, nach eigenem Ermessen den Umständen entsprechend »Nachsicht zu üben«. Diese Form von Autoritätsausübung ist in der Verfassung nicht verankert, aber alltägliche Realität.

Ein gutes Beispiel für die Funktionsweise von *gyôsei shido* ist die Behandlung von Geschwindigkeitsübertretungen und falschem Parken. Hierzulande gibt es so strikte Regeln, daß es aussichtslos ist, sie vollständig durchsetzen zu wollen. Es liegt ganz im Ermessen der einzelnen damit befaßten Beamten, über den Grad der Durchsetzung zu entscheiden. Mit Gesetzen, Bestimmungen und *gyôsei shido* bewaffnet, können sie gegen die einen scharf vorgehen, sich anderen gegenüber aber nachsichtig zeigen, ganz wie es ihnen geraten erscheint. Hierin liegt eine unglaubliche Machtfülle.

Jedoch gibt es auch ein ausgleichendes Element. Bei den nichtgewählten Beamten in Japan kommen Fälle von Begünstigung aufgrund persönlicher Beziehung oder Bestechlichkeit vergleichsweise selten vor. In der Tat könnte man sagen, daß hierin die besondere Stärke des japanischen Verwaltungssystems liegt. Doch auf welcher Grundlage treffen nun die Staatsdiener ihre Entscheidungen von Fall zu Fall?

Ich glaube, die Antwort auf diese Frage liegt in dem erwähnten Grundsatz: »Sorge dich nicht um Armut, sondern um Ungleichheit.« Die Regierenden in Japan glauben nicht, die Gesellschaft mit starren Bestimmungen allein lenken zu können. Stattdessen gebrauchen sie das außerordentlich hohe Maß von *gyôsei shido*, um eine Art Sozialismus zu praktizieren, der die Ungleichheit bekämpft. Kurz gesagt, arme Leute und mühsam ums Überleben kämpfende Geschäfte können mit nachsichtigerer Behandlung rechnen als Wohlhabende oder erfolgreiche Unternehmen. Japan ist ein Rechtsstaat, aber das Gesetz bedeutet nicht alles. Das Funktionieren des administrativen Ermes-

Minamoto no Yoritomo, Shogun aus dem 12. Jahrhundert, der früh ein Verwaltungssystem aufbaute, das Japans moderne Bürokratie beeinflußte

sensspielraumes verleiht der japanischen Bürokratie ihren besonderen Charakter.

Ausmaß und Einfluß dieser Lenkung durch die Verwaltung ist Einzelpersonen wie Institutionen bestens bekannt, doch versucht niemand damit aufzuräumen. Sogar in Zeiten sozialer und politischer Umwälzung, wie zur Meiji-Restauration oder am Ende des Zweiten Weltkrieges, nahm für die Bürokratie alles seinen gewohnten Gang. Das liegt daran, daß sich kein Japaner vorstellen kann, was aus seiner Gesellschaft unter einem anderen System würde. Jeder weiß, wie Japan von Bürokraten beherrscht wird und ist im Grunde mit dieser Regelung zufrieden.

Wenn Bewohner westlicher Länder an die öffentliche Verwaltung denken, entsteht vor ihrem geistigen Auge eine Gruppe von Regierenden, die treu ergeben die Gesetze ausführen. So ist beispielsweise in Amerika, England oder Frankreich ein Staatsdiener fast maschinenähnlich. In solchen Ländern wäre es für Beamte undenkbar, mehr politische Macht auszuüben als andere Gruppen. Aber genau das geschieht in Japan, dank *gyôsei shido*, dieses »ererbten Schwertes« in den Händen der Bürokraten.

✧ ✧ ✧

Das japanische Verwaltungssystem heutiger Zeit geht auf ein Netz von Aufsehern und Verwaltern zurück, das von Minamoto no Yoritomo (1147-99) geschaffen wurde. Er war der erste Shogun der Militärregierung von Kamakura (Kamakura-*bakufu*). Seine Beamten gehörten zur landbesitzenden Kriegerklasse, die eine Art militärischer Polizei darstellte und zu Kriegszeiten vorübergehend als Offiziere diente. Als Yoritomo im späten 12. Jahrhundert an die Macht kam, machte er aus ihnen ein bürokratisches Organ zur Unterstützung der *bakufu*; genannt wurden sie nun Samurai. Das Herrscher-Lehnsmann-Verhältnis zwischen beiden Gruppen zeigt die feudale Natur des Systems. Diese wichtige Tatsache hinsichtlich der Bürokratie in Japan muß man im Gedächtnis behalten: sie entstand in enger Beziehung zum Feudalismus im aufdämmernden Mittelalter.

Danach gab es zahlreiche Entwicklungen in diesem System von Aufsehern und Verwaltern, aber die größten Veränderungen ereigneten sich in unmittelbarer Folge der Errichtung von Wehrstädten im ganzen Land unter Oda Nobunaga und der von Hideyoshi durchgeführten räumlichen Trennung der Samurai von den Bauern unmittelbar vor der Edo-Zeit. Beide Kriegsfürsten hatten zahlreiche regionale Kräfte besiegt – darunter auch rivalisierende Feudalherren und große religiöse Einrichtungen – und einten erfolgreich das Land unter einer nationalen Regierung. Die Samurai, die von ihren Besitztümern in die Städte versetzt worden waren, verloren unter der neuen Ordnung ihren Gutsbesitz und ihre feudalen Bindungen an die Landbevölkerung, gewannen aber das Recht, über ihre Tätigkeit als Beamte Einfluß auf die nationalen Angelegenheiten zu nehmen. Mit anderen Worten war die alte Bürokratie der feudalen Landherren in eine Bürokratie der nationalen Verwalter verwandelt worden.

Die durchgreifenden Maßnahmen von Nobunaga und seinen Nachfolgern führten zum sprunghaften Entstehen von 350 neuen Städten im Umfeld der 260 überall im Land errichteten Burgen. Diese großen Städte wurden sehr schnell zu Sammelpunkten für die in großen Mengen im Land umherstreifenden Menschen. Den Kern jeder Stadt bildete ein Verwaltungsapparat aus soeben erst dort angesiedelten Bürokraten.

Die Entfernung der Samurai von ihrem Landbesitz markiert den Beginn eines Systems, das bestimmte feudale Aufgaben verschiedenen

Beamten zuwies. In der Bürokratie alten Stils während der Kamakura- und Muromachi-Zeit war der feudale Landbesitz als Lehen an Fürsten gegeben worden, und jeder Belehnte trug die Verantwortung für alle Verwaltungsaufgaben seines Gebietes. Diese Fürsten klammerten sich an ihre Landgüter und kümmerten sich um alle Belange, weil das Land ihre wichtigste Lebensgrundlage darstellte.

Daher stellt sich die Frage, warum die Angehörigen dieser landbesitzenden Bürokratie sich willig fügten und einfach ohne jeden Widerstand ihre Güter aufgaben, als Toyotomi Hideyoshi seine Politik verkündete, die alle Verbindungen zwischen den Samurai und dem Bauernstand zerschnitt.

Ein wichtiger Grund war sicher, daß sich zu der Zeit neue Möglichkeiten des Besitzerwerbs abzeichneten: Bergbau, Fertigungsindustrien und Handel. Da all diese Unternehmungen eng miteinander verknüpft waren, bot ein Verwaltungssystem, das sie als Ganzes unterstützte, den sichersten Weg zu ökonomischem Erfolg. Dies war der Hintergrund für die bemerkenswerte Entwicklung der japanischen Bürokratie, die als spezifischer Ausdruck des Feudalsystem verschwand und in veränderter Gestalt wiederauftauchte.

✧ ✧ ✧

Tokugawa Ieyasu, der Gründer des Tokugawa-Shogunats, faßte die Philosophie der Bürokratie mit den Worten zusammen: »Laß nicht zu, daß ein Bauer übermäßig wohlhabend wird, aber verhindere auch seinen Ruin«. Die Beamten sollten also ihre Autorität einsetzen, um Bankrotte zu verhindern, aber auch um außergewöhnliche Erfolge zu unterdrücken. Die Rettung der Armen ging Hand in Hand mit einem scharfen Vorgehen gegen die Reichen.

Es wäre unmöglich, die Zahl der wohlhabenden Händler zu nennen, deren Unternehmen während der Edo-Zeit unter dem einen oder anderen Vorwand beschlagnahmt wurde. Es war für die Beamten mit ihrem Vorrecht der administrativen Leitung nach eigenem Ermessen ein Leichtes, Händlern Vergehen vorzuwerfen und sie aus dem Geschäft zu drängen. Sie nutzten ihr Recht bedenkenlos, da sie fest davon überzeugt waren, ein zu großer Unterschied zwischen Arm und Reich würde die Gesellschaft spalten. Zudem fürchteten sie, wohlhabende

Einzelpersonen könnten genug Macht gewinnen, um die Autorität der Beamten oder sogar das Shogunat selbst zu bedrohen.

Zu allen Zeiten lauteten die Schlagworte der japanischen Bürokratie »Gleichheit«, »Allgemeinwohl«, »einfache Lebensführung« und »Regulierung«. Die Begriffe, die die Bürokraten am wenigsten mögen, sind »Ungleichheit«, »Wettbewerb«, »Luxus« und »Freiheit«. Mit anderen Worten, sie hatten schon immer einen sehr eindeutig ausgeprägten Sinn für das Zweckmäßige.

Ein weiterer Grund für die außerordentliche Langlebigkeit des Systems ist seine Organisationsform. Obwohl die Bürokratie insgesamt eine enorme Macht gegenüber der Gesellschaft als Ganzes hat, ist diese Fülle innerhalb des bürokratischen Systems doch genauestens aufgeteilt. Möglichst viele werden beteiligt, um ein Abgleiten des Staates unter monarchische oder aristokratische Herrschaft zu verhindern.

Macht ist sowohl in regionaler wie funktionaler Hinsicht verteilt. Heutzutage umfaßt die regionale Einteilung die örtlichen, öffentlichen Einrichtungen von Verwaltungsbezirken, Großstädten, Kleinstädten und Dörfern. Die funktionsbezogenen Gliederungen sind wesentlich zahlreicher und umfassen die unterschiedlichsten Bereiche, in denen Behörden Genehmigungen und Konzessionen für alle möglichen Dinge im alltäglichen Leben ausstellen. Die Verantwortung teilen sich die Ministerien mit ihren vielen Büros, Abteilungen und Unterabteilungen. So sind vertikale und horizontale Fäden zu einem dichten Netzwerk der Macht verwoben.

Wer das japanische Verwaltungssystem mit den traditionellen Vorstellungen von Monarchie, Aristokratie oder Demokratie vergleicht, muß feststellen, daß es zu keinem der drei gehört. Ähnlichkeit hat es mit der aristokratischen Ordnung, da es sich tatsächlich um eine Oligarchie handelt, die die Macht in die Hände einer ausgewählten Gruppe legt. Dennoch gibt es in Japan keine privilegierte herrschende Klasse, die dem Erbadel entspräche. Zumindest in der heutigen Gestalt ist der öffentliche Dienst in Japan offen für Bürger jeden Werdegangs, und Ämter können nicht von den Eltern auf die Kinder vererbt werden.

In Ermangelung eines besseren Wortes zu Beschreibung des japanischen Systems der Bürokratie, würde ich vorschlagen, es »feudalistisch« zu nennen. Feudalismus kann ganz allgemein als eine vielschichtige Machtstruktur in Gebieten oder Einflußsphären definiert werden. Das mittelalterliche Feudalsystem umfaßte die Belehnung mit Feudalbesitz und die Ernennung von Fürsten. Das moderne bürokratische System beinhaltet die Verteilung von Aufgabenbereichen und entsprechenden Befugnissen. Anders gesagt, wurden die ursprünglich aus Landbesitz bestehenden Gebiete durch bestimmte Arbeitsgebiete ersetzt. Unverändert blieb jedoch die weitgehende Verteilung der Verantwortung vom Zentrum in die Einzelbereiche.

✧ ✧ ✧

Das Ausmaß der bürokratischen Machtbefugnisse bringt die allgemeine Öffentlichkeit in eine absurde Situation. Praktisch ist jede Einzelheit unseres Lebens durch irgendeine Behörde geregelt, auch wenn wir gewöhnlich keine Notiz davon nehmen.

Als Beispiel diene eine normales Wohnhaus. Das Gebäude selbst fällt unter die Bestimmungsgewalt des Ministeriums für Bauwesen, das bis ins Einzelne gehende Regelungen hinsichtlich äußerer Form und Statik erläßt. Die meisten Möbel und Haushaltswaren werden ebenso wie unsere Kleidung in Übereinstimmung mit Richtlinien des Ministeriums für Außenhandel und Industrie (MITI) hergestellt. Über Nahrungsmittel bestimmt das Ministerium für Landwirtschaft, Forsten und Fischerei, über Medikamente das Gesundheitsministerium und über Kunstgegenstände das Amt für kulturelle Angelegenheiten. Wasserversorgung, Abwasser, Elektrizität, Gas und Telefon stehen unter der Kontrolle der Ministerien Gesundheit, Bauwesen, MITI und natürlich der Post. Treten wir in den Garten hinaus, so sehen wir Bäume und Pflanzen, die das Ministerium für Landwirtschaft, Forsten und Fischerei geprüft hat, wohingegen irgendwelche Felsbrocken im Garten in die Verantwortlichkeit des Bauministeriums fallen.

Das Auto wiederum gehört zu MITI; Haustiere wie Hunde und Katzen unterliegen der Obhut des Gesundheitsministeriums; Kühe, Pferde oder Karpfen werden durch Landwirtschaft, Forsten und Fischerei kontrolliert, während Affen, Goldfische und tropische Fische zum Erziehungsministerium gehören. Bei den Vögeln liegt die Verantwortung für Tauben bei der Post, für Spatzen wieder bei Landwirtschaft, Forsten und Fischerei und für Papageien beim Erziehungsministerium.

Die Situation wird noch verwickelter, wenn wir unser Augenmerk auf menschliche Wesen richten. Bei der Geburt und noch eine ganze Zeit danach unterliegen wir der Obhut von Entbindungskliniken und Gesundheitsämtern, die der Verantwortung des Gesundheitsministeriums unterstehen. Alle Erziehungseinrichtungen vom Kindergarten bis zur Universität kontrolliert das Erziehungsministerium; sollten wir im Laufe unserer studentischen Aktivitäten verhaftet werden, so wird die staatliche Polizeibehörde aktiv. Haben wir einen Abschluß erreicht und eine Arbeit gefunden, fallen wir unter die Bestimmungsgewalt verschiedenster Stellen, abhängig von der Art unserer Tätigkeit. Aber was wir auch immer für einen Beruf haben, ein Ministerium wird uns niemals aus dem Blickfeld verlieren: das Finanzministerium mit der staatlichen Steuerbehörde. Erreichen wir ein hohes Alter, so können wir von neuem auf die Fürsorge des Gesundheitsministeriums zählen – bis wir schließlich auf einem Friedhof landen, auf den das Bauministerium sein wachsames Auge richtet.

Die mannigfaltigen Zweige der japanischen Bürokratie reichen in jeden Winkel, in jede Spalte unseres Lebens, denn jene besitzt die Befugnis, Genehmigungen und Lizenzen zu erteilen, sei es direkt an uns oder an die Menschen, die uns mit Produkten und Dienstleistungen versorgen. Dank dieses Systems der immerwährenden Regulierung sind unser Leben und die Industrie unseres Landes geschützt, soweit es um Sicherheit, Hygiene, Bequemlichkeit und Wirtschaftlichkeit geht. Als Gegenleistung zahlen wir unsere Steuern und arrangieren uns mit endlosen Regeln und Genehmigungsgesuchen. Die von den Beamten gehandhabten Regelungen unterscheiden sich nicht wesentlich von dem Stab und der Flöte, die ein Schäfer beim Hüten seiner Herde verwendet.

Solange wir den Befehlen des Schäfers gehorchen, sind wir sicher und dürfen davon ausgehen, daß man uns innerhalb vernünftiger Grenzen einen angenehmen Lebensstandard genießen läßt. Doch worin bestehen diese Grenzen? Tatsächlich beziehen sie sich auf den der Beamten selbst, denn der Lebensstil der Staatsdiener soll der Öffentlichkeit als Vorbild dienen. Die Beamten hoffen, Menschen mit einem niedrigeren Lebensstandard bis zu ihrem eigenen emporzuziehen, sollte jedoch irgendjemand darüber hinausgehen, so betrachten sie ihn mit gefühlloser Härte.

Es ist eine wundervolle Sache, unseren Standard auf diese Weise gesichert zu wissen. Natürlich bleibt dabei kaum Spielraum für Freiheit ...

✧ ✧ ✧

Fairerweise sollte ich eine andere Stärke der feudalistischen Bürokratie herausstreichen. Dieses System des Organisierens und Verteilens von Verantwortung fördert in erheblichem Maße die Konkurrenz unter den Beamten selbst. Die verschiedenen Ministerien, Abteilungen und Untergruppen versuchen unentwegt, sich hinsichtlich der Leistungen ihrer jeweiligen Bereiche zu übertreffen. Dies verleiht dem System ein großes Maß an Lebendigkeit.

Wie bereits oben erwähnt, sind die Positionen innerhalb der japanischen Bürokratie nicht erblich, und fähige Leute werden aus der gesamten Bevölkerung herangezogen. Wäre das nicht so, könnte es keinen echten Wettbewerb geben.

Ein Aspekt dieser Wettkampfatmosphäre ist, daß neue Ideen häufiger von unten nach oben als umgekehrt ihren Weg machen. Die Beamten in höherer Positionen versuchen immer, ihre Untergebenen zu neuen Vorschlägen zu ermuntern. In den Einrichtungen der Zentralverwaltung sind es die Vorsteher der Unterabteilungen, die tatsächlich administrative Macht besitzen. Sogar wenn Abteilungsleiter, Direktoren und stellvertretende Minister über eine Verfahrensweise entschieden haben, kann doch nichts in die Tat umgesetzt werden, ohne daß die Vorsteher der Unterabteilungen zustimmen. In jedem japanischen Ministerium und jeder Behörde arbeiten Zehntausende dieser aufstrebenden jungen Bürokraten.

Die japanische Bürokratie hat sich zu einer flexiblen, informationsorientierten Einheit entwickelt; plötzliche Veränderungen in der Politik sind nicht ungewöhnlich, wenn Beamte auf Wandlungen der Zeitströmungen reagieren. Wie ließe sich ohne dieses Verhalten die unglaubliche Geschichte der Meiji-Restauration erklären, als Edo ohne Blutvergießen kapitulierte und allmählich die Bestimmungsgewalt über die Bauern und das Land von den Feudalherren auf den

Kaiser übertragen wurde? Amerikanische und europäische Studenten japanischer Geschichte schlagen sich noch immer mit diesem Geheimnis herum.

Zum Schluß ein Wort über die finanzielle Grundlage der japanischen Verwaltung. Wie in anderen Ländern auch entstammen die Staatseinkünfte der Steuererhebung – es ist jedoch wichtig zu betonen, daß die meisten Steuern von Firmen entrichtet werden. Nicht nur Gewerbesteuern, auch die individuelle Einkommensteuer und Abgaben auf Grundbesitz werden direkt an der Quelle erhoben. So kommen alle privaten Steuerzahlungen von angestellten Erwerbstätigen über die Firmenkonten an die Regierung und die örtlichen öffentlichen Körperschaften. Vom Gesichtspunkt der Beamten her könnte man sagen, daß die Firmen eine Art steuerzahlende Vereinigung bilden. Genau aus diesem Grund sind sie so eifrig darum bemüht, die Betriebe zu hegen und zu pflegen. Industrieförderung ist ein unerschöpfliches Thema für die japanischen Beamten.

Auf den ersten Blick könnten die im Kern sozialistische Philosophie der Verwaltung und ihre unentwegte Zusammenarbeit mit kapitalistischen Interessen widersprüchlich scheinen. Die Konkurrenz zwischen den Firmen würde aber niemals in einem Maße erlaubt, das einem Vernichtungskampf um die alleinige Vorherrschaft entsprechen würde. Das »Überleben des Stärksten« steht nicht auf der Tagesordnung. »Laß nicht zu, daß eine Firma über die Maßen reich wird, aber verhindere auch ihren Ruin«, so lautet der abgeänderte Wahlspruch der modernen Bürokratie.

✧ ✧ ✧

Die japanische Bürokratie ist ein wirklich genial ersonnenes System; dennoch hat sie ihre Schwachpunkte. Einer davon ist die internationale Diplomatie. Während die japanischen Beamten wirklich alles über innerjapanische Angelegenheiten wissen, sind sie hoffnungslos überfordert, wenn es sich um andere Länder handelt. Vielleicht muß die feudalistischen Bürokratie in diese Falle tappen, weil die verschiedenen Machtgruppen so sehr in ihrem – rund um die Uhr stattfindenden – internen Wettstreit gefangen sind, daß sie weder Zeit noch Neigung haben, sich über auswärtige Angelegenheiten zu informieren.

An Informationen von außen sind sie nur insofern interessiert, als diese eine Bedeutung für das Inland gewinnen könnten. Mit anderen Worten: In Japan existiert keine Außenpolitik. Alle strittigen Punkte im Verkehr mit dem Ausland werden behandelt, als seien es Angelegenheiten der inneren Verwaltung. Das hat unzählige politische Fehler verursacht, auch den, der Japan in den Zweiten Weltkrieg führte.

Ein anderes Problem ist, daß der Grundsatz der Verwaltung: »Kümmere dich nicht um Armut, sondern um Ungleichheit« in der heutigen Überflußgesellschaft zunehmend seine Bedeutung verliert. Ich denke, die japanische Bürokratie sollte bald einmal ihr Gesamtprogramm überdenken.

So entstanden aus der offiziellen Grundstückspolitik viele der traurigsten Lebensumstände in der angeblichen Überflußgesellschaft. Es ist allgemein bekannt, daß unbezahlbar hohe Bodenpreise in den Städten bei großen Teilen der Bevölkerung ein Gefühl hilfloser Enttäuschung hervorrufen. Die Bürokratie sollte sich mit ganzem Herzen darum kümmern, dieses Problem zu lösen.

Eine weitere wichtige Herausforderung für Japan ebenso wie viele andere Länder ist die zunehmende Überalterung der Gesamtbevölkerung. Werden die im Wettstreit miteinander liegenden Bürokraten mit diesem Problem umgehen können, indem sie ihre Kräfte zusammennehmen?

Ich glaube, die Zukunft der japanischen Bürokratie in der jetzigen Form hängt trotz aller Vernunft und altbewährter Traditionen davon ab, ob das System sich als fähig erweisen wird, flexibler auf die neuen Anforderungen und Probleme zu reagieren, die der Menschheit bevorstehen.

Das japanische Steuersystem: Die Wege der Herren sind unergründlich

Katsuhisa Moriya

Zum ersten Mal wurde in Japan 1989 eine allgemeine Verbrauchssteuer eingeführt. Die erhobenen drei Prozent auf alle Waren und Dienstleistungen sollten das jährliche Steueraufkommen um mehrere Billionen Yen erhöhen und dringend erforderliche Mehreinnahmen für die Staatskasse bringen. Landesweiter Widerstand dagegen verursachte beachtliche politische Turbulenzen, die zum Rücktritt von Premierministern und einer Oberhauswahl mit Niederlage für die Regierungspartei führten. Seitdem hat sich der Zorn nach und nach gelegt, die Steuer ist eine selbstverständliche Tatsache geworden, und es wird schon geplant, sie zu erhöhen.

Weil Steuern überall eine Hauptsorge der Bürger darstellen, nehmen sie wesentlichen Einfluß auf das gesamte politische Geschehen. Werfen wir einen Blick auf das japanische Steuersystem.

Innerhalb von drei Kategorien unterscheidet man zwischen vier verschiedenen direkten Steuern, achtzehn indirekten und achtundzwanzig regionalen. Die direkten und indirekten Steuern fließen in den Staatshaushalt, die regionalen kommen den örtlichen Verwaltungen zugute. Dabei muß unterschieden werden zwischen regelmäßigen Zahlungen und Steuererhebungen für bestimmte Zwecke, sowie zwischen Steuern der Präfektur und Stadt- oder Gemeindeabgaben.

Nach dieser Beschreibung mag der Uneingeweihte den Eindruck haben, das japanische Steuersystem sei durchaus gradlinig und leicht zu verstehen. Nichts könnte weiter an der Wahrheit vorbeigehen. Schon jetzt existieren viele verschiedene Steuerarten, und es herrscht ein reger Wettbewerb, immer neue zu erfinden. Die Situation ändert sich so schnell, daß sogar Experten Probleme haben, auf dem aktuellen Stand zu bleiben. Es gibt keine offizielle Schätzung, wieviele Steuerarten Japan kennt, aber die Gesamtzahl würde zweifellos in die Hunderte gehen.

Die Anzahl der verschiedenen Steuern ist nicht das einzige Problem, darüber hinaus variieren die Steuersätze zwischen ein oder zwei und mehr als fünfzig Prozent. Man muß kein Finanzbeamter sein, um zu verstehen, daß das Einziehen von Einkommensteuern oder Zollabgaben wesentlich billiger und effizienter zu erledigen wäre, wenn die Steuern nach einem einheitlichen Prozentsatz erhoben würden. Stattdessen ändern sich die Steuersätze nach höchst komplizierten Bedingungen, zum Beispiel nach abgestufter Besteuerung und Gewicht, ganz zu schweigen von den steuerpolitischen Überlegungen des Augenblicks und neuen Bestimmungen, die das Ganze gewöhnlich noch mehr verwirren. Das japanische Steuersystem hat sich weit von den Menschen entfernt, die es als immer undurchschaubarer erleben.

Obwohl es dauernd Diskussionen über Steuern gibt, ist grundsätzlich natürlich klar, daß Bürger überall möglichst wenig Steuern zahlen wollen, oder noch lieber gar keine. Die Regierung möchte selbstverständlich das Gegenteil, denn aus der Sicht des Staatshaushaltes gilt, je mehr bezahlt wird, desto besser. Dieser mit Emotionen überfrachtete Streit zwischen den entgegengesetzten Positionen ist so alt wie der Staat als Organisationsform selbst, denn das Problem mit dem Staat ist folgendes: Kaum gibt es ihn, verschlingt er unerhörte Geldsummen. Stoppte man seine Finanzierung plötzlich, bräche er sofort zusammen und die Bevölkerung fiele in unzivilisierte Zustände zurück. In alten Zeiten trat dieses Phänomen unzählige Male auf. Heute ist daher für fast alle der Staat der effektivste Bewahrer der Zivilisation, auch wenn es eine Menge Probleme bereitet, ihn funktionsfähig zu erhalten. Wir haben also keine Wahl und müssen ihm die notwendige Unterstützung in Form von Steuern bezahlen, ob wir wollen oder nicht.

✧ ✧ ✧

Der Brauch, Monarchen Tribut anzubieten, ist so alt wie die Monarchie selbst. Eine systematische Besteuerung trat in Japan dagegen erst im siebten Jahrhundert mit der Einführung eines Rechtssystems nach der Taika-Reform in Kraft. Das erste Steuersystem war Teil eines Programms zur Stärkung der kaiserlichen Staatsmacht.

Dieses System beruhte auf vier Grundbestandteilen. Der erste war die auf alle Reisfelder erhobene Reisfeldsteuer. Bemessungsgrundlage war eine Reisgarbe, und der Steuersatz betrug drei Prozent. Die zweite Komponente war eine Steuer, die durch Arbeit abgeleistet wurde, die dritte besteuerte alle Produkte außer Getreide, zum Beispiel Textilien, Fisch oder Holz, und die vierte war eine zweite Arbeitssteuer. Dazu kam später noch ein fünfter Bestandteil in Form einer Mischabgabe.

Dieses Regelwerk funktionierte gut, solange Bevölkerung und Ackerland sorgfältig verwaltet wurden. Sobald aber die kaiserliche Macht schwächer wurde, zeigte es Auflösungserscheinungen. Als sich die kaiserlichen Minister und Beamten die Lebensweise des Adels zu eigen machten, wuchs ein Gutsherrensystem mit privatem Landbesitz, aus dem sich verschiedene lukrative Einnahmequellen ergaben. Die Zentralgewalt war zu machtlos, um dagegen einzuschreiten. Unter diesen Bedingungen mußte ein einheitliches landesweites Steuersystem zusammenbrechen, was seit der Mitte der Heian-Zeit schnell geschah. Formal existierte das staatliche Steuersystem des Kaisers weiter, aber tatsächlich war während des mittelalterlichen Feudalismus ein kompliziertes Nebeneinander verschiedener Besteuerungspraktiken gültig.

Die Steuersysteme, die unter den Gutsbesitzern entwickelt wurden, sind zu zahlreich, um einzeln erwähnt zu werden, ihre Steuern gehörten jedoch im wesentlichen zu zwei Kategorien: in Naturalien zu zahlende und in Form von Arbeit abzuleistende. Das entsprach den Bestandteilen des nationalen Besteuerungssystems, wie es oben beschrieben wurde. Doch damit endete das Ganze nicht. Das Wesen des Feudalismus mit Gutsherren und Verwaltern führte zu immer größeren Komplikationen beim Einsammeln der Steuern. Im späten Mittelalter waren die Gutsverwaltungen und die Steuereintreiber innerhalb jeder Domäne so miteinander verfilzt, daß das Steuersystem, wenn man es noch so nennen kann, mehr oder weniger auf Bestechung beruhte. Als sei das noch nicht genug gewesen, erhob die nationale öffentliche Militärverwaltung (*bakufu*) willkürlich eine Reihe verschiedener Steuern, ohne den Versuch, eine systematische und konsequente Steuerpolitik zu betreiben.

Es ist einfach, diese chaotischen Zustände als typisch mittelalterliche Erscheinung abzutun, aber für die zahlungspflichtigen Menschen am Ende der Kette waren die Steuern ein komplizierter und undurchdringlicher Albtraum geworden, der nicht einmal mehr gewinnträchtig für die einnehmenden Leute am anderen Ende der Kette war. Den meisten von ihren Gütern abwesenden Adeligen, die in Kyoto am Hof leben mußten, blieb wegen der hohen Kosten beim Eintreiben der Steuern kaum noch ein ausreichendes jährliches Einkommen aus den Abgaben übrig. Als schließlich die Kriegsfürsten in den einzelnen Regionen immer mächtiger wurden, verloren die Adeligen in den Städten ihre Landgüter, wobei gleichzeitig ihre Macht am Hof in Kyoto ebenso wie die der religiösen Institutionen langsam abnahm.

ANTI-STEUER-BEWEGUNGEN SIND NICHT NEU

Die Unordnung im mittelalterlichen Steuersystem war nur ein Beweis dafür, daß die Zentralregierung nicht viel von dem tat, was ein Staat tun sollte. Verschiedene Leute waren entschlossen, das zu ändern. Da waren die Kriegsfürsten, die um eine Einigung des Landes unter einer Macht kämpften.

Zwei von ihnen kamen diesem Ziel nahe: Oda Nobunaga und Toyotomi Hideyoshi. Der letzte schaffte es, erfolgreich eine nationale Regierung aufzubauen. Um den mittelalterlichen Staat zu revolutionieren, entwickelte er ein Programm, zu dem auch eine grundlegende Reform des Steuersystems gehörte. Sie beinhaltete eine gründliche Landvermessung, die ein für allemal klärte, wer der wirkliche Landbesitzer war und wer die Steuern bezahlen sollte.

Weil Hideyoshis Besteuerungssystem nur die zwei streng unterschiedenen Kategorien von Landbesitzern und Steuerzahlern kannte, traf es auf starke Gegenwehr von mächtigen örtlichen Kriegerfamilien, die von den chaotischen Zuständen vorher profitiert hatten. Hideyoshi antwortete mit militärischem Druck, der nicht nachließ, bevor jede Spur von Gegenwehr ausgerottet war.

Seine Reformen resultierten in einem Besteuerungssystem, das konsequent und einfach zu verstehen war. Weil es aber die vielen Zwischenverdienstmöglichkeiten der alten Struktur für die Zukunft ausschloß, trug es zur Schwächung der örtlichen Kriegerfamilien bei, indem es ihnen die finanzielle Grundlage entzog. Mit anderen Worten schuf es Bedingungen, die natürlicherweise zu einer Trennung der bis dahin über die feudalen Steuersysteme verbundenen Soldaten und Bauern führten. Durch die Revolutionierung des Steuersystems führte

Bauern bezahlen ihre Steuern in Reis unter der Beobachtung eines Verwalters (Edo-Zeit)

Hideyoshi also gleichzeitig eine Revolution des sozialen Systems und der Prinzipien staatlicher Organisation herbei.

Durch die Förderung der revolutionären Steuerreformen war seine einheitlich strukturierte Verwaltung auch in der Lage, die Steuereinnahmen wirksam zu erhöhen und eine solide wirtschaftliche Grundlage aufzubauen, mit deren Hilfe er seinen grandiosen Plan verwirklichte, überall im Land Wehrstädte zu erbauen. Es wäre keine Übertreibung zu sagen, daß die meisten japanischen Städte ihre Gründung Hideyoshis Steuerreform verdanken.

Die Prinzipien des Steuersystems übernahm sein Nachfolger Tokugawa Ieyasu. Eines der bemerkenswerten Kennzeichen seiner Herrschaft war die bevorzugte Behandlung der großen Städte. Kyoto, Osaka und Edo waren von Grundsteuern befreit. Diese drei Städte, die unter der direkten Regierung des Shogunats standen, waren die wichtigsten Markt- und Informationszentren in Japan. Ohne sie wäre es unmöglich gewesen, staatliche Macht auszuüben und Kontrolle über die Nation zu erhalten.

Im Laufe der Zeit modifizierte die Tokugawa-Regierung jedoch die Politik der Bevorzugung. Obwohl die Befreiung von Grundsteuern von Anfang an bis zum Ende beibehalten wurde, besteuerte das

Shogunat die städtischen Händler seit dem Ende des siebzehnten Jahrhunderts mehr und mehr. Beispielsweise hatten auf den Landgütern immer schon Steuern auf Saké gelegen, aber 1697 erhob das Shogunat zum ersten Mal eine Geschäftssteuer auch für städtische Sakéhändler. Da die Saképroduktion sich auf ungefähr 180 Millionen Liter im Jahr belief und der Steuersatz fünfzig Prozent des Verkaufspreises betrug, brachte diese Steuer eine Einnahme von mehreren hunderttausend *ryô*. Von da an bis zum Ende der Edo-Zeit führte das Shogunat eine Reihe von Steuern auf ein Gewerbe nach dem anderen ein. Weil Kyoto, Osaka, Edo und andere Städte blühten, bewirkten ihre sich ausdehnenden wirtschaftlichen Aktivitäten Veränderungen in der Steuerpolitik der Regierung, die ursprünglich auf eine ländliche Wirtschaft ausgerichtet gewesen war.

Die Meiji-Regierung, die 1867 an die Macht kam, begann sofort eine umwälzende Grundsteuerreform, um sich ein Anfangskapital zu beschaffen. Obwohl die Regierung alles unternahm, einen modernen Staat aufzubauen, war die wirtschaftliche Struktur des Landes von der Landwirtschaft bestimmt, und auch die führenden Köpfe konnten sich keine größere Steuereinnahmequelle als den Boden vorstellen. Daher war die Grundsteuer für die neue Regierung die Grundlage des Besteuerungssystems.

Die Reform dieser Steuer, die die Festlegung von Grundstückswert und Klassifizierungen des Landes zum Zweck der Besteuerung erforderte, wurde ohne Ausnahme in allen Regionen durchgeführt. Wenn Sie bedenken, daß Frankreich zu einer derartig weitreichenden Steuerreform selbst nach einer blutigen Revolution nicht in der Lage war, ist diese Konsequenz durchaus verwunderlich. Natürlich stießen die Meiji-Reformer auf starken Widerstand, und Aufstände gegen die Steuerreform brachen überall im Land aus. Doch sie kann als das revolutionärste Reformprogramm in Japan seit der Taika-Reform im siebten Jahrhundert gelten.

Durch politische Kompromisse konnte die Meiji-Regierung ihre Ziele durchsetzen. Dadurch vermied sie den Staatsbankrott, aber die Einnahmen aus der Landbesteuerung reichten nicht aus, das Wachstum moderner Industrien zu fördern oder die Nation in ihrem Streben nach größerem Wohlstand und militärischer Stärke zu unterstützen. Die Steuer konnte mit anderen Worten nicht für die notwendigen

Kapitalmassen sorgen, die die Schaffung eines modernen Staates erforderte.

Die Meiji-Politiker und Bürokraten waren sich dessen bewußt. Nachdem sie Steuersysteme in Europa und Amerika studiert hatten, versuchten sie ihre Steuereinnahmen durch die Einführung direkter Besteuerung auf der Grundlage individueller Einkommensteuer zu erhöhen. Schon 1887, noch vor Verabschiedung der Verfassung, kam das Einkommensteuergesetz heraus. (Es ist in diesem Zusammenhang interessant, daß Amerika bis 1913 kein Einkommensteuergesetz hatte, also diese Steuer ein Vierteljahrhundert später einführte als Japan.) 1899 erfolgte eine Überarbeitung des Gesetzes, der zufolge die Einkommen in drei Kategorien unterschieden wurden: Einkommen von Körperschaften oder Einzelpersonen sowie Zinseinkünfte.

Auf der Suche nach neuen Steuereinnahmequellen probierte die Regierung verschiedenste steuerliche Maßnahmen aus, aber vom Beginn bis zum Ende der Meiji-Zeit konzentrierte sich das Steuersystem auf die direkten Steuern wie die Grundsteuer. Erst in der Taisho-Zeit in den ersten zwanzig Jahren dieses Jahrhunderts führte die Regierung Steuern ein, die auf weniger sichtbare Art und Weise erhoben wurden – die indirekten Steuern. Damit kommt das Geld nicht mehr aus dem Portemonnaie der Person, die die Steuer im Endeffekt an die Regierung zu zahlen hat. Gemeint sind alle Steuern auf Dienstleistungen und Waren, einschließlich Luxusgütersteuern, Alkohol-, Restaurant- und Hotelsteuern, sowie Verbrauchssteuern aller Art. Das Verhältnis von direkten zu indirekten Steuern entsprach zu Beginn 70:30, änderte sich Ende der zwanziger Jahre auf 47:53 und während des Pazifikkrieges sogar auf 40:60.

Nach dem Krieg förderte die Regierung das Shoupsche Steuersystem, das auf den Empfehlungen des amerikanischen Wirtschaftswissenschaftlers Dr. C. S. Shoup beruhte. Sein besonderes Verständnis von Demokratie beinhaltete die gleichmäßige Verteilung der Steuerlast und die Vorstellung, daß die Pflicht, Steuern zu zahlen, verbunden ist mit dem Recht, an demokratischen Entscheidungsprozessen teilzuhaben. Diese Prinzipien führten zu einem Steuersystem, das sich auf Einkommensteuer und die umfassende Angleichung abgestufter Steuern konzentrierte.

Es ist nicht klar, ob diese Steuerreformen das folgende Wirtschaftswachstum hervorbrachten, aber es gibt keinen Zweifel daran, daß die große Nachfrage der Verbraucher nach Konsum in den achtziger Jahren besonders in den Städten die Regierung in Versuchung führte, an diesem Trend durch Einführung einer allgemeinen Verbrauchssteuer bares Geld zu verdienen. Der Vorschlag entstand aus einem falschen Verständnis der Vorteile einer indirekten Steuer – nämlich, daß die Steuerlast unsichtbar auf alle gleichmäßig verteilt würde. In Wirklichkeit springt die Verbrauchssteuer weit entfernt von Unsichtbarkeit auffällig ins Auge und betrifft die Armen viel mehr als die Reichen.

Wird diese Verbrauchssteuer einen ähnlich wichtigen historischen Entwicklungsschritt darstellen wie die Reformen des Hideyoshi und der Meiji-Regierung? Es ist noch zu früh, das sagen zu können.

Von alten Münzen zum starken Yen: Die Geschichte des japanischen Geldes

Yôtarô Sakudô

Der gewöhnliche japanische Ausdruck für »Geld« lautet *o-kane*, eine Kombination aus der ehrenden Vorsilbe *o* und dem Wort für Gold oder Metall *kane*. Ein anderer Begriff *o-ashi* oder einfach *ashi* ist die umgangsprachliche Bezeichnung für Geld, die seit alten Zeiten in Gebrauch ist. Die wörtliche Bedeutung dieser zweiten Bezeichnung ist »Fuß«. Um zu verstehen, wie die Japaner dazu kommen, ihrem Geld den Namen Fuß zu geben, werfen wir einen Blick auf die Geschichte der japanischen Währung.

Im Vergleich zu anderen Ländern gab es in Japan bereits früh eine Währung aus Metall. Die ersten Münzen wurden von der Regierung in Nara im Jahre 708 herausgegeben. Sie waren aus Kupfer, das dem Yamato-Hof als Geschenk des Chichibu-Bezirks der Musashi-Domäne in der Saitama-Präfektur überreicht worden war. In der folgenden Nara- und Heian-Zeit kamen verschiedene Münzen in Umlauf, aber gegen Ende des zehnten Jahrhunderts wurde das Prägen wieder aufgegeben, weil die politische Macht der Regierung abnahm und Mangel an Kupfererz herrschte. Damit verschwanden japanische Münzen, und man benutzte Geldstücke, die aus China eingeführt wurden.

Die japanischen Münzen der Nara- und Heian-Zeit dienten als Bezahlung für Bauarbeiten im Auftrag der Regierung und für Handelsgeschäfte auf den Märkten nahe der Hauptstadt. Diese Verwendungen stellen den Beginn des Geldgebrauchs der einfachen Leute dar, auch wenn der Umlauf der Münzen örtlich und auf einen kleinen Benutzerkreis begrenzt war.

Im dreizehnten Jahrhundert blühte der Handel zwischen China und Japan, und eine beachtliche Menge chinesischer Münzen strömte ins Land. Die Einfuhr des chinesichen Geldes ließ in Japan ein Fälscherhandwerk entstehen, das ebenfalls dazu beitrug, mehr Münzen in Umlauf zu bringen. Verglichen mit den chinesischen Geldstücken waren die in Japan hergestellten jedoch von schlechter Qualität.

Im sechzehnten Jahrhundert hatte die chinesische Währung vielfältigste Namen, darunter auch das Wort »Fuß«(*o-ashi*). In dieser Bezeichnung kommt die Unterscheidung zwischen echten, hochwertigen chinesischen Münzen und den Kopien zum Ausdruck. Die Originale waren auf dem Markt überall gern gesehen, sie bewegten sich in freiem Umlauf, eben wie Füße. Das Sprichwort *Kane wa tenka no mawarimono* (das Geld wandert immer wieder in die Runde) macht deutlich, wie sehr Funktion und Beweglichkeit von Geld den Menschen zu der Zeit schon auffiel.

Wir haben gesehen, daß schon im achten Jahrhundert einfache Leute bei ihren Geschäften Münzen benutzten und Geld bis zum fünfzehnten Jahrhundert wegen seiner Beweglichkeit genug geschätzt wurde, um *o-ashi* genannt zu werden. Doch erst in der zweiten Hälfte des siebzehnten Jahrhunderts wurde die Währung in Japan zur Massenware, die im ganzen Land in Städten und Dörfern Verwendung fand.

Die Tokugawa-Regierung gab 1636 zum ersten Mal eigene Münzen heraus, die als offizielle Währung des Staates gelten sollten. In den folgenden Jahrzehnten wurden sie in großen Mengen geprägt, verdrängten langsam die chinesischen Geldstücke und vereinheitlichten den Münzumlauf im ganzen Land. Seit Ende des siebzehnten Jahrhunderts förderte die Regierung das Anwachsen der im Umlauf befindlichen Geldmenge, um mit der Entwicklung des Handels Schritt zu halten. Während der sechziger und siebziger Jahre des siebzehnten

Beamte prüfen und verpacken frisch geprägte rechteckige Münzen (Edo-Zeit)

Jahrhunderts stieg eine neue Klasse landbesitzender Bauern auf. Damit gingen überraschende Entwicklungen der handelsorientierten Landwirtschaft einher, begleitet vom Entstehen ländlicher Verarbeitungsindustrien. Diese Faktoren trugen zur festen Verankerung der Geldwirtschaft bei.

Während dieser Zeit gaben die herrschenden Feudaladeligen auch zum ersten Mal ihr eigenes Papiergeld heraus, das *hansatsu* (*han* – feudales Landgut, *satsu* – Papierwährung) hieß. Die Geldscheine waren nur in ihrem Herstellungsgebiet gültig. 244 Domänen, das entspricht achtzig Prozent der etwa dreihundert Feudalherren, benutzten eigenes *hansatsu*.

Schon zu Beginn der Edo-Zeit hatte man als Vorläufer des *hansatsu* in verschiedenen Gebieten Japans privat Papiergeld herausgegeben, das *shisatsu*. Dieses wiederum war aus aus einer früheren Papierwährung entstanden, *hagaki*, die erstmals in Ise in der heutigen Mie-Präfektur auftauchte. Sie soll sich aus den schriftlichen Notizen der Händler in Ise über ihre Geschäfte in der späten Muromachi-Zeit entwickelt haben, aber dafür gibt es keine Beweise. Die heute noch erhaltenen ältesten *hagaki* sind vermutlich 1610 herausgegeben worden. Im Vergleich zur Weltgeschichte des Papiergeldes ist das ein sehr frühes Datum, das noch vor dem Erscheinen der »Goldschmied-Banknoten« liegt, die 1640 von den Goldschmieden in London ausgegeben wurden. Das bezeugt die Fortschrittlichkeit japanischer Geldwirtschaft zu der Zeit. Sowohl Münzen wie Scheine tauchten in Westjapan eher auf als im Osten des Landes, ein deutlicher Hinweis auf den wirtschaftlich höheren Standard des westlichen Landesteils.

Mit der Entwicklung einer handelsorientierten Wirtschaft ermöglichte das Geld den einfachen Leuten, über ihren angeborenen Stand hinauszugelangen. Der Schriftsteller Ihara Saikaku (1642-93) beschreibt in seinem Buch *Nippon Eitaigura* von 1688 klar den Ablauf dieser »Kultivierung«, indem er von einer Zeit mit wenigen privilegierten Händlern ausgehend den Aufstieg einer neuen mächtigen Kaufleute-Klasse nachzeichnet, zu der schon damals Namen wie Mitsui und Sumitomo gehörten, die heute für Großkonzerne stehen. Das Buch bildet das Heranwachsen einer Gesellschaft ab, die sich auf eine wirtschaftliche Grundlage hin orientiert. Den sozialen Status des

Kaufmanns bestimmt nicht länger die familiäre Herkunft, sondern das Geld.

Ein wichtiger Wirtschaftszweig, in dem während der Edo-Zeit riesige Vermögen angehäuft wurden, war das Geldwechselgeschäft. Die Geldwechsler organisierten sich seit den ersten Jahren der Edo-Zeit in eigenen Zünften. Ähnlich wie die Zünfte in Europa schränkten diese Berufsverbände den Wettbewerb ein. Unterstützt von der Shogunatsregierung waren sie getragen vom Geist gegenseitiger Unterstützung, gaben sich aber auch religiös und konservativ. Sie richteten ihre Aktivitäten auf den Schutz eigener Interessen mit dem Ziel, ihre marktkontrollierende Stellung auszubauen.

Um ein Gemeinschaftsleben aufrechtzuerhalten, gründeten die Zünfte Klubs oder Verbände (*kô*). Man unterschied religiös respektive wirtschaftlich ausgerichtete *kô*. Zunächst lag der Schwerpunkt auf den religiös orientierten Gruppen, deren Mitglieder sich bei der Unterstützung oder Erneuerung von Tempeln und Schreinen oder bei Pilgerfahrten engagierten. Später gab es dagegen mehr Gruppen zu überwiegend finanziellen Zwecken wie der gegenseitigen Hilfe und Finanzierungserleichterungen. Daneben entstanden Verbände, die sich um Investitionsprojekte und Geldverleih für ihre Mitglieder kümmerten, einige davon auf nationaler Ebene. Sie entwickelten sich weiter zu Finanzorganisationen, die sowohl in Städten wie auf dem Lande der Allgemeinheit zur Verfügung standen.

Gleichzeitig mit den *kô*-Gründungen der Zünfte bauten einige mächtige Familienunternehmen Gruppen, *kumi*, auf, indem sie ihr Kapital zusammenlegten, um dem heftigen Konkurrenzkampf in allen Geschäftsbereichen zu begegnen. Bei Verbindungen wie Mitsui-*gumi* und Konoike-*gumi* konzentrierte man sich gemeinsam auf die finanziellen Interessen des Hauptzweiges der Familie, wobei Seitenzweige kleine Gruppen zur Unterstützung der Unternehmungen bildeten.

Diese *kô* und *kumi* bildeten ein Netzwerk des Handelskapitals in der Edo-Zeit und entwickelten ein Verwaltungssystem, welches das Wachstum der Marktwirtschaft bewältigen konnte. Später boten sie sich als Grundlage für den Aufbau von *kaisha* (Körperschaft, Gesellschaft) an, der aus Europa übernommenen Organisationsform für Firmen und Unternehmen.

✧ ✧ ✧

Radikale Veränderungen der Währungs- und Finanzpolitik begleiteten den Übergang von der Edo- zur Meiji-Zeit. Im Mai 1868 unternahmen die Behörden Schritte, um das uneinheitliche Währungssystem zu korrigieren, das in Westjapan aus Silber und in Ostjapan aus Gold bestand. Seit September desselben Jahres führte man Untersuchungen über die Einrichtung einer neuen Prägeanstalt, um die alten Gold-, Silber- und Kupferprägungen der Edo-Zeit zu ersetzen. 1871 begann sie ihre Arbeit in Osaka. Im gleichen Jahr wurde ein neues Währungsgesetz verfügt: die neue japanische Währungseinheit war der Yen.

In Zusammenhang mit der Herausgabe des Yen als offizieller Währung des Landes mußte die Regierung mit den privaten Papierwährungen der 244 Feudalherren aufräumen. Gegen Ende der Edo-Zeit hatten sich diese zu Massenwährungen entwickelt, die in ganz Japan weit verbreitet waren. Obwohl theoretisch der Gebrauch des *hansatsu* auf die ausgebende Domäne beschränkt war, hatte es immer mehr Ausnahmen von dieser Regel gegeben, je weiter der Warenverkehr über die Grenzen der Feudalgüter hinausging. Wenn bestimmte Typen dieses Papiergeldes ungültig wurden, lief stets eine große Menschenmenge an den Wechselstuben zusammen, um diese einzutauschen. Das waren nicht nur Leute aus dem Umkreis der Domäne, sondern auch Fremde aus entfernteren Gegenden. Die Situation verschlimmerte sich so weit, daß *hansatsu*-Aufstände sich auf Gegenden ausweiteten, die gar nicht hätten betroffen sein dürfen.

Im April 1871 entschloß sich die Regierung zur Abschaffung des privat ausgestellten Papiergeldes. Die Umtauschaktionen begannen im folgenden Jahr. Im Juni 1879 war das gesamte *hansatsu* aus dem Verkehr gezogen. Beim Umtausch des Domänengeldes setzte die Regierung den Kurswert der verschiedenen Scheine auf der Grundlage des Stichtages vom 14. Juli 1871 fest. An dem Tag war die Verfügung über das *hansatsu* erlassen worden, und der Tag erinnerte auch daran, wie die Regierung die Feudalgüter aufgelöst und durch Präfekturen ersetzt hatte. Eingetauscht wurde das Domänengeld gegen eine Währung, die von der Meiji-Regierung ausgegeben wurde.

Ein zusätzliches, interessantes Licht auf die Umtauschaktion warf Kaoru Inoue, seinerzeit Finanzminister, als er sich in einer Gesprächsrunde an die Vorgänge erinnerte:

> Die Abschaffung der feudalen Landbesitzungen und die Einrichtung der Präfekturen war eher aus realistischen und pragmatischen Gründen notwendig als aus theoretischen Überlegungen. Es war der einzige Weg, den Feudalherren die Finanzen aus der Hand zu nehmen. Ein anderes Problem ... waren die Mengen von *hansatsu*, die überall im Umlauf waren – Reisnoten, Gold- und Silbernoten, Tenpo-Zeit-Kupfermünzen, Fourmon-Kupfermünzen und so weiter. Dazu kam, daß die Landwirtschaftssteuern nicht in Naturalien bezahlt wurden sondern in *hansatsu* irgendeiner Domäne. Es gab keine offiziellen vom Shogunat ausgegebenen Geldscheine. ... Das Shogunat konnte nicht gut einige Noten anerkennen und andere nicht. Also wären alle Scheine der verschiedenen Feudalherren bis ins Finanzministerium gelangt. Hätte das Gehalt der staatlichen Beamten in diesen Währungen ausgezahlt werden können? Für die meisten wäre dieses Geld nutzlos gewesen. ... Aufgrund des Durcheinanders, das sich aus dieser Situation ergab, wurde uns klar, daß wir keine andere Möglichkeit hatten, als die Feudalgebiete abzuschaffen und Präfekturen zu gründen.

Inoue deutet hier an, die Abschaffung des *hansatsu* sei das Motiv für die politische Reform gewesen, die zur Aufhebung der Feudalgüter und zur Bildung von Präfekturen geführt habe und nicht ihr Ergebnis. Das machen sich nur wenige Menschen klar. Der Umlauf der verschiedenen Währungen in der Edo-Zeit hatte so unkontrollierbare Ausmaße erreicht, daß die Meiji-Politiker gezwungen waren, mit großangelegten politischen Reformen die Währung in ihre Gewalt zu bringen. Wäre der Umlauf an verschiedenen Geldscheinen nicht so groß gewesen, hätten möglicherweise die feudalistischen Domänen als politische Einheiten bestehen bleiben können.

✧ ✧ ✧

Toshihiko Yoshino, früherer Direktor der japanischen Staatsbank und eine Autorität bezüglich der Geschichte dieses Instituts, gab in seinem Buch *En no rekishi* (Die Geschichte des Yen) folgenden Kommentar ab:

> Die Geschichte des Yen wiederzugeben, bedeutet, seine Tragödie zu erzählen. Ein Gesamtüberblick über die Zeit seit der Schaffung des Yen als Währungseinheit zeigt, daß die Warenmenge, die mit einer dieser Einheiten gekauft werden kann, ständig sinkt.

Wie Yoshino betont, war die Kehrseite der wirtschaftlichen Entwicklung in der Meiji-Zeit und den nachfolgenden Epochen die andauernde Inflation mit ihren Auswirkungen auf das Leben der Bevölkerung. Am Ende des Zweiten Weltkrieges erreichte sie nach galoppierendem Anstieg einen Höhepunkt. Wenn wir den Preis von Reis aus dem Geburtsjahr des Yen 1871 mit dem heutigen vergleichen, stellen wir fest, daß er in den letzten 120 Jahren um mehr als das Zehntausendfache gestiegen ist, weil der Yen soviel an Kaufkraft verloren hat.

Seit den frühen achtziger Jahren hat mit der sogenannten Hochphase des Yen aber ein neues Kapitel seiner Geschichte begonnen. 1949 wurde der Wechselkurs auf 360 Yen für einen US-Dollar festgesetzt. Wenn man heute einen Kurs von unter 100 Yen pro US-Dollar zugrundelegt, ist der Yen seitdem gegenüber dem Dollar um nahezu das Vierfache gestiegen.

Man sagt, Geld sei ein Spiegel der Zeiten. Ich glaube, die Geschichte des Geldes ist eine genaue Spiegelung der Wirtschaftsgeschichte eines Staates. Als die Ölkrise im Oktober 1973 die Weltwirtschaft unvermittelt in eine Rezession stürzte, startete Japan ein wirtschaftliches Aufbauprogramm, um der neuen Herausforderung zu begegnen. Dank dessen Erfolg befreite sich die japanische Wirtschaft schnell aus dem schlimmsten Konjunkturtief der Nachkriegszeit. Darüber hinaus wurde das Land ein Wirtschaftsgigant, eine Finanzmacht und eine große Gläubigernation.

Das heutige japanische Geld ist das Ergebnis einer geschichtlichen Entwicklung, die in der Edo-Zeit begonnen hat. Sie war eng verbunden mit den finanziellen und gesellschaftlichen Strukturen des vormodernen und modernen Japan, dem ersten asiatischen Staat, der eine Massenwährung schuf. Wir können sogar sagen, das Entstehen der Massengesellschaft und der Massenwährung in der Edo-Zeit stellte die Weichen für die wirtschaftliche Entwicklung der nachfolgenden Epochen bis in die Gegenwart. Schließlich zeigt sich die letzte Hochphase des Yen als ein Ergebnis des kapitalistischen Fortschritts in Japan und deutet die Richtung an, die das Land im einundzwanzigsten Jahrhundert einschlagen könnte.

Kleine Fabriken: Die Stützen der japanischen Industrie

Kôji Miyake

In einem schmalen unauffälligen Gebäude in einer ruhigen Seitenstraße in Osaka müht sich eine Handvoll Arbeiter mit hochentwickelter Ausrüstung herum. Die Maschinen stehen auf dem schmutzigen Boden einer Werkstatt. Manchmal sammelt sich Öl unter ihnen und fließt als kleines Rinnsal auf die Straße hinaus, die kaum breit genug für ein Auto ist. Ohne auf die fertigen Produkte zu schauen, die vor dem Haus unordentlich aufgestapelt sind, kann man aus den herumliegenden Rohmaterialien und Abfällen (Metalle, Fäden, Baumwolle, Papier) schließen, was hier hergestellt wird.

Fast jeder, der einmal in einer japanischen Stadt gelebt hat, wird sich an wenigstens einen oder zwei dieser Kleinbetriebe erinnern. Viele Japaner wissen sogar noch, wie sie als Kinder dort gespielt haben und vielleicht gescholten worden sind, wenn sie etwas stiebitzten und davonrannten.

Bekannt sind die kleinen städtischen Fabriken unter dem Namen *machi-kôba*, und in Osaka sind sie besonders zahlreich. Obwohl auch Tokyo und Kyoto in vormodernen Zeiten als wichtige Städte aufblühten, war Osaka hinsichtlich seines regen Güteraustausches immer etwas Besonderes.

Die Warenmengen, die nach Tokyo und Kyoto importiert wurden, waren deutlich größer als die Ausfuhren. Im Gegensatz dazu war Osaka ein wichtiges Zentrum der sogenannten sekundären Produktion, das Rohstoffe von nah und fern für seine verarbeitende und handwerkliche Industrie benötigte. So gut wie jede in Japan existierende Industrie ist auch in Osaka vertreten, und in der Stadt gibt es viel mehr kleine und mittelständische Unternehmen als in irgendeiner anderen Industriestadt des Landes.

Das heißt nicht, daß es in Osaka keine großen Fabriken gäbe, weit gefehlt! In Großbetrieben werden unter anderem chemische Produkte, Keramik, Metallerzeugnisse, Maschinen und Textilien hergestellt.

Diese Unternehmen sind unterschiedlichen Ursprungs. Die Chemie- und Textilindustrie soll in der Prägeanstalt ihren Anfang genommen haben, die Metall- und Maschinenfabriken im Waffenlager von Osaka und die Textilindustrie in den Spinnereien des nahen Sakai. Die beiden erstgenannten wurden von der Regierung betrieben, die dritte von mächtigen Privatunternehmern. Während der Meiji-Zeit waren sie als Modellbetriebe errichtet worden, als Japan sich aus dem Tokugawa-Shogunat befreit hatte und am Anfang seiner Modernisierungsversuche stand. Man verließ sich völlig auf europäische Ausrüstung: Von den Maschinen über Ausstattung bis zu den ausländischen Lehrern wurde alles übernommen. Wahrscheinlich gab es nur zwei Bereiche, in denen Osaka hinterherhinkte: Stahlverarbeitung und Schiffbau.

Während Osakas große Fabriken im Zusammenhang mit der modernen Industrie entstanden, trifft das auf die kleinen und mittleren Betriebe im allgemeinen nicht zu. Die meisten entwickelten sich in greifbarer Nähe zu den Handwerkern. Fast alle waren mit der Herstellung notwendiger Gegenstände des alltäglichen Lebens in der Stadt oder mit der Produktion von Luxuswaren beschäftigt, zum Beispiel Arzneimittel, Farbstoffe, Kosmetika, Seifen, Zahnpasta, Streich-

Eine *machi-kôba*-Fabrik, die Textilien herstellt

hölzer, Zelludoidprodukte, Druckerzeugnisse, Bucheinbände, Eisenwaren, Baumwolle, Hüte, Regenschirme, Kartons, Bürsten, Knöpfe, Schuhe, Möbel, Thermometer, Spiegel, Thermoskannen und Glühbirnen. Einige der Firmen, die diese Güter ursprünglich lieferten, sind verschwunden, aber viele blühen und gedeihen.

Weil man glaubte, diese Waren seien ungeeignet für industrielle Produktion, oder nie in diesem Zusammenhang an sie dachte, werden sie weiterhin in kleinen Fabriken hergestellt. Innerhalb weniger – höchstens zwanzig – Jahre nach ihrer Gründung waren die kleinen Betriebe auf ihrem Gebiet marktbeherrschend im Land geworden und begannen, riesige Schiffsladungen nach Übersee zu exportieren.

✧ ✧ ✧

Warum entwickelten sich so viele *machi-kôba* gerade in Osaka? Werfen wir einen Blick auf die Gründe:

Die Gegend, die später Osaka wurde, lag ursprünglich im Einflußbereich des Ishiyama Honganji-Tempels, dem Hauptquartier und der Festung der buddhistischen Sekte »Wahres Reines Land«. 1580, also ungefähr zwanzig Jahre vor Beginn der Edo-Zeit, vertrieb der Kriegsfürst Oda Nobunaga sie aus dem Gebiet. Das war Teil seines Programms, mit dem er die militärische Macht des Buddhismus zerstören wollte. Sein Nachfolger, Toyotomi Hideyoshi, der Japan von 1583 bis 1598 regierte, baute die Burg Osaka auf dem Gelände der früheren Tempelfestung und nahm zielbewußt ihren Ausbau zur Handelsstadt in Angriff. Für ihren Kern zog er Händler aus Kyoto und dem nahen Sakai heran, das sich schon Jahre zuvor zu einem wichtigen Handelszentrum entwickelt hatte. Bald kamen Produkte aus Landwirtschaft, Fischerei und Bergbau hinein und sorgten für einen weiteren Zustrom an Händlern aus der Umgebung.

Im späten siebzehnten Jahrhundert war Osaka fest als Handelsstadt eingeführt und zum größten Umschlagplatz des Landes für Reis, dem zu der Zeit bedeutendsten Meßinstrument der wirtschaftlichen Lage, geworden.

Die Kaufleute, die mit den verschiedenen in die Zentren fließenden Produkten umgingen, waren Großhändler (*ton'ya*) und Makler (*nakagai*), die normalerweise auf einen Bereich wie landwirtschaftliche Produkte, Holz oder Fisch spezialisiert waren. Einige handelten nur mit einer Ware, beispielsweise Reis oder Seetang. Um ihre Interessen zu schützen, gründeten Händler mit dem gleichen Spezialgebiet mächtige Handelsorganisationen, die *kabu-nakama*. Besonders großen Einfluß gewannen sie in Osaka, das den Spitznamen »Küche des Landes« erhielt. Bald besaßen die Organisationen sowohl direkt wie indirekt Macht über Erzeuger und Einzelhändler, sowie über die Mitglieder der Samurai-Klasse und andere Verbraucher.

Zuerst gaben die Händler die Waren im Rohzustand an die Kunden weiter, aber bald begannen sie, die Produkte zu bearbeiten und zu verändern, bevor sie in die Hände der Verbraucher gelangten. Unzufrieden mit dem einfachen Weiterreichen von hier nach dort, entdeckten sie Wege, den gleichen Waren einen neuen zusätzlichen Wert zu geben. Indem sie das taten, weckten sie bei den Stadtbewohnern ein dauerndes Bedürfnis nach den neuen von ihnen geschaffenen Gebrauchsgütern. Der Warenwert ergab sich nicht länger nur aus dem Nutzen des Artikels, sondern beruhte auf Neuheit und Aussehen.

Es ist selbstverständlich, daß ein Treffpunkt vieler Menschen und Handelsaktivitäten auch ein Zentrum für den Zugang zu Informationen wird. Händler kamen aus dem ganzen Land mit Nachrichten über die Bedingungen in ihrer Heimat. Aus Wakayama erhielt man Meldungen über Holz- und Fischereiwirtschaft, aus Shiga und Hyogo neues Wissen über landwirtschaftliche Produkte. Leute aus Kyoto und Nara waren vertrauenswürdige Informationsquellen bezüglich traditioneller handgearbeiteter Gegenstände, und – was das Wichtigste war – sie wußten Bescheid über Tendenzen der Verbrauchernachfrage in diesen dichtbesiedelten und weit entwickelten Städten.

Auf diese Weise blieben die Händler in Osaka auf dem Laufenden, sie wußten, wo große Mengen bestimmter Artikel hergestellt wurden, kannten Transportmittel und Lagerung, Bearbeitungstechniken und Informationsquellen. Besonders informiert waren die Großhändler und Makler. Aus ihren Reihen kamen die Unternehmer, die ihre Kenntnisse nutzten, um aus den gegebenen Informationen genaue, qualifizierte Urteile und Analysen zu erstellen, mit deren Hilfe sie ihre eigenen herstellenden oder verarbeitenden Firmen aufbauten.

Osaka war auch bedeutend für Handwerk und Gewerbe. Im frühen achtzehnten Jahrhundert betrug die Bevölkerungszahl der Stadt ungefähr 400.000 Menschen. Schätzungsweise ein Viertel von ihnen waren Handwerker und Kunsthandwerker mit ihren Familien. Mag die Genauigkeit dieser Zahlen auch anzweifelbar sein, so ist doch sicher, daß diese Berufsgruppen einen wesentlichen Prozentsatz der Einwohner von Osaka ausmachten. Die Gewerbe, in denen sie arbeiteten, waren mit allen Grundbedürfnissen des täglichen Lebens verbunden: Nahrung, Kleidung, Wohnung und Erholung.

Für jeden dieser Bereiche mit sämtlichen Unterabteilungen gab es Spezialisten. Bei den Metallarbeiten zum Beispiel kannte man Küchenmesser-, Scheren- und Pinzettenmacher, Waffenbauer, Baumaterial- und Schlösserhersteller. An einem einzelnen Schwert arbeiteten nicht nur Schwertschmiede, sondern auch Polierer, Graveure, Heftbinder, Schwertkorbmacher und für den Metallzierrat zuständige Kunsthandwerker waren unabhängig voneinander daran beteiligt. Man kann sagen, daß Arbeitsteilung unter Spezialisten damals die Grundlage des Hand- und Kunsthandwerks bildete.

Bei Osakas einzigartiger Entwicklung dürfen die Beiträge der Landwirtschaft nicht vergessen werden. Die Umgebung von Nara, Kyoto und Osaka galt lange als fortschrittlichstes landwirtschaftliches Gebiet Japans. Seit der frühen Edo-Zeit ernteten die Bauern in den Ebenen von Osaka die anderthalb- bis zweifache Menge des Landesdurchschnitts. Sie waren es auch, die den Anbau von besonders hochwertigen Reissorten für die Sakéherstellung begannen. (Seit dem siebzehnten Jahrhundert sind die Vorstädte von Osaka das größte Zentrum der Saképroduktion in Japan.) Ebenfalls in Osaka war die langsame Abwendung der Bauern von der Reismonokultur zuerst spürbar.

Der Reis, der als Steuer von den Bauern erhoben wurde, sicherte ursprünglich den Lebensunterhalt des Tokugawa-Shogunats und der Samurai. Die Menge der Abgaben wurde entsprechend der Größe des Landes festgelegt. Im achtzehnten Jahrhundert erlaubten die Behörden den Bauern aber auch, Bargeld als Steuern abzuliefern. Die Bauern hatten schnell begriffen, daß der Anbau von Gemüse und Baumwolle ihnen Vorteile brachte, denn mit deren Verkauf ließ sich viel Geld verdienen. Um die Mitte der Edo-Zeit war diese Entwicklung weit fortgeschritten. Die Ebenen von Osaka sollen zu bestimmten Jahreszeiten gelb, zu anderen weiß geleuchtet haben, weil die Bauern sich ganz auf Raps, Baumwolle und andere zum Verkauf bestimmte Saaten konzentrierten. Die öffentlichen Einnahmen aus diesen Anstrengungen trugen dazu bei, die Gegend zum reichsten landwirtschaftlichen Anbaugebiet des Landes zu machen.

In Verbindung mit dieser Entwicklung der Landwirtschaft fingen Osakas Bauern an, große Mengen Dünger auf ihre Felder zu bringen und den Boden ohne Brachzeiten kontinuierlich zu bebauen. Das Ergebnis waren reichere Ernten und höhere Einnahmen, die ihrerseits mehr Arbeitskräfte aus umliegenden Gegenden anzogen und die Gründung von Handwerksbetrieben und verarbeitenden Unternehmen in den Dörfern ankurbelten.

Was hatte das mit den Kaufleuten zu tun? Im Laufe der Zeit dehnten die Großhändler und Finanzhäuser aus Osaka ihre Geschäfte auf die umliegenden ländlichen Gebiete aus. Sie versorgten die Bauern mit Saatgut, Setzlingen und Dünger und verliehen landwirtschaftliches Gerät und Zubehör. Außerdem ermutigten sie die Menschen in den Dörfern, statt Reis Pflanzen für den Weiterverkauf anzubauen.

Es dauerte nicht lange, bis der Bauernstand seinerseits in zwei Gruppen zerfiel: wohlhabende und arme. Wenn arme Bauern ihr Land verloren, wurde es von von der reichen landbesitzenden Schicht der Bauern oder den Unternehmern aus Osaka geschluckt. Die aufgegeben hatten, gingen auf der Suche nach Arbeit in die Stadt. Dieses neue Muster im Aufbau der agrarischen Gemeinschaft trug zur Entstehung neuer Unternehmungen und Arbeitsplätze in Osaka bei.

Ein Beispiel für ein neues Gewerbe ist die Produktion von Arbeitsgeräten für die Bauern. Bis dahin hatten die Dörfer diese Dinge für ihren eigenen Bedarf auch selbst gemacht. Das änderte sich mit der Weiterentwicklung arbeitssparender Herstellungsmethoden und der Tendenz zum Anbau bestimmter Pflanzen. Der Schmied des Dorfes wurde zum Reparaturspezialisten degradiert, während die Sorge für die neuesten Geräte und Maschinen von den Produzenten und Verteilern übernommen wurde, die sich in Osaka niederließen.

Die Funktion und die Atmosphäre, die Osaka heute prägen, waren bereits in der Edo-Zeit angelegt. Einerseits scheint es vielleicht, als habe die Stadt die umliegenden Bauerndörfer erdrückt und sie schließlich verschluckt. Andersherum läßt sich genauso sagen, die Dörfer der Osaka-Ebene haben die Geburt der Stadt Osaka bewirkt.

Mit anderen Worten entstand und gedieh diese Stadt, indem sie die üblichen Grenzen zwischen ländlichen und städtischen Gemeinschaften überschritt.

Die Sicherheitsventile der japanischen Industrie

Man sagt von Japan, es habe eine vielschichtige industrielle Struktur, die aus einem System großer Handelsgesellschaften und ihrer Subunternehmer bestehe. Einige halten dieses Subunternehmernetz für die verborgene Stärke der japanischen Industrie, andere meinen, es beeinträchtige ihr Ansehen. Doch alle sind sich einig, daß die kleinen Fabriken, die als Subunternehmer arbeiten, in Zeiten der Rezession als Sicherheitsventil für das Überleben der Großen dienen. Bevor wir diese Aufgabe näher untersuchen, wollen wir uns die Betriebe selbst genauer ansehen.

Es gibt viele verschiedene Subunternehmer. Einige vergleichsweise große Firmen stehen in direkter Verbindung zur übergeordneten Gesellschaft und sind praktisch eine ihrer Abteilungen. Andererseits können Betriebe mit zehn oder weniger Beschäftigten »Sub-Subunternehmer«, »Sub-Sub-Subunternehmer« oder »Sub-Sub-Sub-Subunternehmer« sein, der japanische Begriff lautet wörtlich Kind-, Enkel-, Urenkel-Subunternehmer.

Vor ungefähr fünfzehn Jahren sagten Journalisten und Wissenschaftler das Verschwinden der kleinen Fabriken in den Stadtteilen voraus. Natürlich war ihre Begründung, daß der rasche Fortschritt der Automatisierung diese im wesentlichen von manuellen Tätigkeiten abhängigen Auftragnehmer überflüssig machen würde. Diese Vorhersage hat sich nicht bestätigt. Wenn die zunehmende Automatisierung ausgereicht hätte, die *machi-kôba* zu schließen, wären die kleinen Fabriken in Osaka längst mehrfach verschwunden. Aber sie sind immer noch da! Es ist wahr, daß Zeiten der Rezession, Veränderungen in der industriellen Struktur und das Erscheinen neuer Maschinen und Ausrüstungen tatsächlich viele *machi-kôba* zwangen, zu schließen oder sich auf andere Tätigkeitsfelder zu spezialisieren – aber nach nur wenigen Jahren stiegen sie wie der sprichwörtliche Phoenix wieder auf und sind heute so zahlreich wie eh und je. Darum gebrauchen viele

Zwei *machi-kôba*-Fabriken, die Metallteile herstellen. Hon Haneda, Tokyo

Menschen für diese Betriebe Worte wie »zäh« und »nicht tot zu kriegen«.

Worin liegen die besonderen Qualitäten der *machi-kôba*?

Zunächst, und das ist das Wichtige, können sie sich völlig zu Recht eines hohen Grades an technischem Geschick rühmen. Während Fließbandprodukte der großen Fabriken schöne Beispiele japanischer Qualitätskontrolle und Gleichartigkeit sein mögen, sollten wir nicht vergessen, daß praktisch alle Einzelteile dieser Massenwaren in den kleinen Firmen der Subunternehmer hergestellt werden.

Zweitens können *machi-kôba* wesentlich flexibler Artikel herstellen, die völlig ungeeignet für die Produktion auf dem Montageband sind. In den großen Fabriken erfüllen auch die neuesten und wirkungsvollsten Maschinen nur eine einzige Funktion, aber eine Maschine in der kleinen Fabrik kann für viele Aufgaben benutzt werden. Die *machi-kôba* haben außerdem Technologien entwickelt, die sich von denen der großen Industrien unterscheiden. Anstatt einen einzigen Arbeitsprozeß zu vervollkommnen, sind die Beschäftigten dort offen für Veränderungen der Techniken und passen ihre Fähigkeiten entsprechend dauernd dem neuesten Stand an. Eine Firma, die ich kenne, stellt ein Einzelteil für integrierte Schaltkreise her und produziert gleichzeitig Schmirgelpapier. Ursprünglich war der Betrieb Hersteller von Schleifpapier, aber er besaß eine Technologie, die später notwendig wurde für die erwähnten Teile der Schaltkreise und konnte sich umstellen. Übrigens sind alle Beschäftigten Frauen mittleren Alters.

Drittens haben *machi-kôba* nie aufgehört, in jeder Generation den Nachwuchs an hochqualifizierten Facharbeitern zu pflegen. Massenproduktion verläßt sich sehr stark auf Maschinen, aber Menschen bleiben entscheidend für hervorragende technische Qualität. Der große Zeitaufwand, der nötig ist, um fähige Arbeitskräfte auszubilden, macht diese Tätigkeit unpraktisch für große, automatisierte Fabriken. In den *machi-kôba* übernimmt einer der Meister, normalerweise der Fabrikbesitzer, die Verantwortung für die Ausbildung der Lehrlinge. Diese werden irgendwann unabhängig und bekommen selbst die gleichen Rechte wie die Meister.

Schließlich arbeiten die *machi-kôba* nicht unter dem Schutz der großen Unternehmen und können daher in Zeiten der Rezession von den Vertragspartnern leicht aufgegeben werden. Obwohl das ihre Lage einerseits nicht gerade leicht macht, ist es andererseits ihre große Stärke, denn sie sind nicht verpflichtet, nur für ein Großunternehmen oder einen bestimmten Bereich zu arbeiten. So können sie zu anderen Aufgaben wechseln, wenn die Notwendigkeit entsteht. Dabei haben sie Vorteile gegenüber anderen größeren Subunternehmen: Beispielsweise würde ein großer Subunternehmer, der nur für einen bestimmten Hersteller von Textilverarbeitungsmaschinen arbeitet, im Fall eines Bankrotts seines Kunden selbst in Verlegenheit kommen. Im Gegensatz dazu könnte der kleinere Subunternehmer von einem gerade im Aufwind befindlichen Hersteller ganz anderer Produkte, vielleicht Baumaschinen, Aufträge übernehmen.

Dank des Subunternehmersystems können große Hersteller in Rezessionszeiten den Gürtel enger schnallen und die Produktion senken, ohne Beschäftigte entlassen zu müssen oder durch steigende allgemeine Unkosten Verluste zu erleiden. Eine leichtere Rezession spüren die Vertragsgeber dadurch vielleicht nicht einmal, und bei genügender Beweglichkeit können die kleinen Subunternehmer sich an die veränderten Bedingungen anpassen, indem sie andere Auftraggeber für ihre Leistungen suchen. Auf diese Weise wirken die Subunternehmer im Produktionsbereich als Sicherheitsventile.

Bisher ist Osaka dem typischen Muster der industriellen Revolution im Westen nicht gefolgt, demzufolge ganze Städte um einen einzigen Industriezweig kreisen. Seit der Edo-Zeit hat Osaka alle Arten von Industrie und Gewerbe hervorgebracht, ohne daß eine beherrschend geworden wäre. Ein Zentrum mag den Industrien der Stadt auf den ersten Blick fehlen, aber die fest verwurzelten *machi-kôba* mit ihrer herausragenden technischen Qualität und Anpassungsfähigkeit sind mit der Zeit gegangen und stellen ein Element der Beständigkeit dar.

Die Entwicklung dieser Mischindustrie war ein wichtiger Bestandteil beim Aufbau einer modernen Industriegesellschaft, die sich von der in Westeuropa deutlich unterscheidet. Japan mag ein Technologiegigant sein, aber seine Bevölkerung fordert eine größere Bandbreite an hochwertigen Produkten, als mit Automatisierung allein herzustellen wäre. Diese Bedürfnisse erfüllt die Anpassungsfähigkeit der kleinen und mittelständischen Betriebe. So lange in Japan und der Welt überhaupt irgendwelche Dinge fabriziert werden, ist ein Verschwinden der *machi-kôba* aus Osaka und anderen Städten ausgesprochen unwahrscheinlich.

Explodierende Grundstückspreise in Japan

Osamu Tabata

In einer Umfrage stellte der Verband der japanischen Grundstücksschätzer 1989 fest, daß Gewerbeflächen zehn bis zwanzig Mal so viel kosteten wie in New York, London und Paris. Diese Zahlen bestätigten nur, was alle schon wußten: Städtischer Boden ist in Japan unerhört teuer.

Daten über die Preise von Grundstückseigentum sind keineswegs einfach zu ermitteln. In Japan gibt es einen ganzen Berufsstand, der sich damit beschäftigt, den Verkaufswert von Grundstücken zu taxieren. Viele Japaner interessiert außerordentlich, wo Bodenpreise besonders hoch oder niedrig sind, und wieviel ein Quadratmeter in einem bestimmten Bezirk kostet, ganz unabhängig davon, was darauf steht, denn der Wert wird dem Land selbst zugemessen. Als Mitglieder des Schätzerverbandes europäische Grundstücksspezialisten nach denselben Informationen fragten, bekamen sie die Antworten »wir haben solche Daten nicht« oder »wir verstehen die Frage nicht«, denn in Europa werden die Grundstückspreise aus der Kombination von Boden und seiner Bebauung ermittelt. Trotzdem gelang es den japanischen Schätzern mit Hilfe von passenden Umrechnungsformeln, die Daten zu ermitteln, die sie für ihre Vergleiche benötigten.

Innerhalb der letzten vierzig Jahre hat es alle zehn bis fünfzehn Jahre Phasen deutlich steigender Grundstückspreise gegeben. Wenn man kleinere Höhepunkte außer acht läßt, gab es plötzliche Preissprünge während der ersten Hälfte der sechziger und erneut zur gleichen Zeit der siebziger Jahre. Für den ersten Anstieg ist das Wirtschaftswachstum mit seiner Wendung zur Schwerindustrie verantwortlich, weil dadurch ein riesiger Bedarf an Industriegelände geschaffen wurde. Gleichzeitig stieg die Nachfrage nach privatem Bauland durch die Zuwanderung vieler Menschen in die Städte. Der folgende Preisschub zehn Jahre später wurde verstärkt durch Zinssenkungen und andere die Konjunktur belebende Maßnahmen. Diese

Bei den steigenden Landpreisen werden nicht nur regelmäßig ältere Gebäude abgerissen. Auch wenig attraktive Grundstücke, wie dieser 18 Meter breite Streifen, eingeklemmt zwischen einer Schnellstraße und einem Hochhaus, sind wertvoll geworden.

Politik kurbelte nicht nur den Bedarf selbst an, sondern führte auch zu einer ganz Japan ergreifenden »Erneuerungswut«, die eine Welle von Spekulationen mit Gewerbe- und Bauland auslöste.

In der zweiten Hälfte der achtziger Jahre begannen die Bodenpreise erneut kometenhaft zu steigen. Mit kleineren Hochs und Tiefs hält diese Tendenz bis heute an. Ein Grund dafür war der in Tokyo explodierende Bedarf an Büroräumen und entsprechenden Wohnungen für das dorthin ziehende Personal. Doch weitaus stärker trugen wiederum Zinssenkungen und deutlicher Geldüberfluß in den späten achtziger Jahren, die alles verschluckende Spekulationen begünstigten, zu dem Preisanstieg bei. Als Japans wirtschaftliche Seifenblase 1991 platzte, gaben die Grundstückspreise nur wenig nach.

Das Muster zeitweilig anziehender Bodenpreise ist nicht neu, sondern existierte schon in der Edo-Zeit. Nach den Annalen der Mitsui-Familie, die die Kaufhauskette »Mitsukoshi« gründete, wurde das Grundstück in Tokyos Nihonbashi-Bezirk, auf dem heute das Hauptgeschäft steht, 1683 für 1.030 *ryô* erworben. Die Straßenfront betrug weniger als vierzehneinhalb Meter. Als die Familie 1694 auf der anderen Straßenseite ein weiteres Grundstück mit etwa dreizehn Meter Länge kaufte, kostete es schon 1.730 *ryô*, was einem Preisanstieg von siebzig Prozent in zehn Jahren entspricht.

Obwohl es keine umfassenden Berichte gibt, die Auskunft über die allgemeinen Entwicklungen geben könnten, kann man meiner Meinung nach doch als gesichert annehmen, daß in dem Abschnitt der Edo-Zeit die Grundstückspreise stark anstiegen. Dem Historiker Nobuhiko Nakai zufolge fiel das mit dem Wachstum Edos als Verbraucherstadt zusammen, wodurch eine riesige Nachfrage nach erschlossenem Land entstand, um die steigenden Zahlen der aus den ländlichen Gegenden zuwandernden Menschen aufnehmen zu können. Um fast fünfzig Prozent fielen die Bodenpreise, als die japanischen Städte um 1720 von wirtschaftlicher Rezession gebeutelt wurden, erholten sich aber in den dreißiger Jahren wieder. Andere Studien weisen darauf hin, daß es zu Höhepunkten in der Preisentwicklung gegen Ende des siebzehnten Jahrhunderts und in der Mitte des achtzehnten Jahrhunderts kam mit dazwischen liegenden Phasen des Preisverfalls.

✧ ✧ ✧

Während der Edo-Zeit fiel alles Land unter die Herrschaft der Tokugawa-Verwaltung und der Feudalherren, und Landbesitz einfacher Leute war nur in kleinem Ausmaß bekannt. Das ländliche Bodennutzungssystem sah Anbaurechte für die Bauern und in geringem Umfang Landbesitzrechte für sie vor. In den Wehrstädten, die in den frühen Jahren des Shogunats überall in Japan gegründet wurden, besaßen die Samurai ihre Wohnsitze nicht, sondern lebten auf dem Land, das sie offiziell von ihrem Lehnsherren erhalten hatten. Privaten Landbesitz gab es jedoch in den Bezirken, die den Kaufleuten und Handwerkern zugewiesen waren. Der Boden in diesen Stadtteilen hieß *machi-chi* (Stadtland). Im Gegensatz zu den Vierteln der Samurai, die aus großzügigen Anwesen bestanden, waren dies eng bevölkerte städtische Bezirke mit kleinen Wohnungen und Läden. Als Barometer für den kommerziellen Wert eines Grundstücks galten seine Lage und die Länge der Straßenfront.

Ihara Saikaku, einer der großen Schriftsteller der frühen Edo-Zeit, sagte folgendes über den Gebrauch von Boden als Mittel zum Gelderwerb:

> Für jemanden, der ein wenig Geld gespart hat, ist es das Klügste, sich ein Stück Land zu kaufen, darauf Häuser zu bauen und diese zu vermieten. Nur der Brände wegen muß man sich sorgen, aber sie können lange ausbleiben. In vierzehn Jahren wird sich die Geldausgabe bezahlt gemacht haben, und Boden ist ein bleibender Wert.

»Häuser« bezieht sich hier auf kleine, hölzerne Reihenhäuser, und ein Feuer konnte sich natürlich leicht von einem zum anderen ausbreiten. Doch was Saikaku bereits 1694, als die Grundstückspreise steil nach oben gingen, hervorhebt, ist die Tatsache, daß das Land immer noch wertvoll war, selbst wenn das Haus darauf abbrannte.

Privatgrundstücke in der Stadt hießen *koken-chi* (*koken* – Verkaufsakt, *chi* – Land). Als Grundbesitzer mußten die Eigner von einem oder mehreren *koken* einen Anteil der Kosten und Verantwortlichkeiten der städtischen Verwaltung tragen. Dazu gehörten Steuerzahlungen, die damals der Gemeinschaft insgesamt und nicht dem Einzelnen auferlegt wurden. Das Wort *koken* verband man deshalb immer mehr mit dem sozialen Status der grundbesitzenden Städter.

Im Jahre 1710 und noch einmal 1744 befahl der Präfekt von Edo den Bezirkskommandanten, die *koken*-Besitze zu vermessen und ihre Merkmale in Listen, die *koken-ezu*, einzutragen, die heute noch erhalten sind. Die Liste nennt für jedes Grundstück die Breite der Straßenfront, Tiefe, Namen der Besitzer und Verwalter, den entrichteten Verkaufspreis und den Preis für 1,82 Meter der Straßenfront (*ken*).

Es gibt viele Gründe, aus denen die Behörden auf dem neuesten Kenntnisstand hinsichtlich der Preisentwicklungen in verschiedenen Stadtteilen sein mußten. Einmal war es üblich, daß die Shogunatsregierung das Haus eines Kaufmanns, der einen Geschäftsvertrag mit dem Staat erhielt, als Sicherheit beanspruchte. Darum war es natürlich notwendig, den Wert des betroffenen Besitzes zu überprüfen. Auf der anderen Seite mußte ein Kaufmann ein Grundstück von beträchtlichem Wert in der Stadt besitzen, um für Regierungsaufträge in Frage zu kommen.

Für die Kaufleute in der Edo-Zeit war das Land also schon viel mehr als ein Platz, auf dem man lebte und arbeitete. Es war Handelsware, die als Sicherheit für Aufträge und Kredite, aber auch durch Wohnraumvermietung oder Verpachtung als Mittel zum Profit dienen konnte. Der Boden besaß mit anderen Worten bereits genau wie heutzutage hohen Spekulationswert. Den Banken wirft man heute die sorglose Haltung vor, mit der sie Grundstücke als zusätzliche Sicherheit akzeptieren, weil diese Praxis als einer der Gründe für die spiralförmig immer weiter steigenden Preise gilt, doch die gleiche Richtung war schon in der Edo-Zeit sichtbar.

Das Muster der zeitweiligen plötzlichen Preisschübe unterscheidet sich deutlich von den sanfter ansteigenden oder abfallenden Linien der Preisentwicklungen bei anderen Waren. Wenn steigender Bedarf mit einer Zeit des Wohlstandes und billigen Geldes zusammenfällt, führen diese günstigen Bedingungen zu einer Überhitzung des Grundstücksmarktes, und die Preise schießen in die Höhe. Größere Zuwandererströme innerhalb kürzerer Zeiträume schaffen erhöhte Nachfrage, ebenso plötzlich wachsender Bedarf an Gewerbeflächen. Das ruft grundsätzlich eine Welle von Spekulationen hervor, die für die Spitzen in der Grundstückspreiskurve verantwortlich ist.

Anders als produzierbare Waren kann der Boden nicht vervielfacht werden, um eine wachsende Nachfrage zu befriedigen. Wenn man das bedenkt, läßt sich der Spekulationswert des Landes beschreiben als die Möglichkeit, wirtschaftlichen Profit zu machen mit Monopolisierung, Anhäufung und Wiederverkauf. Keine der drei Verhaltensweisen hat noch etwas mit dem eigentlichen Gebrauch von Land zu tun.

Es scheint, als seien die heutigen Umgehens- und Verfahrensweisen mit Grundstücken unverändert von der städtischen Kaufleute-Klasse der Edo-Zeit übernommen worden, mit einer Ausnahme: Landbesitz ist heute nicht mehr auf Einzelpersonen beschränkt. Gesellschaften sind auf dem Markt aufgetaucht, und ihre Spekulationen und Manipulationen mit riesigen Kapitalmengen im Rücken und leichtem Zugang zu Informationen haben die Bodenpreise weit nach oben getrieben. Die heutige Lage auf dem Grundstücksmarkt mit unerhörten Spekulationen und nie dagewesenen Preisanstiegen spiegelt den Einfluß dieser Gesellschaften auf das Geschehen.

✧ ✧ ✧

Die japanische Praxis, Land und Gebäude getrennt voneinander zu schätzen, entstand wahrscheinlich aus der Schwierigkeit, der Bebauung einen sozialen und wirtschaftlichen Wert zuzumessen. Wie haben das die Menschen früher empfunden?

In den Festungsstädten, in denen die Herren jeder Domäne residierten, war die Burg die letzte Verteidigungsfront in einer Schlacht, während man die um sie herum liegenden Häuser der einfachen Leute als entbehrlich ansah. Für einige der Kriegsfürsten existierten die wie Pilze aus dem Boden schießenden Ansammlungen einfachster Holzhäuschen zu dem einzigen Zweck, sie dem Erdboden gleichzumachen, wenn es notwendig wurde. Eine Verteidigungsarmee legte dort zum Beispiel Feuer um ihre Burg, damit die Feinde sich nicht nähern konnten. Umgekehrt brannten die Angreifer vielleicht die Siedlung nieder, um die Burg zu isolieren.

Diese militärischen Strategien spiegelten sich im Aufbau der Festungsstädte. Die regierenden Adeligen, die sie erbauen ließen, planten die Stadt so, daß die Burg und die Samurai-Viertel von Wällen und Gräben umgeben waren. Die Handels- und Fabrikviertel, in de-

Typische Mittelschichthäuser in den Vororten von Tokyo, auf etwa 100 qm großen Grundstücken erbaut. Fertiggestellt kosteten sie 1993 etwa 55 Millionen Yen nen die einfachen Leute lebten, blieben praktisch ungeschützt. Daher waren viele der Stadtbezirke nichts als provisorische Schlafstätten, in denen die Menschen unter der dauernden Bedrohung lebten, daß ihre Häuser verbrannt würden.

Saikakus Meinung »Nur der Brände wegen muß man sich sorgen, aber sie können lange ausbleiben« läßt sich verstehen als Hinweis auf die grundbesitzende Bevölkerung größerer Städte, die auch von Feuer nicht immer verschont blieb. Zusätzlich zu den aus militärischen Gründen absichtlich gelegten Bränden gab es viele zufällige, die sich rasch in weiten Teilen der Städte ausbreiteten, weil sie in den enggebauten Holzhäusern Nahrung fanden. Man sagt, daß dem großen Feuer der Meireki-Zeit in Edo 1657 weitere dreiundneunzig großflächige Brände in den nächsten 220 Jahren folgten. Ähnlich war es in Kyoto und Osaka.

Der achte Shogun der Tokugawa, Yoshimune, führte 1727 eine Reihe von Maßnahmen durch, um der Feuergefahr entgegenzuwirken. Er unterstütze den Bau von Steinhäusern und feuerfesten Speichern in Edo. Doch nur die wohlhabenderen Stadtbewohner übernahmen diese Anregungen, daher erreichten die Verbesserungen nur die wenigen Stadtteile, in denen die Bewohner die Mittel hatten, sie auch durchzuführen. Die Hinterhofbehausungen waren weiterhin ärmliche Holzbauten, die jederzeit und ohne daß es einen großen Verlust dargestellt hätte, niederbrennen konnten. Wenn sie Feuer fingen, brannten sie innerhalb von Minuten bis auf den Boden ab. Ein Gebiet, in dem ein Brand gewütet hatte, war eine flache Wüste, in der höchstens Dachreste oder ein Speicher übriggeblieben waren. Der sprechende Begriff für Land in diesem nackten Zustand war *sara-chi*, brandneues Land. Er beinhaltet, daß dort sofort wieder gebaut werden kann – und genau das passierte. Nach einem Feuer begann der Wiederaufbau auf dem *sara-chi* oft noch vor Ablauf eines Tages. Die mächtigen Holzhändler hielten in Erwartung von Bränden Baumaterialien in großen Mengen auf Lager, und die Konstruktionsweise, die heute Fertigbau heißt, war schon in der Edo-Zeit weit verbreitet. Entsprechend schnell und reibungslos konnte nach einem Brand wieder gebaut werden.

Es scheint, als seien die Bewohner nicht zu sehr mitgenommen gewesen, wenn ihr Haus abbrannte. In verschiedenen Berichten ausländischer Besucher aus der frühen Meiji-Zeit wird die Überraschung der Verfasser darüber deutlich, wie unbeeindruckt die Opfer sich an das Aufräumen und den Wiederaufbau machten. Obwohl mit Arbeit ausgefüllt, fanden die Stadtbewohner diese Gelegenheiten scheinbar spannend und unterhaltsam.

Auch wenn die neuen Häuser nicht mehr als provisorische Hütten waren, waren sie doch bequem und auf ihre Weise hübsch aus wohlriechendem Holz und mit neuen Tatami-Böden. Gewöhnen sich Menschen daran, kann das leicht zu der Einstellung führen, alles Neue sei gut. Ein neues Gebäude ist gut, und um eins bauen zu können, braucht man *sara-chi*.

Der Ausdruck »Feuer sind die Blumen von Edo« muß seinen Ursprung in dem zuversichtlichen Glauben haben, aus der Asche würden eine neue Stadt und neues Leben auferstehen. Kein Wunder, daß es bis heute schwierig ist, Gebäuden einen Wert zuzumessen. Die Gebäude sind nicht gänzlich ohne Wert, aber durch ihre verhältnismäßige Kurzlebigkeit können sie nicht mit dem gleichen Maßstab bewertet werden wie der Boden, den man sich grundsätzlich als *sara-chi* denkt.

✧ ✧ ✧

Selbst wenn Holzhäuser nicht abbrennen, verfallen sie doch viel schneller als Stein- oder Ziegelbauten, vor allem wenn sie von Anfang an von schlechter Qualität waren. Zwischen Bränden und normalem Verfall war Wiederaufbau in den Städten der Edo-Zeit ein alltägliches Phänomen. Sobald freies Bauland zu bekommen war, schoß ein neues Gebäude darauf empor, bevor man mit den Augen zwinkern konnte.

Heute wird *sara-chi* häufig bewußt geschaffen. Alte traditionelle Häuser werden rücksichtslos abgerissen. Stadtentwickler brechen vielstöckige nur zehn Jahre alte Wohnhäuser ab, um mehr freie Grundstücke zu erhalten. Der Glaube an leeres, bebaubares Land, der aus der Begeisterung für neue Dinge kommt, ist noch tief im Bewußtsein der japanischen Stadtbevölkerung verwurzelt. Wer Land kauft, möchte, daß es *sara-chi* ist. Sogar mit einem phantastischen Gebäude darauf wird das Grundstück nach dem reinen Bodenpreis der Gegend geschätzt. So gehen Abriß und Wiederaufbau unentwegt weiter.

Das *sara-chi*-Phänomen. Straßenecke, die zur Wiederbebauung freigemacht wurde

Während der Edo-Zeit gab es große Fortschritte bezüglich der Bautechniken. Die vorgefertigten Elemente hatten Standardformen und -größen, so daß es keine Probleme gab, neue Teile passend zu irgendwelchen vom Feuer verschonten Resten zu bekommen. Die Häuserfronten aus diesen gut zusammenpassenden Teilen waren durchaus ansehnlich, aber Einförmigkeit war die Regel. Die Feudalbehörden verboten sogar den Massen, an ihren Häusern unterschiedlichen Schmuck oder Ausdrucksformen eigener Ideen anzubringen. Unter diesen Umständen konnte man nur auf ein neues Haus im Sinne eines neuaufgebauten aus neuem Material hoffen.

Einförmigkeit gilt heute nicht mehr als Ziel. Verschiedene Bauformen und alle möglichen Materialien und Arbeitsweisen bestimmen das Aussehen der Häuser. Weil die Einschränkungen bei der Gestaltung völlig weggefallen sind, erwartet man von neuen Gebäuden, daß sie immer neue Elemente bieten und sich vom unauffälligen Durchschnitt abheben. Besonders trifft das auf die gewerbliche Architektur zu, aber auch wenn es um den Bau von privaten Wohnhäusern geht, wollen die Bauherren ihr Haus ganz anders als das des Nachbarn gestalten und originelle Formen finden. Auf diese Weise ändert sich die städtische Landschaft dauernd und bietet keinen Anhaltspunkt für die Entwicklung einer Art von Harmonie.

Die gegenwärtige Zeit mit ihrem unstillbaren Appetit auf modische Bauten steigert den Bedarf an *sara-chi* in nie dagewesenen

Größenordnungen. Wie kann es inmitten dieser riesigen Nachfrage nach neuem Land besonders von seiten der Industrie Hoffnung geben, die Grundstückspreise zu stoppen, bevor sie wie Raketen in immer astronomischere Höhen steigen?

Institutionen, Beziehungen, Zeitgeist

Gaijin: Fremde in Japan

Toshio Yokoyama

Die heute gebräuchlichste Bezeichnung für einen Fremden in Japan lautet *gaijin*. Wörtlich bedeutet das »Außenseiter«, aber es kann darin auch der Sinn »fremdes Wesen von einem anderen Planeten« mitklingen. Die nachlässige Verwendung des Begriffs von denen, die sich als rein japanisch verstehen, bleibt den ausländischen Einwohnern, deren Zahl mittlerweile ein Prozent der Gesamtbevölkerung beträgt, ein Dorn im Auge.

Bei jeder Bezeichnung von Menschen anderer Rasse, Religion oder anderen Geschlechts wird – sehr stark von den Machtverhältnissen zwischen Sprecher und Hörer abhängig – vieles mitgedacht. Wenn die Beziehung nicht freundschaftlich oder gleichberechtigt ist, kann jedes auf den weniger mächtigen Gesprächspartner bezogene Wort Irritationen verursachen oder Gefühle verletzen, auch wenn der Sprecher das nicht beabsichtigt haben mag. In Japan scheint das der Fall zu sein, denn ein häufiges Thema in Leserbriefen englischsprachiger Zeitungen ist die Kritik an der »beschränkten und engstirnigen« Einstellung, die der pauschale Gebrauch des Wortes *gaijin* deutlich mache.

Es ist bekannt, daß Fremde in der japanischen Gesellschaft sogar in den großen Städten auffallen. Japan ist sicher ein Land, in dem Haut- und Haarfarbe normalerweise weitgehend gleich aussehen, daher müssen Menschen, deren äußeres Erscheinungsbild von dem der Mehrheit abweicht, zwangsläufig optisch hervorstechen. Das geschieht aber anderswo unter ähnlichen Bedingungen ebenso. Wenn ich sage, Fremde fallen in der japanischen Gesellschaft auf, denke ich nicht so sehr an ihre äußere Erscheinung, wie an die Behandlung, mit der sie zu Außenstehenden gemacht werden. Die Neigung, alle Fremden über einen Kamm zu scheren und sie auf besondere Weise zu behandeln, kann nur dazu führen, sie bis zu einem gewissen Grad zu isolieren. Deshalb fallen sogar Menschen aus anderen asiatischen

Ländern, deren Gesichtszüge sich nicht sehr von denen vieler Japaner unterscheiden, in diesem Land auf. Mit einigen Ausnahmen folgt daraus, daß die Fremden untereinander in bestimmten Vierteln zusammenbleiben, was wiederum die Einstellung der Japaner verstärkt, zwischen Einheimischen und Fremden zu trennen.

Man mag dafür auch die sprachliche Benachteiligung der fremden Besucher als Grund angeben. Weil die japanische Sprache keinen internationalen Status hat wie etwa das Französische, Englische oder Spanische, sind Besucher mit geringem Interesse für die japanische Gesellschaft und Kultur vielleicht nicht darauf vorbereitet, mehr als das überlebensnotwendige Minimum zu lernen. Sie bevorzugen natürlich Wohngebiete mit Sprechern ihrer eigenen Sprache in der Nähe und haben wohl nicht viel Gelegenheit, Menschen zu treffen, die nur japanisch sprechen. Andererseits bekommen die japanischen Zeitungen und Zeitschriften häufig Briefe von Ausländern, die fließend japanisch können, sich aber dennoch nicht akzeptiert fühlen. In dem Buch *Zainichi gaikokujin* (Ausländische Einwohner in Japan), herausgegeben von Y. Ezaki und H. Moriguchi, sind Interviews mit in Japan lebenden Ausländern abgedruckt. Die Meinung eines englischen Mannequins ist repräsentativ für die Erfahrung vieler hierher »verpflanzter« Bewohner:

> Ich würde verrückt, wenn ich nicht immer mit einem Walkman durch die Straßen ginge. Wo ich gehe und stehe, höre ich ›*gaijin*‹, und zwar sowohl von Kindern wie Erwachsenen. ... Darum haben viele meiner *gaijin*-Bekannten den Versuch aufgegeben, sich der japanischen Gesellschaft anzupassen. Sie sind noch hier, um Geld zu verdienen, als Mannequins, Lehrer und so weiter. Man könnte sagen, es ist für *gaijin* in Japan wesentlich einfacher, sich treiben zu lassen und nur oberflächlich mit dem Land zu beschäftigen.

Einige Empfindungen von Fremdheit sind zu erwarten, wenn man im Ausland lebt. Beim Versuch sich anzupassen, erlebt jeder notwendigerweise Höhen und Tiefen, besonders wenn das Land, wie Japan, eine lange Geschichte hat und sich viele traditionelle Sitten erhalten

Westliche Mannequins in japanischer Werbung

haben. Trotzdem scheint es, als fühlten zu viele nicht-japanische Einwohner sich hier viel stärker isoliert als woanders.

Die Erklärung für das Problem liegt in der japanischen Neigung, Fremde aus der Sphäre des normalen Menschseins zu entfernen. Unbewußt werden sie auf ein Podest gestellt und fast als übernatürliche, nahezu göttliche Wesen betrachtet. Das mag sehr schmeichelhaft klingen, aber es ist schnell lästig und langweilig, wie ein Gott behandelt zu werden. Dazu kommt, daß in der japanischen polytheistischen Tradition natürlich nicht alle Götter bewunderungswürdig sind. Fremde kann man daher ebenso für böse Dämonen halten, die verheerendes Chaos im Land anrichten, wie sie als Glücksgötter ansehen, die jeden mit ihrer Schönheit und dem Reiz des Neuen für sich einnehmen.

In einigen Situationen werden alle *gaijin* mit Mißtrauen behandelt. Die Bedingung »keine Ausländer« in den Wohnungsangeboten der

Immobilienmakler macht keine Unterschiede zwischen den Nationalitäten. Junge Leute, die ernsthaft über eine Heirat mit Ausländern nachdenken, werden von Freunden und Verwandten oft genug davor gewarnt, einfach weil der Partner nicht japanischer Herkunft ist. Aber in der Welt der Werbung wird der Fremde zum Glücksgott. Die Abbildung ausländischer, vorzugsweise westlicher, weißer Mannequins ist ein todsicherer Weg, die Verkaufszahlen zu steigern.

✧ ✧ ✧

Wenn wir den Begriff *gaijin* auf seine Ursprünge zurückverfolgen, gewinnen wir einige Aufschlüsse über den historischen Hintergrund der besonderen Behandlung, die Fremde in Japan erfahren. Das Wort selbst kommt von dem chinesischen *waijen*, das mit den gleichen Schriftzeichen geschrieben wird. Im alten China bedeutete es »Person aus einem anderen Land« oder einfacher »Außenseiter«. Soweit man japanischen Wörterbüchern seit dem elften Jahrhundert entnehmen kann, wurden die Buchstaben von *waijen* im Japanischen mit *gwaijin* umschrieben, und der Ausdruck wurde meistens im Sinne von »Außenseiter« benutzt, auch wenn zeitweilig alle, die nicht mit der eigenen Familie verwandt waren, so genannt wurden.

Schriftliche Zeugnisse aus der Zeit belegen, daß *gwaijin* ohne abwertenden Klang gebraucht wurde. Wahrscheinlich wurde das Wort aber nur von Sprechern benutzt, die das klassische Chinesisch beherrschten, denn in den Wörterbüchern der Alltagsschrift aus dem siebzehnten Jahrhundert ist es nicht verzeichnet.

Mit der Meiji-Restauration von 1867 gelangte das Wort *gwaikokujin* (Mensch aus einem anderen Land) in die Umgangssprache, um Fremde zu bezeichnen, aber die Kurzform *gwaijin* tauchte hier erst mehrere Jahre später auf. In den Zeitungen gab es in der frühen Meiji-Zeit oft Berichte über Ausländer, aber *gwaijin* wurden sie erst gegen Mitte der siebziger Jahre des neunzehnten Jahrhunderts genannt, als der Höhepunkt der Anpassung an den Westen erreicht war. Schon bei seinem Auftauchen hatte der Begriff einen Beiklang von Mißtrauen und Verachtung.

Zur Ausprägung dieses Gefühls mag beigetragen haben, daß die Regierung mehr als fünfhundert junge Ausländer, die mit der japanischen Lebensweise überhaupt nicht vertraut waren, als Techniker und Lehrer einstellte und das teilweise zu Gehältern, die denen von Regierungsministern entsprachen. Dort, wo sie eingesetzt waren, wurden diese ausländischen »Experten« von den Japanern oft wie Idole behandelt, sehr zur Irritation derer, die vorher ihre Posten ausgefüllt hatten. Insofern ist verständlich, wie das Wort *gwaijin* in seiner Zweideutigkeit zu dieser Zeit entstehen konnte.

Man sollte trotzdem nicht annehmen, die Wurzeln der heutigen Bezeichnung *gaijin* gingen nur bis zur zweiten Hälfte des letzten Jahrhunderts zurück. In der Edo-Zeit wurde schon mit ähnlicher Bedeutung ein Begriff benutzt, der Menschen aus einem anderen feudalen Herrschaftsbereich bezeichnete: *taryômono*. Die Verwaltung der Tokugawa-Regierung sah aus ideologischen Gründen alle Außenseiter als problematisch an und faßte sie unter dem Begriff *taryômono* zusammen. Der Ausdruck selbst stammt aus der Bürgerkriegszeit des fünfzehnten und sechzehnten Jahrhunderts, aber erst im achtzehnten Jahrhundert verbreitete sich die ablehnende Haltung gegenüber Fremden bei den einfachen Leuten.

Damit einher ging eine immer stärkere Behinderung geographischer Mobilität. Im achtzehnten Jahrhundert wurde dem Shogunat Sparsamkeit immer wichtiger, und die Behörden erließen eine Reihe genauester Vorschriften, die die Bewegung von Menschen und Gütern einschränkten, damit das konsumorientierte Verhalten der Stadtbewohner sich nicht auf Kleinstädte und ländliche Gebiete übertrug. In dieser Atmosphäre bedeuteten *taryômono* eine Gefahr für eine stabile Ordnung durch Ortsgebundenheit und wurden Gegenstand immer größeren Mißtrauens.

Zeitgenössische Reiseberichte zeigen aber auch, wie im zweiten Teil des achtzehnten Jahrhunderts eine ältere, genau entgegengesetzte Tradition wieder auflebte. *Marebito* (außergewöhnliche oder von weit her kommende Besucher) wurden verehrt. Ethnologen betonen, daß ein alter Vorläufer dieses Verhaltens in dem Glauben an *ebisu* (wandernde Fremdgötter) zu sehen ist. Die Menschen hielten Wanderer aus unbekannten Gegenden für Besitzer übernatürlicher Kräfte. Auch in vielen buddhistischen Legenden werden Menschen mit einem Vermögen belohnt, weil sie einem armen Reisenden helfen, der sich als Inkarnation Buddhas herausstellt.

Die Neigung, *marebito* zu verehren, stand im Zusammenhang mit dem Aufstieg einer neuen wohlhabenden Kaufleute- und Bauernklasse, die sich Reisen leisten konnte. Es dauerte nicht lange, bis viele Menschen die Gegend durchzogen und entweder berühmte Stätten besuchten, die in der klassischen japanischen Literatur erwähnt waren, oder zu abgelegenen Orte vordrangen, die ein Fremder selten sah. Diese Reisenden umgingen die behördlichen Verbote mit plausiblen Entschuldigungen, gaben Pilgerfahrten oder Geschäftsreisen vor und waren überall willkommen.

Wichtig beim Wachstum dieser Art von Tourismus war die Veröffentlichung einer Reihe von Reiseberichten berühmter Gelehrter oder anderer geachteter Persönlichkeiten. Mit der Zeit wurden ihre Eindrücke der besuchten Orte als Beschreibung der dort regierenden Feudalherren gelesen und zu einer Quelle von Klatsch und Tratsch.

Ungefähr zur gleichen Zeit lockerten sich die strengen Bestimmungen für die *taryômono*. Zu Beginn des neunzehnten Jahrhunderts befahlen Feudalherren im ganzen Land ihren Untertanen zu verhindern, daß ihre Domäne Reisenden lächerlich erschiene, und einige erließen Verordnungen, um das durchzusetzen. Restaurants wurden an den Hauptstraßen eröffnet, und die Burgstädte sollten möglichst weißgekalkte Mauern, aufwendige Dachziegel und Läden mit attraktivem Warenangebot präsentieren.

Der eifrige Versuch, die *taryômono* zu beeindrucken, deutet darauf hin, daß die Fremden vom Objekt des Mißtrauens zu einer Art hohem Besuch geworden sind. Diese Einschätzung setzt sich in der ersten Hälfte des neunzehnten Jahrhunderts fort und wird von britischen Reisenden gegen Ende der Feudalzeit bestätigt. So schrieb Hauptmann Sherard Osborn, Mitglied der Delegation um Lord Elgin, die 1858 in Japan den britisch-japanischen Handelsvertrag unterzeichnen sollte, in *Blackwood's Edinburgh Magazine* vom Mai 1859: »Zwei Tatsachen« über Japan »sind bemerkenswert und sollten von der christlichen Welt bedacht werden. Die Japaner wissen, was Fremde über sie gesagt haben und reagieren auf Kritik.«

Trotz des neuen Eifers zu gefallen überlebte das Mißtrauen gegenüber Außenseitern, seit über hundert Jahren die maßgebliche Haltung in der offiziellen Politik. Daher enthalten die Reiseberichte aus der ersten Hälfte des neunzehnten Jahrhunderts viele Beispiele, wie ein

Reisender in einigen Orten freundlich begrüßt wurde, in anderen nicht einmal ein Unterkommen für eine Nacht fand und hinausgeworfen wurde. Die Haltung gegenüber *taryômono* wurde mit fortschreitender Edo-Zeit immer zwiespältiger. Ob die Menschen dem Außenseiter argwöhnisch begegneten oder ihn herzlich willkommen hießen, die Grundeinstellung, daß er in besonderer Weise zu behandeln sei, blieb bestehen. Diese historische Entwicklung ging dem Entstehen des Wortes *gaijin* in den siebziger Jahren des letzten Jahrhunderts voraus.

✧ ✧ ✧

Gerechterweise muß man sagen, daß im frühen neunzehnten Jahrhundert, über das wir hier gesprochen haben, die Tendenz, Fremde außergewöhnlich zu behandeln, auch in anderen Ländern anzutreffen war. Aber die Frage ist, wieso diese Haltung in Japan noch immer vorherrscht, als sei sie wertvoller Bestandteil traditioneller Kultur.

Die Grundlage, auf der die Menschen zu ihrer Trennung zwischen Einheimischen und Fremden kommen, erweist sich als sehr dauerhaft. Ein Hinweis, worin sie bestanden haben könnte, enthält das 1955 von T. Nomura herausgegebene Buch *Kauchiya Kashô* des gleichnamigen Schriftstellers, der im siebzehnten Jahrhundert Bewohner einer kleinen Stadt südlich von Osaka war. Er erwähnt eine Koreanerin, Chiyo, die als Gefangene von Toyotomi Hideyoshis Invasionsarmee um 1590 nach Japan gebracht wurde. Sie beendete ihr Leben in den Randgebieten des Ortes, wo die Leute sie *Namari*-Chiyo (Chiyo mit dem Akzent) nannten, weil sie anders sprach als sie. Um zu beschreiben, wie grundsätzlich anders diese Frau war, hebt Kashô deutlich hervor, sie sei unsauber und habgierig gewesen und habe sich in den Häusern anderer bewegt, als gehörten sie ihr. Er betont, sie habe den Wechsel vom gefütterten zum ungefütterten Kimono am ersten Tag des Sommers nicht in der traditionell vorgeschriebenen Weise vollzogen. Chiyo müssen der jahreszeitlich bedingte, auf einen Tag festgelegte Wechsel eines Kleidungsstückes und die vielen von den Einheimischen genauestens befolgten anderen Gebräuche im Verlauf des Jahres im wesentlichen verrückt vorgekommen sein.

Ich halte die Beschreibung in Kashôs Bericht für den Ausgangspunkt der Fremdheit, die Ausländer auch heute noch außerhalb der japanischen Gesellschaft stehen läßt. Wenn die Sitten, auf die sich – abgesehen von den Einheimischen – niemand einen Reim machen kann, entscheidend für die kulturelle und persönliche Identität in der Gemeinschaft sind, kann jemand, der von diesen Gebräuchen nicht geprägt ist, nur als »völlig anders« betrachtet werden. Für diese Psychologie ist Kashôs Bericht ein gutes Beispiel.

Die meisten Japaner befolgen auch heute noch überwiegend unbewußt ein Kalendarium jahrhundertealter Traditionen, was Kleidung, Nahrung, den Schmuck des Hauses, Familienfeste, besondere Grußvorschriften und den Austausch von Geschenken angeht. Das Fortbestehen dieser Traditionen ist die wichtigste Grundlage der Stabilität modernen japanischen Stadtlebens. Ihre Weiterführung zu vernachlässigen, würde das Chaos heraufbeschwören und die sorgsam erhaltene Höflichkeit zerstören, die es Menschen, Göttern und unbelebten Dingen erlaubt, in Harmonie miteinander zu existieren. Entsprechend wird ein Mensch, der den Vorschriften der Sitten und Gebräuche folgt, als gut angesehen, und in seiner Gegenwart können sich alle wohlfühlen.

Die Ritualisierung des japanischen Alltagslebens begann, nachdem die Unsicherheit der Bürgerkriegszeit im siebzehnten Jahrhundert vorüber war, und ist bis in dieses Jahrhundert ungebrochen weitergegangen. Auch wenn sie nach dem Zweiten Weltkrieg abgenommen hat, lebt sie doch weiter. Im Gegensatz zu Westeuropa und China fällt auf, daß diese Ritualisierung in Japan schon früh von den Massen übernommen wurde und genaueste Formen einhält. Viele der britischen Besucher im letzten Viertel des neunzehnten Jahrhunderts schrieben ihren Eindruck vom guten Benehmen der Japaner dem hohen Zivilisationsgrad des Landes zu. Man könnte Japan aber auch als Gesellschaft unter der Tyrannei des Rituals verstehen.

In Japan sind selbst Raum und Zeit ritualisiert. Zusätzlich zu den vielen Gebräuchen im Laufe eines Jahres, die sich auf die Zeit beziehen, achten viele Japaner auf einen angemessenen Abstand von anderen, womit die außerordentliche Beachtung der Unterschiede von Alter und Rang verbunden ist. Ein weiterer Teil der bis in die Feinheiten gestimmten Höflichkeit sind die überall auftauchenden sprachlichen

Ehrungsfloskeln. Lassen Sie uns an einem Beispiel untersuchen, wie diese Art des Sprechens alle ausschließt, die damit nicht vertraut sind. Der Vorfall stammt aus den Erinnerungen des Physikers und späteren Nobelpreisträgers Richard Feynman (1918-88) *Sie belieben wohl zu scherzen, Mr. Feynman* von 1985. Während eines Aufenthaltes an einem Forschungsinstitut dieses Landes bemühte er sich, japanisch zu lernen. Eines Tages geriet er völlig durcheinander, als ihm sein Lehrer die verschiedenen Möglichkeiten beizubringen versuchte, »sehen« auszudrücken. Es schien, als solle er »einen Blick hineinwerfen« benutzen, wenn er jemanden einladen wollte, seinen Garten zu betrachten, aber »beobachten« richtig sei, wenn er selbst den Garten eines anderen ansähe. Da er sicher war, daß so lästige Regeln unter Wissenschaftlern nicht nötig seien, fragte er seine Kollegen:

> »Wie würde ich auf Japanisch sagen, ›ich löse die Dirac-Gleichung‹?«
> Sie sagten mir einen Satz.
> »In Ordnung. Nun möchte ich sagen, ›würden Sie die Dirac-Gleichung lösen‹. Wie sage ich das?«
> »Nun, Sie müssen ein anderes Wort für ›lösen‹ benutzen«, sagten sie.
> »Warum«, protestierte ich, »wenn ich die Gleichung löse, ist es genau so, als wenn Sie sie lösen!«
> »Ja, das schon, aber es ist ein anderes Wort – es ist höflicher.«

Professor Feynman fährt fort: »Ich gab auf, beschloß, daß dies keine Sprache für mich sei, und beendete meine Versuche, japanisch zu lernen.«

Vor dreihundert Jahren könnte Kashô, dem Chiyos dreistes Verhalten auffiel, wenn sie andere Menschen in ihren Häusern besuchte, auch von ihrer Sprache überrascht gewesen sein. Vermutlich hatte sie wenig Kontakte zu den Einheimischen und beherrschte wahrscheinlich nicht die Kunst, höfliches Japanisch zu sprechen.

Wir können den Schluß ziehen, daß Fremde in Japan auch langfristig außerhalb der Gesellschaft stehen und besondere Behandlung erfahren, weil diese Gesellschaft im Kern zu zivilisiert für Neulinge ist. Wie gut oder schlecht das sein mag, bleibt die Frage.

Ich habe schon erwähnt, daß die besondere Behandlung von Ausländern in Japan auch als Form der Vergöttlichung verstanden werden kann. In diesem Sinne haben Fremde etwas mit einer ganz anderen Gruppe gemeinsam – der kaiserlichen Familie. Unzweifelhaft ist die Vorstellung vom *tashika na ie* (respektables Haus), die in der städtischen Gesellschaft seit dem siebzehnten Jahrhundert hoch geschätzt wurde – ein Ergebnis des Eifers, den ritualisierten Lebensstil des Hofes nachzuahmen. Die vornehmen Sitten und Umgangsformen, die ihren Mittelpunkt in der Ehrerbietung gegenüber der kaiserlichen Familie hatten, waren genau nach dem Geschmack der zu Reichtum gekommenen Stadtbewohner. Ihr Bestreben, der Vornehmheit nachzueifern, war für die japanische Kultur der letzten Jahrhunderte ein bedeutender Impuls, der bis heute vorherrscht.

Jetzt am Ende des zwanzigsten Jahrhunderts lassen die weltweite Entwicklung von demokratischer Gleichberechtigung und Informationsnetzen die traditionellen Unterscheidungen zwischen überlegen und unterlegen oder Außenseiter und Dazugehöriger als absurd erscheinen. Diese Entwicklungen müssen zwangsläufig das Funktionieren der »Ritualmaschinerie« in Japan herausfordern.

Wie lange können die jungen Generationen noch mit unbewegtem Gesicht so vornehm und zivilisiert sein? Ich denke, diese Frage wird vielen der in Japan lebenden *gaijin* manchmal durch den Kopf gehen.

Der Hochzeitsempfang: Alte Sitten in neuer Gestalt

Atsushi Katagi

Hochzeitsfeierlichkeiten und -empfänge sind im modernen Japan zu kommerzialisierten Aufführungen geworden. Es ist selbstverständlich, daß die Heirat von Film- oder Fernsehgrößen auf dem Bildschirm und in den wöchentlich erscheinenden Zeitschriften präsentiert wird, aber die Besessenheit von auffallenden Feierlichkeiten ist nicht auf die Unterhaltungswelt beschränkt. Angespornt von der Fülle der Informationen und Anzeigen veranstalten auch einfache Leute aufwendige Hochzeitsfeiern in Hotels oder speziellen Hochzeitsräumen und brechen dann zu einer Pauschalreise in die Flitterwochen auf. Die um diese Feier herum entstandene Industrie verdient Billionen Yen.

Bis zur Jahrhundertwende war eine Hochzeit ein weltlicher Anlaß, der zu Hause begangen wurde. Hochzeitsfeiern in dafür bestimmten Räumen oder Hotels gehen auf die Entwicklung einer Hochzeitszeremonie im Shintoismus gegen Ende der Meiji-Zeit zurück. Zwei Dinge führten dazu, einmal das Beispiel der christlichen Trauung, die wie die westliche Kultur insgesamt während der Meiji-Zeit in Japan bekannt wurde, zum anderen die Erklärung des Shintoismus zur Staatsreligion.

1899 wurde die Hochzeit des Kronprinzen und späteren Kaisers Taisho als Shinto-Zeremonie im kaiserlichen Heiligtum in Übereinstimmung mit den neuen Heiratsvorschriften des Kaiserhauses durchgeführt. Zwei Jahre später gab es am Großen Hibiya Schrein in Tokyo Hochzeitszeremonien, die diesem Beispiel folgten. Bei der Mittelschicht erfreuten sie sich in der Taisho-Zeit großer Beliebtheit. Es dauerte nicht lange, bis Shinto-Feiern in Ostjapan auch im Nogi-Schrein und in der Tairei-Halle, in Westjapan in Osakas Tenmangû-Schrein, Kyotos Heian-Schrein und Kobes Minatogawa-Schrein sowie im Tokyoter Zweig des Großen Izumo-Schreins stattfanden. Ein Hochzeitssonderheft der Frauenzeitschrift *Shufu no tomo* aus dem

Jahre 1931 berichtet, die häufigste Hochzeitsfeier in den Städten sei die Shinto-Zeremonie.

Der Modernisierungsschub während der Meiji-Zeit ließ eine neue Schicht Stadtbewohner entstehen – öffentliche und militärische Bedienstete, Angestellte – die nicht länger den Grenzen feudaler Familienstrukturen und dörflichen Gemeinschaftslebens unterlagen. Es überrascht nicht, daß diese Menschen den traditionell daheim stattfindenden Hochzeitsfeiern, die neue Verwandtschaftsverhältnisse und regionale Bindungen formten, keine Bedeutung mehr beimaßen. Außerdem waren ihre Wohnungen in den Vorstadtvierteln ungeeignet für derartige Feierlichkeiten, die sich daher langsam von den Privaträumen entfernten.

✧ ✧ ✧

Aufgrund der zunehmenden Beliebtheit von Shinto-Zeremonien boten vor dem Zweiten Weltkrieg Schreine und traditionelle Restaurants Räume und alles andere für die Hochzeitsfeier an. Nach dem Krieg kamen weltliche Trauungen in Mode und schufen einen Trend zur Feier in öffentlichen Räumlichkeiten. Die profane Zeremonie, die darin besteht, sich in Gegenwart von Freunden und Verwandten anstelle von Göttern das Jawort zu geben und die Eheschließungsurkunde zu unterschreiben, wurde 1951 zum ersten Mal im Rathaus von Tokyo durchgeführt. Es war unter Freunden bald üblich, dem Paar nach der Zeremonie im gleichen Haus einen Empfang zu bereiten, dessen Kosten geteilt wurden.

Die weltliche Hochzeit in der Nachkriegszeit war das Ergebnis der Demokratiebewegung, die Individualität propagierte und den Shintoismus als Staatsreligion ablehnte. In den sechziger Jahren lebte aber nach der Hochzeit des Kronprinzen und späteren Kaisers Heisei 1959 die Shinto-Zeremonie wieder auf. Empfangshallen mit Räumlichkeiten für die Zeremonie, die von Fördervereinen betrieben wurden, entstanden. Sie besaßen nicht nur einen zu einem Schrein gehörigen, geweihten Zeremonienraum, sondern auch Umkleidezimmer und ein Photoatelier. Nun konnte die gesamte Hochzeitsfeier unter einem Dach stattfinden.

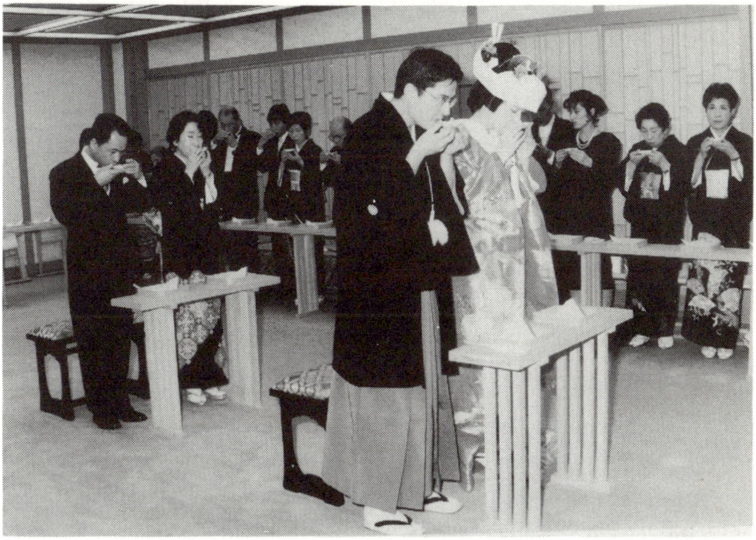

Heutiges Ritual des Saké-Trinkens in der Shinto-Zeremonie

Während der späten sechziger und frühen siebziger Jahre heirateten die ersten Angehörigen der Babyboom-Generation, und die Hochzeitshallen vermehrten sich schnell. Auch Hotels befriedigten die Nachfrage und fügten ihren vorhandenen Festräumen Säle für die Shinto-Zeremonie hinzu.

Sowohl in den Hochzeitshallen wie in den Hotels waren die Empfangszimmer das Wichtigste, die Zeremonieräume bildeten nur ein zusätzliches Angebot für die Kunden. Entsprechend wurde bald mehr Wert auf den Empfang als auf die eigentliche Zeremonie gelegt, eine Tendenz, die ihrerseits zur Einführung neuer Sitten während des Empfangs führte, wie das Anschneiden einer Hochzeitstorte, das Anzünden von Kerzen und das Überreichen von Blumengebinden an die Eltern des Brautpaares.

Nach der Ölkrise von 1973 reagierten die Hochzeitshallen auf die wachsende Konkurrenz der Hotels und den allgemeinen Rückgang der Nachfrage, indem sie in die Außenbezirke der Städte oder in kleinere Orte auswichen. Gleichzeitig verpackten sie den Hochzeitsempfang wie eine Show mit den neuesten architektonischen Mitteln und audiovisuellen Techniken. Die Hallen mit Namen wie »Hochzeitspalast« oder »Heiratsplatz« sahen von außen aus wie mittelalterliche europäische Burgen oder Kirchen oder sogar wie das Weiße Haus. Innen gab es große ein bis zwei Stockwerke hohe Eingangshallen und riesige Treppen barocken Stils. In einigen Hallen werden Braut und Bräutigam nach dem Umkleiden in einer Gondel in den Empfangsraum hinabgelassen oder kommen eine Scarlett-O'Hara-Treppe hinab. Während des Empfangs können sie auf einer erhöhten Bühne mit einem vorgebauten Bogen sitzen, durch den die Gäste gleichzeitig eine übergroße Projektion des jungen Paares sehen und alle seine Bewegungen verfolgen können.

Der Trend zu aufwendigen Hochzeiten hat noch eine andere Erscheinung hervorgerufen. Christliche Zeremonien sind seit zehn Jahren ausgesprochen beliebt, und es werden mit Begeisterung Kapellen gebaut, wo immer es möglich ist. Kopien von Kirchen in Neu-England sind zum Beispiel in vielen japanischen Erholungsorten in den Bergen oder am Meer errichtet worden. Nach der Zeremonie werden Braut und Bräutigam zu einer Fahrt in einer von weißen Pferden gezogenen weißen Kutsche eingeladen. So werden westliche Märchen- und Romanhochzeiten nachgeahmt. Kapellen gibt es mittlerweile auch in den Gärten vieler Hochzeitshallen und Hotels.

✧ ✧ ✧

Heute bevorzugen die Japaner Hochzeiten, bei denen Kleidung, Essen, Sitten, Räume und natürliche Umgebung einen westlichen Eindruck vermitteln. Wenn man jedoch genau hinsieht, kann man die Spuren traditioneller Riten unter den modernen Sitten erspähen – weniger in der Zeremonie als im Rahmen der Empfänge. Worin bestehen die modernen Rituale? Ein Blick auf den Ablauf eines typischen Hochzeitsempfangs in einem Hotel oder einer Hochzeitshalle gibt einige Antworten.

Zuerst stellen sich Braut und Bräutigam, Eltern und das Trauzeugenpaar in einer Reihe am Eingang des Empfangsraumes auf, um die Gäste zu begrüßen. Wenn jeder Platz genommen hat, führen die Trauzeugen das Brautpaar unter den lauten Klängen des *Hochzeitsmarsches* in den Saal, wo es auf einer erhöhten Bühne den Ehrenplatz erhält. Nach einer Begrüßungsrede des männlichen Trauzeugen und

Gratulationsansprachen der Ehrengäste ist es Zeit zum Anschneiden der Hochzeitstorte. Ein Hoch auf das Paar gibt dann das Zeichen für das Mahl. An diesem Punkt der Feier verschwindet das Brautpaar, um sich umzukleiden. Unterhaltung und Reden von Gästen gehen während des Essens weiter, bis die frisch Verheirateten bereit für ihren zweiten großen Auftritt sind. Der Kleiderwechsel kann mehrfach wiederholt werden, damit die Braut in verschiedenen Ausstattungen prunken kann. Danach erfolgt das Anzünden der Kerzen. Für diesen Zweck steht eine nicht angezündete Kerze in der Mitte jeden Gästetisches. Mit einer langen brennenden Kerze zwischen sich geht das Brautpaar im Saal herum und entzündet alle Kerzen, zuletzt die riesige vor ihrem eigenen Platz. Wenn das Mahl vorüber ist, überreichen die Brautleute ihren Eltern Blumengebinde, wofür sich ein Elternteil im Namen aller bedankt. Das ist gleichzeitig das Ende des Empfangs. Erneut stellen sich Brautpaar, Eltern und Trauzeugen in einer Reihe an der Saaltür auf, um den Gästen für ihr Kommen zu danken.

✧ ✧ ✧

Bevor die Shinto-Zeremonie zu Beginn dieses Jahrhunderts in Mode kam, hatte eine Hochzeit aus der Abschiedszeremonie im Elternhaus der Braut, der Brautführung und der Willkommenszeremonie im Haus des Bräutigams bestanden. Diese drei Teile entsprechen den Riten von Trennung, Weg und Vereinigung, die in allen Heiratszeremonien auf der ganzen Welt zu finden sind. Der Übergang der Braut von einem Haushalt zum anderen bekam eine öffentliche Form, wenn sie diesen Weg am Tag der Hochzeit wirklich ging.

Moderne Hochzeitshallen bieten alles Notwendige für die Heirat unter einem Dach und können sogar an einem Tag mehrere Feiern nacheinander durchführen. Entsprechend wird der Weg von einem Haushalt zum anderen hier durch einen kurzen Gang innerhalb des gleichen Gebäudes symbolisiert, und die erforderliche Zeit für die gesamte Hochzeitsfeier ist auf zwei bis drei Stunden geschrumpft.

Daher ist auch der Ablauf verändert worden, um die langatmigen Wiederholungen in der alten Zeremonie überflüssig zu machen und den zuschauenden Gästen einen kurzen, aber eindrucksvollen Blick auf die symbolischen Riten für Abschied, Weg und Vereinigung zu bieten. Die modernen Rituale, die in den frühen siebziger Jahren aufkamen, das Tortenschneiden, Kerzenanzünden und Überreichen der Blumen sind nichts anderes als diese Symbole für Trennung, Übergang und Vereinigung in einer neuen und hochkonzentrierten Form.

Indem diese Elemente in den Empfang und nicht in die Zeremonie eingeführt wurden, kehrte sich ihre ursprüngliche Reihenfolge um. Das Kuchenschneiden kann für die Vereinigung stehen, weil das Brautpaar das Messer gemeinsam hält. Die Torte selbst ist ein unverzichtbarer Teil westlicher Hochzeiten, denn schon bei den römischen Hochzeiten wurde Jupiter, dem Gott des Kornes, ein Kuchen, *far*, als Opfergabe geweiht. Nach der Weihe aß zuerst das Brautpaar unter Zeugen davon, dann wurde er an alle Gäste verteilt. Die japanische Hochzeitstorte ist dagegen ein Turm aus Plastik mit zwei Metern Durchmesser, fünf Metern Höhe und einem kleinen Ausschnitt echter Torte, wo das Messer angesetzt wird.

In ähnlicher Weise kann das Anzünden der Kerzen als verwestlichte Form des ursprünglichen Brautweges gelten. Einer der japanischen Ausdrücke für die Hochzeitszeremonie lautet *kashoku-no-ten* (helle-Lichter-Zeremonie), weil sie in der Vergangenheit nachts abgehalten wurde. Der Braut ging ein Laternenträger voran, wenn sie vom Haus ihrer Eltern zu dem ihres Bräutigams ging. Sie wurde dort von Fackeln begrüßt, und den Austausch des Hochzeitstrankes und die anschließende Feier erhellten aufgestellte Leuchter.

Die Braut verließ das Haus ihrer Eltern und wurde mit der Familie ihres Bräutigams vereint, aber auf ihrem Weg galt sie als Fremde und gehörte zu keiner Familie. Um ihren heimatlosen Zustand deutlich zu machen, trug sie ein weißes Kleid, das Gewand der Toten. Erst am dritten Tag nach ihrer Ankunft wurde sie Mitglied der Familie des Bräutigams und durfte wieder farbige Kleidung tragen. Solange sie weiß gekleidet und damit in den Augen der Gemeinschaft tot war, blieben immer Laternen und Fackeln angezündet, damit nicht Dämonen von ihr Besitz ergriffen.

Obwohl keine Notwendigkeit mehr besteht, die Braut auf dem Weg durch die Hochzeitshalle zu beschützen, lebt das Bild des von Fackeln erhellten Brautweges weiter. Seine Bedeutung und Form sind allerdings im Anzünden der Kerzen verwestlicht worden. Wenn das Brautpaar die hohe Kerze vor seinem eigenen Platz anzündet, ist die

Flamme Symbol seiner brennenden Liebe. Um das zu unterstreichen, ist die Kerze mit einem großen, herzförmigen Metallring geschmückt.

Feuer als Symbol der Liebe ist eine Vorstellung des Westens. Dort gibt es verschiedene Sitten, die das Entzünden von Flammen der Liebe und Freudenfeuern bei Hochzeiten enthalten, im Barock wurden bei königlichen Hochzeiten sogar herzförmige Fackeln benutzt. Auch wenn nicht bekannt ist, ob der Erfinder des Kerzenanzündens sich der alten Sitten bewußt war, kann dieses moderne Ritual doch als Einfügung des alten japanischen Brautwegbildes in die westliche Feuervorstellung betrachtet werden.

Der Kleiderwechsel (*iro-naoshi*) begann als sichtbare Darstellung des Todes der Braut in ihrem Elternhaus und ihrer Wiedergeburt bei ihrem Mann. Heute ist daraus der schnelle Wechsel von einem weißen Kimono oder Brautkleid zu einem farbigen Gewand oder mehreren nacheinander geworden, und es handelt sich weniger um ein symbolisches Ritual als um eine Modenschau. Wenn der Kleiderwechsel von einem westlichen Brautkleid zu einem Kimono erfolgt, können Braut und Bräutigam beim Wiederbetreten des Saales gemeinsam einen Sonnenschirm tragen. Die alte japanische Sitte, die Braut mit einem Schirm oder Hut auszustatten, ist vergleichbar mit der westlichen Gewohnheit, einen Schleier zu tragen. Beide Praktiken sollen die Braut gegen böse Geister schützen. Heute jedoch ist der Sonnenschirm ein Symbol beiderseitiger Liebe (*ai-ai-gasa*). Die Wirkung ähnelt dem Bild einer Kurtisane aus der Edo-Zeit, die eine Straße im Vergnügungsviertel entlangspaziert.

Wenn sich der Empfang dem Ende nähert, werden die Blumen übergeben. Der Bräutigam reicht den Eltern der Braut ein Gebinde, die Braut den Eltern ihres Mannes. Früher nahm die Braut zu Beginn der Zeremonie Abschied von ihren Eltern, heute begibt sie sich in Straßenkleidung zu den Garderobenzimmern der Hochzeitshalle oder des Hotels, wo professionelle Helfer sie in ihr Brautgewand kleiden. Deshalb ist der traditionelle Abschied, bei dem die weißgekleidete Braut ihr Elternhaus verließ, nicht mehr durchführbar. Ursprünglich tranken sowohl die Braut wie ihre Eltern dreimal drei Schlucke Saké. In der modernen Feier ersetzt der Austausch von Blumen das Saké-Ritual, erinnert an die Blumenfülle westlicher Hochzeiten und bildet den Abschluß des Empfangs.

✧ ✧ ✧

Heiraten in Japan bedeutete nicht immer, daß die Braut ihr Elternhaus verließ, um in die Familie des Mannes einzutreten. Noch in der Heian-Zeit war die häufigste Form der Heirat *mukotori-kon* (einen Bräutigam nehmen). Der Bewerber machte mehrere Besuche bei der Frau, und nach der Hochzeit lebte das Paar bei ihren Eltern. Die Hochzeitszeremonie bestand in diesem Fall einfach aus der *tokoro-arawashi-* Sitte, derzufolge Mitglieder der Familie der Braut den Bräutigam bei einem seiner Besuche »einfingen« und ihn zwangen, *mochi* (Reisplätzchen) zu essen, die in ihrem Haus hergestellt worden waren. Später wurden die *mochi* am dritten Tage des Besuchs gegessen, so daß der Ausdruck *mika-no-mochihi* (Drittags-*mochi*) entstand. Dem Verzehr von etwas im Hause der Braut Zubereiteten sprach man magische Wirkung zu, die den Bräutigam zum Mitglied in der Familie der Braut machte.

Als die Samurai-Familien gegen Ende der Heian-Zeit mächtig wurden, errichteten sie ein patriachalisches System, in dem der älteste Sohn den persönlichen Besitz erbte. Diese Entwicklung führte zur Ersetzung der *mukotori-kon* durch andere Formen der Heirat, bei denen Frauen mit Gewalt entführt, als Geschenke weggeben oder in Besitz genommen wurden, um einen Erben zu produzieren. In der Muromachi-Zeit wurden die von den Samurai praktizierte Form der Heirat *yomeiri-kon* (eine Braut nehmen) und die formale Abfolge der Zeremonie fest eingeführt. Die Hochzeitszeremonie war geheim und fand in der Nacht statt. Die Braut wurde in einer Sänfte zum Haus des Bräutigams getragen, wo man bei Kerzenlicht dreimal drei Schlucke Saké trank. Wie das Ritual des *mochi*-Essens vorher festigte das gemeinsame Trinken aus einer Schale die neuen Bindungen der Frau an ihren Mann und seine Familie.

Erst in der Bürgerkriegsepoche, als die Städte um die Burgen herum gebaut wurden, hielt man Hochzeitsfeiern bei Tage ab. Als Môri Hidemoto 1594 die Adoptivtochter des mächtigen Tokugawa Ieyasu heiratete, soll Toyotomi Hideyoshi, damals faktisch Herrscher, gesagt haben, es sei Verschwendung, Aufwand zu treiben für eine Hochzeit, die man nicht einmal klar erkennen könne. Er befahl, die Feier am Tage auszurichten, damit der Glanz und die Pracht der Braut auf ihrem Wege von allen bewundert werden könnten. Hideyoshi selbst saß auf einer Tribüne am Weg, beobachtete den Vorbeimarsch und scheint sich offensichtlich hervorragend amüsiert zu haben.

1620 zog die Tochter des zweiten Shoguns Tokugawa Hidetada als Gemahlin des Kaisers Gomizuno-o in den Palast ein. Ein Aufgebot von mehreren tausend Personen wurde Berichten zufolge zusammengebracht, um den persönlichen Besitz der Braut zu transportieren, unter anderem 260 Kleiderkisten und dreißig Wandschirme. Dieser Aufwand diente vor allem dazu, die Macht der kurz vorher errichteten Tokugawa-Herrschaft sichtbar zu machen. Der Brautweg war eine politische Demonstration – bei hellem Tageslicht, um riesige Zuschauermengen anzulocken. Auch bei Tage wurden nach wie vor Fackeln und Laternen benutzt, aber sie waren reine Formsache geworden, die magische Bedeutung des Feuers für die Hochzeitszeremonie gab es nicht mehr.

Es setzte sich bald durch, Hochzeiten in prachtvolle Umzüge zu verwandeln, und Wert und Menge der Mitgift wie Möbel und Aussteuer, die die Braut in ihr neues Heim begleiteten, wurden Gegenstand eines heiß umkämpften Wettbewerbs. Als die Tochter des dritten Shoguns Tokugawa Iemitsu 1639 Tokugawa Mitsutomo von Owari heiratete, bestanden die Möbel und der Hausrat alle aus prächtigen Lackwaren mit Blattgoldverzierungen, die von den Meistern im Dienst des Shogunats hergestellt worden waren. Obwohl die Feudalbehörden später Reformen durchzuführen versuchten, um der verschwenderischen Gestaltung die Spitze zu nehmen, setzten die *daimyô* (Feudalherren) die prunksüchtige Zurschaustellung der bräutlichen Mitgift unvermindert fort. Die städtischen Kaufleute, die dabei waren, große Reichtümer aufzuhäufen, übernahmen bald diese Sitte von den Samurai. Ein reicher Kaufmann der Genroku-Zeit aus Kyoto, Nawaya Kurôzaemon, stattete seine Tochter mit einer Aussteuer aus, die die des *daimyô* überstieg. Als Wirkung des Aufwandes bei Hochzeiten stiegen der Qualitätsstandard der Möbel-, Zubehör- und Kleiderindustrie und die Produktionszahlen in diesen Gewerbezweigen. In der Edo-Zeit wurde das *nô*-Lied *Takasago* nicht mehr nur bei Hochzeiten der mittleren und unteren Samurai-Klasse gesungen, sondern auch bei denen der städtischen Kaufleute. Man kann sich leicht vorstellen, wie die Einführung von Gesang und Instrumental-

Feier nach der Hochzeitszeremonie mit Gesang, Tanz und Trinken. Bild von Shiba Kokan (1747-1818)

musik der aufwendigen Gestaltung einer Hochzeitsfeier neue Nahrung gab.

Auf diese Weise wurde das Hochzeitsprotokoll aus der Muromachi-Zeit in der Edo-Zeit immer üppiger und prunkvoller ausgestaltet. Diese Entwicklung vollzieht sich nun wieder mit den westlichen Requisiten in den Hochzeitshallen des modernen Japan.

Wandel in Geschlechterrollen und Sexualität

Masatoshi Takada

In den sechziger Jahren, als Japans Wirtschaft ungebremst wuchs, sang der Romancier und Gelegenheitssänger Akiyuki Nosaka »Zwischen Frau und Mann gibt es einen dunklen tiefen Fluß«. Damals war dieser »Fluß« wirklich breit, und die Jugend mancher Generationen verbrachte viele ihrer Lebensjahre damit, nach Wegen zu suchen, ihn zu überschreiten. In den drei Jahrzehnten, die seitdem vergangen sind, ist die strikte Trennung zwischen Frauen und Männern in Japan ins Wanken geraten oder hat neue Gestalt angenommen.

Eine sichtbare Veränderung hat bei der äußeren Erscheinung stattgefunden. Die Haare der Frauen sind kürzer geworden, die der Männer länger, mit dem Ergebnis, daß man beide anhand der Frisuren oft nicht mehr unterscheiden kann. Für den Alltag sind Jeans und T-Shirt bei jungen Leuten beiderlei Geschlechts gleichermaßen beliebt. Kosmetika sind nicht länger dem weiblichen Gebrauch vorbehalten – Herrenkosmetik verkauft sich gut, und junge Männer besuchen in wachsender Zahl Fitneßstudios und Schönheitssalons, die sich auf Massagen, Gesichtsbehandlungen und sogar Lymphdrainagen spezialisiert haben. Ermutigt von einer Welle von Modemagazinen, die gezielt ein männliches Publikum ansprechen wollen, legen Männer inzwischen genauso so viel Wert auf ihr äußeres Erscheinungsbild wie Frauen.

Nicht zum ersten Mal ist diese Tendenz zur Überbrückung des Grabens zwischen den Geschlechtern feststellbar. In den Jahren vor und nach 1920, als die Menschen vom demokratischen Geist der Taisho-Zeit beeinflußt wurden, und noch einmal Mitte der fünfziger Jahre vor dem großen Wirtschaftswachstum erschienen in ununterbrochenem Strom Zeitschriftenartikel, die die Femininisierung von Männern und die Maskulinisierung von Frauen auf ihre Fahnen schrieben.

Auch viel früher gab es während der Heian- und Edo-Zeit bestimmte Umgangsformen und Sitten, die die Unterschiede zwischen Männern und Frauen verwischten. Im späten siebzehnten Jahrhundert, als die städtische Kultur überall im Lande blühte, war es für Jungen aus der Samurai-Klasse oder aus reichen Kaufmannsfamilien nicht unüblich, im Teenager-Alter Frauenfrisuren zu tragen, ihre Gesichter zu pudern und sich in verschwenderische Kimonos zu kleiden in der Hoffnung, die romantische Aufmerksamkeit erwachsener Männer zu erregen.

Mit dem Einsetzen der Meiji-Restauration von 1867, als die Modernisierung des Staates wichtiger als alles andere war, machten sich die neuen Herren daran, letzte Spuren von Homosexualität auszumerzen. In diesem Bemühen betonten sie fast neurotisch die Unterschiede zwischen den Geschlechtern. Der Grund für diese Kampagne lag in der festen Absicht der Regierung, das Land zu Wohlstand und militärischer Stärke zu führen. Männer, die als militärische und industrielle »Soldaten« dienen sollten, mußten Aggressivität, Logik, Integrität, Willenskraft und körperliche Stärke ausstrahlen, eben Männlichkeit.

Frauen ergreifen inzwischen viele Berufe. Das erste weibliche Bodenpersonal Japans auf dem Haneda-Flughafen, Tokyo 1991

Die außerordentliche Gegensätzlichkeit der Geschlechter, die zu der Zeit propagiert wurde, spielt heute nicht mehr die allein entscheidende Rolle, aber viele Eltern erwarten von ihren Söhnen und Töchtern doch völlig verschiedene Dinge. Der heutigen Elterngeneration ist der männliche Lebensbereich in Geschäft und Industrie als Kampf bis aufs Messer geschildert worden. Ihren Söhnen geben sie die gleiche Parole als Aufgabe mit: »lerne und arbeite hart, geh auf die beste Universität und erlange einen Arbeitsplatz in einer bekannten Firma«. Töchter werden andererseits ermutigt, die Kunst des Blumensteckens oder Klavierspielen zu erlernen statt ihre Kräfte auf ein Studium zu konzentrieren. Die Situation ändert sich, und Lehrinstitute haben heute viele Studentinnen, aber insgesamt liegt meiner Meinung nach der größere studien- und berufsbezogene Druck immer noch auf den Jungen.

Frauen und Männer in der Arbeitswelt

Bis Mitte der achtziger Jahre nannten die Japaner Frauen, die im Beruf Karriere machten, gern *otoko masari no tokubetsu na josei* (außergewöhnliche Frauen, die männlicher sind als die meisten Männer). Dieser Satz klingt seit 1985 veraltet, als das Gesetz über gleiche Chancen auf dem Arbeitsmarkt in Kraft trat. Seitdem ist die Zahl berufstätiger Frauen enorm gestiegen, und die Gesellschaft hat bemerkt, daß diese Frauen nicht notwendigerweise außerordentlich oder männlich sind.

In der Industrie werden Frauen inzwischen geschätzt wegen ihrer besonderen Fähigkeiten, Sensibilität und ihrer Erfahrungen als Hausfrauen und Mütter; dies verhilft ihnen zu Ideen, auf die Männer nie kommen würden. Ein Arbeitsteam von Frauen war beispielsweise an der Entwicklung einer Brotbackmaschine beteiligt, die schnell ein Verkaufsschlager wurde. Ebenfalls die Idee einer Frau führte zur Herstellung eines kleinen Sets aus Schere und Hefter, das sich millionenfach verkaufte und frischen Wind in die Büromaterial-Industrie brachte. Diese Fälle überraschen nicht, weil die Zielgruppe solcher Produkte im wesentlichen Frauen sind.

Die große Beteiligung von Frauen am Berufsleben ist keine moderne Erscheinung. Vor der Meiji-Zeit bildeten Bauernfamilien, die den Hauptteil der Bevölkerung ausmachten, ein kleines Arbeitsteam, in dem jeder eine wichtige Rolle spielte. Das Gleiche galt auch für die Kaufmannsfamilien in den Städten. In beiden Bereichen leisteten die Frauen produktive Arbeit, während sie gleichzeitig den Haushalt führten.

Eine Ausnahme in diesem arbeitsteiligen Prinzip war die Gattin des Samurai. Sie wurde *okusan* genannt, eine Bezeichnung, die wörtlich bedeutet, im hintersten Winkel des Hauses versteckt zu sein. Ihre Rolle war darauf beschränkt, den Männern beim Verlassen des Hauses nachzuwinken und sich um die Einkäufe für das Hauswesen zu kümmern.

Während der Phase der Modernisierung unter der Meiji-Regierung bekamen die Samurai ebenso wie Männer aus anderen Schichten Arbeit als öffentliche Bedienstete und bezahlte Angestellte. Das Privatleben aller Familien begann, dem Muster der früheren Samuraihaushalte zu ähneln, und *okusan* wurde zur respektvollen Anrede für jede Frau.

Auch in dieser Zeit trugen Männer und Frauen gleich viel zur Produktivität der Bauern- und Kaufmannsfamilien bei. In der Frühzeit der Industrialisierung vor dem Ende des Ersten Weltkrieges stellten Frauen sogar sechzig Prozent der Erwerbstätigen, aber das war eine vorübergehende Erscheinung. Als mit dem Ende des Krieges die Männer nach Hause zurückkehrten, waren bald immer mehr Menschen davon überzeugt, es sei besser für die Frauen, daheim zu bleiben. Einen Höhepunkt erreichte diese Einstellung zur Zeit des Wirtschaftswachstums Mitte der fünfziger Jahre. Nur in Kriegszeiten mußten Frauen die abwesenden Männer an ihren Arbeitsplätzen ersetzen, ansonsten war während des zwanzigsten Jahrhunderts das Verhalten der Frau dann richtig, wenn sie ihre Kräfte darauf konzentrierte, eine gute Hausfrau und Mutter zu sein.

Dieser Trend, eine geschlechtsspezifische Aufteilung der Arbeit vorzunehmen, paßte gut in das Konzept der Industriezweige, die in der Nachkriegszeit eine Blüte erlebten, wie der Stahl-, Chemie- und Bauindustrie. Sie waren vordringlich an Wachstum und Entwicklung interessiert und hatten daher einen riesigen Bedarf an genau der Männlichkeit, die von der Generation Männer vertreten wurde, die die Ideale der Meiji geerbt hatten. Den Frauen blieb die Aufgabe, ihre Männer hinauszuschicken zur ertragreichen Arbeit, den Haushalt zu führen und die Kinder zu erziehen. Ein guter weiblicher Bürger war mit anderen Worten die Frau, die zu der nationalen Anstrengung beitrug, indem sie die gesamte Verantwortung für die »Heimatfront« übernahm, damit ihr Mann frei und unbelastet seine Kräfte und seine Zeit für die Arbeit einsetzen konnte.

Als Japans wirtschaftliches Wachstum nachließ, verschob sich der Schwerpunkt der Produktion von der Schwerindustrie zu Verbrauchsgütern und Medien. Die große Auswahl an Waren ließ die Ansprüche der Verbraucher ständig steigen. Es reichte nicht mehr, daß ein Produkt nützlich war, es mußte darüber hinaus interessant und schön sein. Um zu überleben, stellten sich die Hersteller der Aufgabe, Marktlücken zu suchen. Dafür waren aber Kenntnisse bestimmter Kundenbedürfnisse nötig. Plötzlich waren Frauen in der Industrie nicht mehr fehl am Platze.

Mit dem Anstieg von Prestigekäufen in den achtziger Jahren begannen alle Industriezweige ihre Beziehung zum genußorientierten Freizeitsektor in den Vordergrund zu stellen. Essen wurde zum »Gourmet-Speisen«, Kleidung war »Mode«. Computer, die eine ganz neue Dimension von Rationalisierung in die Welt der Industrie gebracht hatten, dienten als Spielzeuge. Wir können fast sagen, die Großstädte im modernen Japan haben die gleiche Atmosphäre, die Edo (heute Tokyo) in der Tokugawa-Zeit prägte. Ausgefallenes Essen, Dandys, Besuche im Vergnügungsviertel und im Theater galten als chic, damals wie heute wirkte das alles wie eine Spielwiese für Erwachsene.

Bis vor kurzem waren Männer darauf gedrillt, in allem das zur Steigerung industrieller Produktivität Dienende zu erkennen. Inzwischen hat die Gesellschaft ein Stadium erreicht, in dem sich die Menschen mehr mit augenblicklichen Launen als mit langfristigem Nutzen beschäftigen. Daher sind die Frauen, die ja gelernt haben, ohne auf lange Sicht angelegte eigene Ziele und Pläne zu leben, in der Lage, sich ohne weiteres den gegenwärtigen Bedingungen anzupassen. Seit sie in die Rolle der *okusan* gedrängt wurden, haben sie über neue Waren und Erfindungen nachgedacht, immer unter dem Gesichtspunkt, wie diese Dinge ihr Leben oder das ihrer Familien bequemer und erfreulicher gestalten könnten.

Trinken und Spielen

»Saufen, Wetten und Kaufen« ist die grobe Übersetzung eines japanischen Satzes, der häufig benutzt wurde, um das Freizeitverhalten von Männern zusammenzufassen. Er bezieht sich auf die Trinkgewohnheiten, das Glücksspiel und käuflichen Sex. Diese Zusammenfassung wird aber nicht mehr allgemein verwendet, seit einige der strengen Unterschiede zwischen den Geschlechtern, die durch diese drei Dinge markiert wurden, sich verwischen.

Der Aufschwung der Kaffee-Bars seit den siebziger Jahren, der im wesentlichen jungen Frauen zu verdanken ist, hat zu einer Veränderung in den allgemeinen Trinkgewohnheiten geführt. Er bietet eine Alternative zur traditionell männlichen »Lehre von der Kunst der Trunkenheit« und zum »Trinken, bis alle Herzen zu einem verschmelzen« – und bedeutet daher auch ihre Schwächung.

Die Kaffee-Bar ist ein ruhiger, schwach erleuchteter Ort mit ausgefeilter, aber modischer Gestaltung, wo man Besucher bei ihren Getränken und kleinen Gerichten leichte Unterhaltungen führen hören kann. Das Aufkommen dieser Bars verändert die Wochenenden in den Unterhaltungsvierteln. Ein Zeichen dafür sind die rückläufigen Zahlen streitsüchtiger Betrunkener rundherum. Gleichzeitig bieten mehr Restaurants zum Essen alkoholische Getränke an. In der Öffentlichkeit Alkohol zu trinken, galt lange als männliches Vorrecht, ist aber inzwischen auch für Frauen normal.

Die andere Freizeitbeschäftigung, die seit der Meiji-Zeit bis in die achtziger Jahre den Männern vorbehalten war, ist das Glücksspiel. Inzwischen sind aber zwanzig Prozent der Kunden in den Pachinko-Hallen Frauen, von denen eine steigende Anzahl zur Altersgruppe der Zwanzigjährigen gehört. Auch zu den Pferderennen gehen Frauen mittlerweile häufiger. Eine Umfrage des japanischen Rennverbandes ergab, daß dreißig Prozent der befragten Frauen schon einmal ein Rennen besucht hatten und fünfzig Prozent der übrigen es gern tun würden. Die Zeiten, in denen Männer ihre Frauen oder Freundinnen zu Hause ließen, um einen Abend beim Spiel unter Männern zu verbringen, sind vorbei.

Während der Edo-Zeit war die Situation ganz anders. Weil Karten- und Würfelspiel von der Feudalregierung verboten waren, spielte außer den geächteten Außenseitern der Gesellschaft kaum ein Mann. Die Frauen hingegen konnten an einer legalen Form des Glücksspiels aktiv teilnehmen, dem Lotteriespiel *tomi-kuji*. Die Vorstellung, das Glücksspiel sei eine spezifische Form männlicher Freizeitgestaltung, hat daher keine lange Tradition, sondern ist ein Produkt des späten neunzehnten Jahrhunderts und der Jahrhundertwende.

Prostitution und Sexualmoral

Im Jahre 1617 wurde die Prostitution zur festen Einrichtung, als die Feudalbehörden Yoshiwara in einem Winkel von Nihonbashi in Edo als legales Vergnügungsviertel schufen. Nach dem großen Brand von 1657 wurde es nach Asakusa Senzoku-chô verlegt, wo es schnell wuchs und sich zu einer aufstrebenden, offiziell geduldeten Sex-Industrie entwickelte. Auch in anderen Städten wurden Vergnügungsviertel eingerichtet. Zu Beginn des neunzehnten Jahrhunderts gab es einem damals veröffentlichten Führer zufolge mehr als zweihundert im ganzen Land. Die Viertel lagen normalerweise am Stadtrand und waren von Mauern umgeben. Diese Isolation machte sie zu einer ganz anderen Welt. Das wurde noch dadurch unterstrichen, daß dort das Geld des Kunden alles, der Rang in der feudalen Gesellschaft aber nichts galt.

In den Vergnügungsvierteln wurden nur Männer bedient, aber die wohlhabenden Frauen der Edo-Zeit hatten ihre eigenen Möglichkeiten sexuellen Amusements. Der folgende Absatz erschien in dem 1705 geschriebenen Buch *Tôsei-otome-shiki*: »Was glauben Sie denn, was das Theater ist? Nur die Fassade männlicher Prostitution! Es existiert nur, damit Frauen die Schauspieler für ihr Vergnügen engagieren können.« Diese und andere Quellen deuten an, daß reiche Frauen sich die sexuelle Gunst der *kabuki*-Darsteller ebenso selbstverständlich kauften, wie die Männer die Dienste eines Freudenmädchens.

Mit der Meiji-Restauration fanden die sittlichen Vorstellungen der Samurai, daß eine Frau tugendhaft und treu sein sollte, Eingang in das Denken der unteren Schichten. Diese Entwicklung wurde verstärkt durch die Einführung westlicher Ideen von romantischer Liebe und monogamer Ehe. Plötzlich galt Ehebruch als falsch, allerdings nur, wenn eine Frau ihn beging. Männer besuchten weiterhin die Vergnügungsviertel und unlizensierten Rotlichthäuser oder hielten sich eine Geliebte, falls sie es sich leisten konnten.

Ein gegen die Prostitution gerichtetes Gesetz wurde ein knappes Jahrhundert später erlassen, nämlich 1958. Aber auch das konnte die steigende Beliebtheit von Badehäusern mit Privatzimmern nicht eindämmen. Solche Häuser hatten schon in den vierziger Jahren ihren Betrieb in den Unterhaltungsvierteln der großen Städte begonnen und bald den Platz der Rotlichtbezirke eingenommen. Heute sind sie unter dem Namen »Seifenland« bekannt. Sie waren Teil des Prozesses, in dem Japan sein Wirtschaftswachstum mit der Schaffung einer Massengesellschaft jenseits des Konsums verband, in der jeder menschliche Wunsch erfüllt werden kann. In dieser letzten Festung rein männlicher Freizeitgestaltung ist die Rolle des Mannes beim Sex passiver geworden, das weibliche Personal »bearbeitet« die Kunden, was einer deutlichen Abkehr vom traditionellen Sexualverhalten entspricht, bei dem es auf den Geschlechtsakt ankam. Das geänderte Rollenverständnis kann dazu beigetragen haben, den Graben zwischen den Vorstellungen, was für Männer und Frauen angemessen ist, zu verkleinern. Grundsätzlich hat es zur Verbreitung neuer sexueller Praktiken beigetragen, die langsam ihren Weg in die privaten Schlafzimmer gefunden haben und den Frauen im allgemeinen mehr Mitbestimmung zugestehen.

Mitte der siebziger Jahre kam noch eine andere Form der sexuellen Unterhaltung auf, bei der sich alleinstehende wie verheiratete Frauen mit zunehmender Selbstverständlichkeit »ungesetzliche« Liebschaften gestatteten, *furin*, bei denen wenigstens ein Partner anderweitig verheiratet ist. Es war eine Zeit, in der die Frauen aufwachten und ihre Möglichkeiten, frei zu werden, wahrnahmen, unterstützt von der finanziellen Unabhängigkeit, die sie durch ihre zunehmende Beschäftigung in der Arbeitswelt gewannen. Daher ist nicht verwunderlich, daß auch auf dem Gebiet der Sexualität langsam die gegen die Experimentierfreude der Frauen gerichteten Tabus aufgegeben wurden. Die Beliebtheit der *furin* könnte sogar auf die vorsichtigere Erwartungshaltung der Ehe gegenüber hinweisen. Während des letzten Jahrzehnts ist das Durchschnittsalter der Frauen bei der Hochzeit ebenso drastisch gestiegen wie die Zahl der berufstätigen Frauen, die überhaupt nicht heiraten.

FAMILIENVÄTER

Ein typisches Muster des zeitgenössischen japanischen Familienlebens beinhaltet die Erziehung der Kinder einzig durch die Mutter, die vom Vater dabei kaum mehr als finanziell unterstützt wird. Viele Väter, die als Angestellte in großen Firmen arbeiten, sind selbst am Wochenende fast nie dann zu Hause, wenn ihre Kinder wach sind. Der stark verminderte Einfluß des Vaters in der Familie hat sich aus der Modernisierung und dem schnellen Wirtschaftswachstum ergeben. Beides führte zu einer Haushaltsform, in der der Vater für viele Stunden des Tages außerhalb der Wohnung arbeitet und sein Geld verdient. In den Bauern- und Kaufmannsfamilien, in denen alle zusammenarbeiteten, wußten die Kinder, was ihr Vater den ganzen Tag über tat und entwickelten dadurch häufig großen Respekt vor ihm. Heute dagegen hätten viele Kinder immense Schwierigkeiten, zu erklären, womit ihre Väter die Familie ernähren.

Dazu sollte man nicht vergessen, daß in Japan meistens die Frauen die Finanzen der Familie verwalten. Das ist aus den Bauernhaushalten übernommen, in denen es für Frauen üblich war, die Verteilung der Nahrungsmittel zu kontrollieren. Die Praxis, Gehälter direkt auf die Konten der Angestellten zu überweisen, hat den Männern noch eine kleine Genugtuung mehr genommen – den monatlichen Scheck der dankbaren Gattin zu überreichen.

Unter den Hausfrauen kursiert heute ein Sprichwort *teishu genki de rusu ga yoi* (der beste Ehemann ist ein gesunder, der nie zu Hause ist). Mit anderen Worten, es ist wichtig, daß der Mann fähig ist, die Familie finanziell sicher zu stellen, aber nicht notwendig, daß er auch am Familienleben teilnimmt. Ähnlich sprechen viele ältere Frauen über ihre pensionierten Ehemänner, die nur zu Hause herumhängen und im Wege stehen: *sodai gomi*. Dieser Begriff wird normalerweise auf große Gegenstände wie alte Waschmaschinen oder ausgediente Fahrräder angewendet, die auf den Sperrmüll kommen sollen. Inzwischen untersuchen Medien, welche Probleme Männer haben, die in ihrem eigenen Hause Fremde sind, und wie es zu den steigenden Zahlen älterer Frauen kommt, die die Scheidung einreichen, weil sie mit dem frischgebackenen Rentner nicht zusammenleben können, nachdem sie ihren berufstätigen Ehemann jahrelang kaum gesehen haben.

Es ist gleichzeitig rührend zu sehen, wie junge Männer viel größeren Wert darauf legen, Zeit zu Hause zu verbringen und dort zu helfen.

Im heutigen Japan gibt es immer noch viele geschlechtsspezifisch diskriminierende Haltungen und Verhaltensweisen, die überwunden werden müssen. Ich glaube aber, daß nach mehr als einem Jahrhundert Überbetonung der unterschiedlichen Geschlechterrollen und sexueller Verbote nun die Wiederauferstehung von freier Liebe und Androgynität beginnt, die die Großstädte der vormodernen Zeiten geprägt haben.

Was wird aus der Nachbarschaft?

Toshinao Yoneyama

Wissenschaftler sagen uns, seit etwa ein bis drei Millionen Jahren gebe es Menschen auf der Welt. Die längste Zeit davon waren sie Jäger und Sammler und bewegten sich ähnlich wie Tiere von Ort zu Ort. Erst während der letzten zehntausend Jahre haben sie angefangen, sich in festen Behausungen niederzulassen. Das war eine revolutionäre Entwicklung, wie der Anthropologe Masaki Nishida in seinem Buch *Teijû kakumei* (die seßhafte Revolution) darstellt. Kurz nach dieser Revolution kam die agrarische, als die Menschen anfingen, Pflanzen zu kultivieren und Tiere zu domestizieren. Schließlich folgte die städtische Revolution.

Die Geschichte der menschlichen Entwicklung kann daher vom Standpunkt der sozialen Gefüge in drei Stufen unterteilt werden: das Zeitalter der verwandtschaftlichen Bindungen, die Zeit der territorialen Bindungen und die der genossenschaftlichen Verbundenheit, die weder auf verwandtschaftlichen noch territorialen Bindungen beruht. Diese Zeitstufen entsprechen grob denen der Jäger und Sammler, der Kultur der Seßhaften und dem Wachstum von Orten und Großstädten. Sehen wir uns diesen Prozeß genauer an.

Als sich die Entwicklung der Menschen von anderen Primaten abzuheben begann, bildeten sie Gemeinschaften, die auf Verwandtschaftsbeziehungen beruhten. Im Mittelpunkt standen dabei die Eltern-Kind- beziehungsweise vor allem die Mutter-Kind-Beziehung, die aus der vorherigen noch tierischen Phase ererbt war.

Infolge der seßhaften und agrarischen Revolution wurde landwirtschaftlicher Anbau die Grundlage der Gesellschaft und die Bindungen an bestimmte Gebiete wurde vorherrschend, denn in den agrarischen Gemeinschaften war der Boden wichtigste Voraussetzung für Ertrag. Um Land in Besitz nehmen und urbar machen zu können, waren Pläne, Bau und Erhaltung von Bewässerungssystemen nötig, eine Anstrengung, die eine Form zentraler Regelung erforderte. In bewaldeten

Gebieten wie Japan war die Regierungsgewalt an kleine weit verstreute Gruppen verteilt, die Bündnisse schlossen. Häuptlinge fungierten als örtliche Anführer. So wurde das Feudalsystem geboren. Im Gegensatz dazu wurden trockene Gebiete im allgemeinen von Herrschern regiert, die über riesige Flächen direkte Gewalt ausübten. Beide Gesellschaftsformen waren aber von bodenabhängigen Beziehungsgeflechten zwischen den Menschen bestimmt, den territorialen Bindungen, auch wenn Verwandtschaft und gemeinsame Interessen ebenfalls eine Rolle spielten.

Mit dem Aufkommen der industriellen Revolution und der Verstädterung wurden die freundschaftlichen Beziehungen in der Gesellschaft immer wichtiger. Zuerst fällt uns dazu heute die Arbeitssituation der Menschen ein. Der Arbeitsplatz besteht aus einer Anzahl komplexer Beziehungen, wie im Miteinander von Meister und Auszubildendem oder Arbeitgeber und Arbeitnehmer, die noch zusätzlich durch Altersstrukturen und Geschlecht der Beteiligten kompliziert werden. Am Arbeitsplatz gibt es außerdem kleinere Organisationseinheiten wie Abteilungen, Unterabteilungen und daneben verschiedene Cliquen, Parteibildungen und Einheiten, die alle auf persönlichen Beziehungen basieren. Die letztgenannte Gruppe kann auch Verwandtschaftsverhältnisse umfassen, territoriale Bindungen unter Leuten aus der gleichen Stadt oder Gegend oder alte Schulfreundschaften. Kurz gesagt, die Menschen schwimmen ihr Leben lang in einem Meer komplexer menschlicher Beziehungen.

Es gibt viele Beispiele für Interessengruppenbildungen, einschließlich der Vereine von Leuten mit dem gleichen Hobby, demselben Glauben, der gleichen Beschäftigung oder politischen Ideologie. Es gibt berufsbezogene Verbände, wie für Ärzte und Juristen, denen man nur angehören kann, wenn man eine offiziell anerkannte Qualifikation nachweist, und andere, denen man beitreten muß, wenn man seine berufliche Freisprechung erhält. Viel Zeit wird darauf verwendet, an den Aktivitäten dieser Gruppierungen teilzunehmen.

In der landwirtschaftlich organisierten Gesellschaft sind verantwortlicher Gemeinschaftsgeist und Zusammenarbeit überlebensnotwendig, damit die Aufgabe, den Boden zu bearbeiten, bewältigt werden kann. Wenn Menschen in die Stadt ziehen und jeder eine andere Arbeit hat, werden die meisten Gemeinschaftsangelegenheiten der

Stadt von Verwaltungsbehörden erledigt. Doch verschwinden auf Zusammenarbeit und gegenseitiger Verpflichtung beruhende Bindungen in der Kleingruppe nicht einfach über Nacht. Die Stadtbewohner in Japan haben die alten landwirtschaftlichen Traditionen durch regelmäßige gemeinsame Säuberungsaktionen und Feste zu verschiedenen Jahreszeiten ersetzt.

✧ ✧ ✧

Die Gruppe städtischer Haushalte, die dem ländlichen Dorf entspricht, sind die *chônai*, was gewöhnlich mit »Stadtumgebung« oder »Nachbarschaft« übersetzt wird. Der Architekt Atsushi Ueda hat in dem Buch *Kyô-machiya-komyunitî kenkyû* (Das Zuhause der Händler in Kyoto – eine Gemeindestudie) von 1976 die Beziehungen innerhalb der Nachbarschaftsgruppen in Kyoto detailliert beschrieben. Er stellt fest, daß sich nach genauer Untersuchung die Gruppen auf Verpflichtungsgemeinschaften reduzieren lassen, die von einem oberflächlichen Band zusammengehalten werden. Er überlegt weiter, ob Kyoto jemals Gemeinschaften im wahren Sinn des Wortes besessen hat.

Die *chônai* sind tatsächlich immer von einem Gefühl der Verpflichtung getragen worden. Zum Beispiel ist es im Stadtkern von Kyoto beim Kehren der Straße üblich, nicht nur vor der eigenen Tür zu fegen, sondern auch ein Stück des Nachbargrundstücks. Die Straßen sind daher außerordentlich gepflegt und machen einen hervorragenden Eindruck auf Besucher. Das ist ein kleiner Ausschnitt der bindenden Kräfte der *chônai*-Gewohnheiten.

Zum Gion-Fest, das in jedem Juli abgehalten wird, muß jede *chônai* einen der aufwendigen, festlich geschmückten Festwagen herrichten und steuern. Jahr für Jahr arbeiten die Einwohner ausnahmslos zusammen, um die Wagen zusammenzubekommen und den Verlauf der Darbietungen zu organisieren. Am Tag der Festparade ziehen sie die Gefährte den ganzen Morgen in brütender Julihitze durch die Straßen. Wir können annehmen, daß die treibende Kraft für die Dauerhaftigkeit des Festes über Jahrhunderte hinweg in dem Gefühl der Verpflichtung innerhalb der nachbarlichen Gemeinschaften besteht.

Doch wie andere große Städte wird auch Kyoto Opfer des Aussterbens bewohnter Innenstädte, denn Einwohner gibt es im Zentrum immer weniger. Ladenbesitzer leben mehr und mehr in den Vororten statt nahe bei ihren Geschäften, deshalb stehen zahlreiche Gebäude im Shijô-Karasuma- und Shijô-Muromachi-Viertel, der Heimat der Gion-Festwagen, nachts leer. Langsam zerbrechen aus diesem und anderen Gründen die früheren Gemeinschaften gegenseitiger Verpflichtung.

Ein weiteres Problem moderner Zeiten liegt in dem zunehmend unterschiedlichen Wertebewußtsein. Selbst dort, wo noch *chônai-kai* (Nachbarschaftsverbände) existieren und es eine erkennbare Gruppe für das Viertel gibt, legen nicht alle Mitglieder gleichermaßen besonderen Wert darauf, an Ereignissen innerhalb ihres Viertels teilzuhaben oder mitzuarbeiten. Beispielsweise weigern sich einige, ihren Teil zu den traditionellen Opfergaben der Gruppe beizusteuern, die dem nächstgelegenen Schrein dargebracht werden, oder sind grundsätzlich der Auffassung, solche Opfer sollten nicht stattfinden.

✧ ✧ ✧

Obwohl die Gruppen in den Vierteln auf wenig mehr beruhen als auf gegenseitiger Verpflichtung, haben sie doch ihre Funktion. Als in der Meiji-Zeit die ersten Grundschulen eingerichtet wurden, suchten diese Gruppen geeignetes Land und halfen, die Gebäude zu bauen. Die besitzenden Schichten der Bürger spielten dabei natürlich die größere Rolle, aber auch die einfachen Arbeiter, die in den Hinterhöfen gemietete Räume bewohnten, taten, was sie konnten.

Der Kulturanthropologe Yôichi Wazaki erstellte eine genaue Feldstudie über die Wohnviertel in den Vororten rund um Kyoto und machte deutlich, daß die Schulbezirke die räumlichen Einheiten bilden. Die gleiche Beobachtung trifft auf die Nachbarschaften im Stadtzentrum zu. Dort hat die abnehmende Schülerzahl zu einer allgemeinen Reorganisation der Schule geführt, aber die alten Schulnamen sind von anderen Einrichtungen bewahrt worden. Daß diese Namen heute noch in Gebrauch sind, ist Zeichen der wichtigen Bedeutung der Schulbezirke für die Solidarität in den Vierteln (wie der *chônai*-Verbände für das Gion-Fest).

Seit der Meiji-Zeit haben aber die Verwaltungen der Städte und Präfekturen den Bewohnern eines Viertels den Bau von Schulen und viele andere Aufgaben nach und nach aus der Hand genommen und die nachbarschaftlichen Bindungen dadurch geschwächt.

Auch in ländlichen Gebieten ist die Solidarität untereinander zurückgegangen. Ein Grund dafür war die Landwirtschaftsreform nach dem Zweiten Weltkrieg, die die Auflösung der alten Dorfgemeinschaften rund um die Feudalgüter mit sich brachte. Dazu kam der finanzielle Niedergang vieler ehemals wohlhabender Hausbesitzer. Außerdem wurde das verpflichtende Wesen der gemeinsamen Aktivitäten mit Fragen der Menschenrechte in Verbindung gebracht, und heute hat sich die Vorstellung eingebürgert, es bestehe das Recht zu wohnen auch ohne Verpflichtungen.

✧ ✧ ✧

Die erste dauerhafte Siedlung, die sich in Japan zur Stadt entwickelte, war Kyoto. Ursprünglich hieß sie Heian und wurde gegen Ende des achten Jahrhunderts zur ständigen Hauptstadt des Landes ernannt, was das Ende einer Zeit bedeutete, in der jedesmal nach dem Tod eines Kaisers eine andere Stadt Hauptstadt wurde. Dann entstanden die Wehrstädte, die von einer Reihe von Regenten im sechzehnten und siebzehnten Jahrhundert geschaffen wurden: Nobunagas Azuchi, Hideyoshis Fushimi und Osaka, Ieyasus Edo (heute Tokyo) und viele andere überall im ganzen Land. Einige der Orte entwickelten sich schnell zu Handelszentren, Hakata war eines, ebenso Sakai, wo seit dem Mittelalter Handel und Gewerbe wuchsen. Schließlich gab es die religiösen Zentren wie Uji Yamada, Heimat des Ise-Schreins, und Nagano, wo der Zenkôji-Tempel steht. Welche Viertel und Nachbarschaften gab es in diesen so unterschiedlichen städtischen Zentren?

Die Wehrstädte unterstanden dem direkten Kommando der *daimyô*-Fürsten, die sie häufig nach Berufsgruppen in Bezirke einteilten. Spuren davon finden sich in den noch erhaltenen Namen der Stadtviertel wie Gofuku-chô (Kimonotuchgeschäftsviertel) oder Kajiya-chô (Schmiedeviertel). Stadtplaner imitierten außerdem gern Kyoto und gingen sogar so weit, einen Gion-Schrein aufzubauen und ein Gion-Fest einzuführen, das dem ursprünglichen ähnlich war.

Ein großes Sommerfest (*bon-odori*), von einer Nachbarschaftsgruppe finanziell unterstützt

Nachbarn versammeln sich zu einem Fest ihres Viertels

Kyoto selbst hatte während der Edo-Zeit eine autonome Regierung. Die Stadt war in zwei voneinander unabhängige Gebiete geteilt, Kamigyôku und Shimogyôku, die jeweils eine eigene Verwaltung besaßen. Darunter existierten die *machi-gumi* (untergeordnete Behörden), die die eigentlichen örtlichen Gemeindeverwaltungen bildeten. Die für das Gion-Fest zuständigen Nachbarschaften sind ein Beispiel für heute noch existente *machi-gumi*.

In seinen Veröffentlichungen über das Leben in Kyoto gegen Ende der Edo-Zeit wendet der Historiker Tetsuo Aketa Klassenbegriffe auf die japanische Gesellschaft an: kaiserliche Familie, Adelige, Samurai, gemeines Volk und die »Unberührbaren«, die die Schmutzarbeit der Gesellschaft verrichteten. Als Beispiel für einen einfachen Mann führt er Rokubei ein, Tischler und Bewohner eines gemieteten Hinterhauses in einer Seitenstraße. Rokubei, seine Frau und zwei Kinder lebten in zwei kleinen Tatami-Räumen, einmal sechs, einmal drei Matten groß, und auf einem Bereich von 1,2 x 2,7 Metern, der nur einen Boden aus festgestampfter Erde hatte. Toilette und Brunnen waren Gemeinschaftseigentum.

Besitzer des Mietshauses war nicht der Vermieter, der an der Straßenfront des Grundstücks wohnte, sondern ein Kimonotuchhändler aus einem anderen Viertel. Als Vertreter des Besitzers achtete der Vermieter auf das Haus, nahm an den Versammlungen der Nachbarn teil und galt als Kopf einer Haushaltsgemeinschaft, wobei von jedem Haushalt Beteiligung an den Kosten und am Arbeitsaufwand für die verschiedenen gemeinsamen Veranstaltungen im Laufe des Jahres erwartet wurde. Es erklärt sich von selbst, daß für die Führer eines Haushaltes das soziale Engagement im Viertel eine wichtige Rolle im Leben spielte. Der Mieter Rokubei andererseits trug dafür keine Verantwortung. Die Beziehungen innerhalb der Nachbarschaft waren auf dieser Ebene ganz klar definiert, entweder man zählte in der Gemeinschaft oder nicht.

Die Welle der Industrialisierung nach der Meiji-Restauration 1867 veränderte das städtische Leben und ließ eine Schicht armer Gemeinschaften in den Stadtzentren entstehen. Danach kamen die wirtschaftliche Erholung nach dem Krieg und das Wachstum. Während dieser Zeit nahm die Bevölkerungskonzentration in den Städten ständig zu, weil immer mehr Menschen ihre Dörfer verließen.

Gemeinhin denkt man, dieser Prozeß gehe einher mit einer Wandlung der Gesellschaft zu einer stärkeren Mittelschicht. In Wirklichkeit stieg in der städtischen Gesellschaft nur die Menge der einer Schicht Zugehörigen. Zwar wuchs die Mittelschicht, aber auch die Anzahl der Armen nahm zu. Ein genauer Blick auf die verschiedenen Viertel japanischer Städte enthüllt, daß es keinen nennenswerten Fortschritt in Richtung Gleichheit gegeben hat.

Zur Zeit sind die traditionellen *chônai* meistens noch in den alten Innenstadtvierteln zu finden in heute schlechteren Wohnlagen mit Mietshäusern. Inzwischen versuchen die Bewohner der Neubauviertel in den Vororten, Gemeinschaftsgeist mit Nachbarschaftsräten, Sporttreffen und jahreszeitlich bezogenen Festen wieder aufleben zu lassen. Die Zukunft der Bindungen von Menschen an ihren Lebensraum kann in Japan sehr wohl vom Erfolg dieser Bemühungen abhängen.

Die Entstehung der japanischen Massenmedien

Takao Yoshii

Heutzutage besteht großes Interesse daran, die Enwicklung der japanischen Wirtschaftsmacht zurückzuverfolgen. Weil bei solchen Untersuchungen Aspekte moderner Technologie im Vordergrund stehen, konzentrieren sich die meisten auf den schnellen Fortschritt der Modernisierung nach europäischem Muster seit der Meiji-Zeit. Sie zeichnen das Bild einer Anstrengung, die von fähigen, zukunftsorientierten und mit der westlichen Zivilisation vertrauten Männern gesteuert wurde. Doch man sollte nicht vergessen, daß schon vor dem Aufdämmern der Meiji-Restauration eine Gesellschaft – oder zumindestens eine genügend große Schicht von Menschen mit der Fähigkeit, sich neue Informationen anzueignen und sie weiterzugeben – existierte, die in der Lage war, die neuen Kenntnisse und Techniken zu verarbeiten, die ihre führenden Köpfe einführten. Die allgemeine Offenheit für neue Ideen war die Frucht eines Reifungsprozesses, der in der Edo-Zeit stattgefunden hatte. Die Modernisierung Japans vollzog sich mit anderen Worten nicht in voneinander abgegrenzten Stadien, sondern ist eine fortdauernde Entwicklung von der Edo-Zeit über die der Meiji-Epoche bis heute.

Warum waren die Massen im Japan der Meiji-Zeit bereit und fähig, sich in die Aufgabe zu stürzen, eine moderne Nation zu werden? Ich glaube, die Antwort liegt in dem städtischen Informationssystem, das schon in der vorhergehenden Edo-Zeit zur Blüte gelangt war.

Im Feudalstaat der Edo-Zeit unterstützte die Shogunats-Regierung den Bau der Wehrstädte im ganzen Land, um über Verwaltungszentren zu verfügen. Die Menschen, die in diese Städte zogen, brauchten etwas, um die Traditionen und Einrichtungen ihrer Dörfer zu ersetzen. Das rief die Erfindung dessen hervor, was man »Stadtinstitutionen« nennen könnte. Daran konnten alle Neuzugezogenen teilhaben, auch wenn sie aus verschiedenen Gegenden kamen und unterschiedliche kulturelle Gepflogenheiten mitbrachten. Auf diese

Weise wurde für die Stadtbevölkerung ein neues Wertesystem geschaffen.

Werte entstehen aus den Reaktionen der Menschen auf alltägliche Vorkommnisse. In den Städten, die natürlich viel größer und bevölkerter waren als die Dörfer, mußten Neuigkeiten gesammelt und über weite Strecken an viele Einwohner weitergegeben werden, bevor sie eine allgemeine Reaktion hervorrufen konnten. Diese Notwendigkeit brachte professionelle Nachrichtensammler hervor und schließlich auch die Massenkommunikation. Indem sie die Reaktionen auf verschiedenen Situationen mitteilten, entdeckten und schufen die Menschen gemeinsame Werte, die dann ihr Alltagleben lenkten.

Das Wertesystem der Stadtbevölkerung änderte sich dauernd. Insofern unterschied sich die Stadt von der Dorfgemeinschaft. Das Dorfleben drehte sich um eine einzige Beschäftigung und gemeinsame Unternehmungen. Deshalb war es nötig, jeden auszuschließen, der die traditionellen Werte ablehnte. Im Gegensatz dazu bestand die städtische Bevölkerung aus Menschen verschiedener Beschäftigungen und sozialer Schichten, die in einem großen Gebiet zusammenlebten. Hier konnte ein einzelnes Wertesystem nicht erhalten bleiben. Die Verteilung von Informationen führte stattdessen zur dauernden Neuschaffung von gemeinsamen Werten. Sie hatten als solche vorübergehenden Charakter und waren daher recht oberflächlich, im Gegensatz zu den Wertvorstellungen auf dem Lande, die Generationen oder Jahrhunderte alt waren. In der städtischen Umgebung stieg ein soziales oder kulturelles Phänomen nach dem anderen auf, forderte die Aufnahmefähigkeit der Stadtbevölkerung heraus und konnte ebenso schnell durch neue, auf die gleiche Art entstandene Vorstellungen ersetzt werden.

Unzweifelhaft waren Sammlung und Verteilung der örtlichen Neuigkeiten ein Schlüsselelement in diesem Prozeß. Tatsächlich wurde Massenkommunikation mit einer Menge unterschiedlicher Medien mit großem Eifer betrieben, und die Stadtbevölkerung wartete gierig auf die nächste Lieferung von Informationen.

Die Behörden mit ihrer Verantwortung für die Stabilität des Feudalsystems sahen die Schaffung neuer, oberflächlicher Werte durch die Massenkommunikation keineswegs in einem positiven Licht. Weil die Verbreitung von Neuigkeiten oft genug gegen ihre Interessen ging, erließen sie eine Anzahl von Verordnungen zur Regulation oder Unterdrückung der Nachrichten.

Das oberste Prinzip der Feudalordnung war die Klassengesellschaft. Man ging davon aus, Stabilität sei abhängig von der Erhaltung strikter Unterscheidungen zwischen der Lebensweise der verschiedenen Klassen. Es wurde jedoch langsam offensichtlich, daß die Geldwirtschaft der Städte das System untergrub. Mit ihren finanziellen Mitteln konnten die Verbraucher in der Stadt ihre Klassenschranken durchbrechen und Zugang zu Kultur und Bildung erwerben. Die Geldwirtschaft ließ auch die Massenkommunikation aufblühen, so daß Information zu einer Ware auf dem Markt wurde.

✧ ✧ ✧

Das wichtigste Informationsmedium im vormodernen Japan waren gedruckte Publikationen. Als Lesestoff erreichten besonders Wörterbücher, Werke zur Schreibkunst und Handbücher für gehobenen Lebensstil und guten Ton weite Verbreitung. Außerdem gab es Führer zu den Sehenswürdigkeiten des Landes, die in der frühen Edo-Zeit gut verkauft wurden. Später erschienen auch Händler- und Produktverzeichnisse, die zum Teil sogar Einkaufsratschläge enthielten.

Zusätzlich zu diesen praktischen Werken kamen seit Mitte der Edo-Zeit unzählige Unterhaltungsbücher auf den Markt. Eine beliebte Reihe waren *kibyôshi* (bebilderte Geschichten in Büchern mit gelben Umschlägen), die auf jeder Seite Text und entsprechende Illustrationen boten. Die Gattung war ursprünglich aus Kinderbüchern hervorgegangen, den *akahon* (rot eingebundene Geschichtenbücher). Diese durchliefen verschiedene Phasen mit schwarzen und marineblauen Umschlägen, die schließlich gelb wurden und Themen für Erwachsene enthielten. Selbst Analphabeten konnten mit Hilfe der Bilder dem Geschehen in der Geschichte folgen. Es gab auch *kibyôshi*, die immer die neuesten Moden präsentierten und dadurch stilistisch tonangebend wirkten.

Einige der Bilderbücher wurden als Serien veröffentlicht. Ein gefeiertes Beispiel war *Nise Murasaki Inaka Genji*, eine Parodie der klassischen *Genji monogatari* (Erzählung von Genji) aus der Heian-Zeit. Es berichtete von den Abenteuern des gutaussehenden, jungen Prinzen Ashikaga Mitsu-uji als Soldat und Frauenverführer. Die Geschichte erschien in achtunddreißig Folgen von 1828 bis 1842, und jeder Band soll mehr als zehntausend Mal verkauft worden sein.

Im Zuge der Tenpo-Reformen um 1830, die zu verstärkter Beachtung der öffentlichen Disziplin führten, erzwangen die Behörden die Einstellung der Serie. Ihnen gefielen die Illustrationen nicht, die die inneren Räume das kaiserlichen Palastes zeigten. Eine derartige Zurschaustellung ermutigte ihrer Meinung nach die niedrigen Klassen, über ihre Grenzen zu sehen, die Höhergestellten zu verherrlichen und ihre Skandale als spannenden Nervenkitzel zu genießen. Vom Standpunkt der Feudalregierung aus betrachtet war es für die höheren Klassen selbstverständlich ratsam, über die untergeordneten Bescheid zu wissen, aber nicht umgekehrt. Wenn ein vielverkauftes Buch den einfachen Leuten einen zu großen Einblick in die Lebensverhältnisse der Adeligen eröffnete, zog es entsprechende Zensurmaßnahmen nach sich.

Der Verfasser von *Nise Murasaki Inaka Genji* benutzte zwei für Geschichtenbücher der damaligen Zeit typische Darstellungsmittel – die Parodie und die Aufbereitung eines bestehenden literarischen Stoffes mit aktuellsten Inhalten. Weil viele der Bücher einfache Bearbeitungen der klassischen Erzählungen waren, schätzte man sie nicht als hochwertige Literatur, doch ihre satirische, improvisierte Art waren genau das, was die Menschen von einem Massenunterhaltungsmittel erwarteten.

Begeistert war die Stadtbevölkerung der Edo-Zeit auch von Komödien, die eine Gattung von komischen Büchern bildeten. Ein typisches Beispiel stellt der Reisebericht *Tôkaidôchû Hizakurige* (die Rundreise an der östlichen See auf Schusters Rappen) dar. Er gibt die Erlebnisse zweier Bewohner von Edo wieder, die der Tôkaidô-Straße folgen und den Ise-Schrein, Kyoto und Osaka besuchen. Es handelt sich um eine Chronik ihrer Schnitzer und törichten Fehler, die sie überall begehen. Die große Beliebtheit zeigt, wie sehr die Massen leichte Unterhaltung schätzten.

Die Verbreitung amüsanten Lesestoffes, moralischer Schriften, religiöser Wundererzählungen und anderer erbaulicher Literatur spiegelt die verschiedenen Geschmacksrichtungen der Gesellschaft in der Edo-Zeit. Eine Gattung, die nur auf Unterhaltung zielte und jede

Form moralischer Lehren vermied, waren die »Vergnügungsviertelgeschichtchen«. Ihr wichtigstes Thema war das Leben im Vergnügungsviertel, das im Sprachduktus der Konversation zwischen den Freudenmädchen und ihren Kunden beschrieben wurde. Als Portrait der Gesellschaft im Rotlichtviertel machten diese Bücher auch die Einschätzung der Besucher durch die Mädchen publik – *yabo* waren die bäurischen Männer, die sich nur für den Körper der Frau interessierten, und *tsû* die feineren Herren, die versuchten, ein freundliches Verhältnis zu dem Mädchen aufzubauen und eine angenehme Atmosphäre für beide zu schaffen.

Klassenunterschiede verschwanden im Vergnügungsviertel und ließen eine einheitliche Umgangsform entstehen, die durch *kuruwa-kotoba*, die Sprache im Yoshiwara-Bezirk Edos, verkörpert wurde. Weil die helle, sorgenfreie Welt des Vergnügungsviertels allen Männerphantasien der Stadt ein Ziel bot, fanden die in Abständen erscheinenden *Who's Who*-Bände über die Freudenmädchen im Viertel ein begeistertes Publikum.

Doch nicht nur Männer nahmen an der Kultur der Vergnügungsviertel teil. Zur Unterhaltung der Damen war das *kabuki*-Theater sehr beliebt, dessen Szenen oft im Vergnügungsviertel spielten. Die Freudenmädchen wurden von *onna-gata* dargestellt, Schauspielern, die sich auf weibliche Rollen spezialisiert hatten. Selbst wenn Frauen sich den Besuch der Schauspiele – oder gar Vergnügungen mit den Akteuren – nicht leisten konnten, war das *kabuki*-Theater Alltagsgesprächsstoff. Die Kostüme der *onna-gata* beeinflußten die Damenmode nachhaltig.

Sowohl die Vergnügungsviertel wie das *kabuki*-Theater boten Freiräume, die unbelastet von den Härten des Alltags blieben. In diesem Sinne waren sie die höchsten Formen der Unterhaltung in der städtischen Gesellschaft der Edo-Zeit. Bezeichnenderweise sprachen die Einwohner oft mit Verachtung von diesen »schlechten Dingen«, während sie gleichzeitig dort eifrige Besucher waren.

In dieser Gesellschaft standen die Menschen vor dem Problem, ihre beiden widersprüchlichen Neigungen vereinen zu müssen: einerseits unbedingt als respektabel zu gelten, aber andererseits dem Bedürfnis nach Vergnügungen nachzugeben. Zugang zu Veröffentlichungen, die stellvertretend dieses Nachgeben erlaubten, erleichterte es ihnen, ihr Leben in der paradoxen Situation zu organisieren.

✧ ✧ ✧

Nachrichten hatten unter den Medien der Edo-Zeit ebenfalls ihren Platz. Es wurde großer Wert darauf gelegt, Neuigkeiten so schnell wie möglich zu sammeln und weiterzugeben. Das wichtigste Mittel dazu waren *kawara-ban*, Nachrichtenbogen aus einem Blatt mit Bildern und als Holzschnitt gedrucktem Text. Erstehen konnte man diese Zeitung von Verkäufern, *yomi-uri*, die singend in den Straßen umherzogen und letzte Neuigkeiten, Kommentare zu gesellschaftlichem Geschehen und menschlich interessante Geschichten feilboten.

Unter »Neueste Meldungen« gehörten Katastrophen wie Feuer, Erdbeben, Vulkanausbrüche und Flutwellen. Berichte über einen Brand erwähnten beispielsweise, wann und wo er ausgebrochen war, welchen Schaden er verursacht hatte, und enthielten oft Stadtpläne des betroffenen Viertels. Auch Notunterkünfte für die Obdachlosen wurden genannt. Eine Anzahl von *kawara-ban* berichtete über Ereignisse im ganzen Land und benutzte dafür ein ausgefeiltes Kuriersystem, um Artikel zu sammeln. Aber auch die »schnellsten« Nachrichten mußten einen langen Weg gehen, bevor sie die besorgten Verwandteten in weit entfernten Gebieten beruhigen konnten.

Das Entstehen eines Holzschnittdrucks: Schneiden und Drucken. Utagawa Toyokuni (1857)

Gegen Ende der Edo-Zeit gab es viel mehr Meldungen als nur solche über Katastrophen. Nach der langen Zeit internationaler Isolation gingen große Veränderungen vor. Die Ankunft der amerikanischen »Schwarzen Schiffe«, die die Feudalregierung in Verwirrung stürzte, war auch für die Öffentlichkeit eine Sensation. Es ist nur natürlich, daß die Behörden aufgeregt reagierten, nachdem sie so lange ohne innere Störungen eine stabile Ordnung aufrechterhalten hatten. Ihre Besorgnis übertrug sich auf die Bevölkerung. Wir können uns vorstellen, welche Fluten von *kawara-ban* die Ankunft der »Schwarzen Schiffe« auslöste. Daß diese Krisenstimmung auch die einfachen Leuten in ihrem Nationalbewußtsein zutiefst berührte, ist ein Beweis für ihre Bereitschaft, langsam ein modernes Land zu werden.

Als Commodore Perry Japan zum zweiten Mal von Amerika aus aufsuchte, wurden die Dinge, die er mitgebracht hatte, überall in den *kawara-ban* behandelt. Die Dampflokomotive war besonders beliebt und erregte die Bewunderung der Menschen der Edo-Zeit, die dauernd nach etwas Neuem und Anderem strebten. Auch die Abreise der japanischen Delegation nach Amerika, wo der Handels- und Freundschaftsvertrag zwischen beiden Ländern unterzeichnet werden sollte, fand Erwähnung in den *kawara-ban*. Weil die Namen und Posten aller Abgesandten genauestens beschrieben wurden, kann man annehmen, daß die Bevölkerung eine recht gute Vorstellung davon hatte, was die Regierung tat – nicht nur bei dieser Gelegenheit. Auch die Aufstände und militärischen Zwischenfälle im Zusammenhang mit der Meiji-Restauration wurden Stück für Stück gedruckt. Damit war eine Berichterstattung, die heute die Titelseiten der Zeitungen füllen würde, in den *kawara-ban* der Edo-Zeit schon weitgehend ausgebildet.

Das soll nicht bedeuten, daß die Inhalte der *kawara-ban* sich auf dringende Nachrichten beschränkt hätten. Es gab auch viele Meldungen, die heute in Japan als »dritte-Seite-Artikel« bezeichnet werden, also Berichte, die auf der Gesellschafts- oder Lokalseite der heutigen Zeitungen stehen. In der Edo-Zeit fielen sie unter die Themenbereiche »soziale Angelegenheiten« und »Von allgemeinem, menschlichen Interesse«. Da die ersten unter die Einschränkungen feudaler Zensur fielen, schrieben Journalisten ihre politische Kritik über steigende Preise oder die negativen Auswirkungen der Regierungspolitik auf die

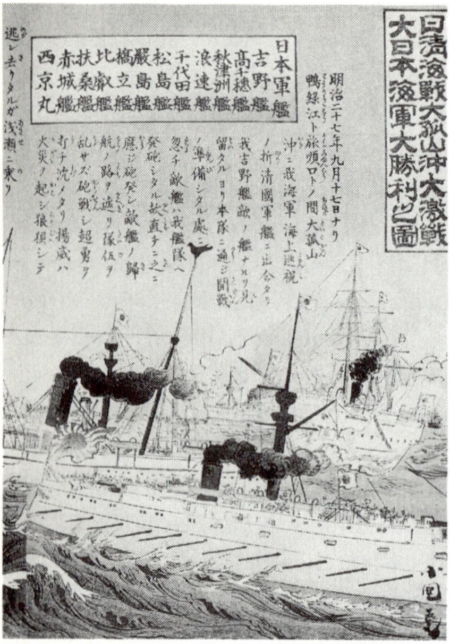

Nachrichtenblatt aus dem chinesisch-japanischen Krieg 1894-95. Die Schlagzeile steht oben rechts.

finanzielle Situation der Bevölkerung zur Tarnung in satirischer Form.

Geschichten von menschlichem Interesse waren demgegenüber zum Beispiel Selbstmorde Liebender, Morde, Epidemien, Drillingsgeburten und unzählige weitere Themen. Einmal verboten die feudale Behörden ein *kawara-ban*, weil es Meldungen zu einer Welle von Selbstmorden besonders eifrig veröffentlicht hatte. Das deutet darauf hin, daß die Neuigkeitenblätter einen recht starken Einfluß auf die Gesellschaft ausgeübt haben müssen.

Die meisten Morde waren damals Vergeltungstaten. Typisch war dafür der Schauplatz, an dem jemand seinem Feind nach langer Zeit begegnete und endlich seinen langgehegten Rachedurst stillen konnte. In den *kawara-ban* standen diese Vorfälle unter der Rubrik »lobenswerte Taten«.

Ein anderes beliebtes Thema waren die *kabuki*-Schauspieler. Wir können viele Artikel über die Ichikawa Danjûrô-Familie lesen, die während der Edo-Zeit Generationen führender Schauspieler hervorbrachte. Einer von ihnen kam in die Schlagzeilen, als er an einem

Schrein wunderbarerweise von einer Krankheit geheilt wurde, ein anderer, weil ihm ein Preis zuerkannt wurde für einen Akt besonderer kindlicher Pflichterfüllung. Diese Beispiele reichen, um zu zeigen, wie die Welt des Theaters und der Unterhaltung schon damals die Aufmerksamkeit des Publikums erregte.

Die hier beschriebene Unterhaltungsliteratur spielte beim Aufbau der Informationsgesellschaft in der Edo-Zeit eine wesentliche Rolle und zog einen großen Leserkreis an. Das Gleiche läßt sich über die heutige Informationsgesellschaft sagen. Natürlich gibt es keinen Vergleich zwischen der Massenkommunikation der Edo-Zeit und der Vielzahl von Medien, die heute verwirrende Mengen von Informationen in die Gehirne des Publikums übertragen. Doch auch heute ist nur Weniges aus dieser Masse dringend, und nur ein ganz geringer Anteil entscheidet wirklich über Leben und Tod.

Als Japan die europäische und amerikanische Kultur aufnahm und sich zu einer modernen Nation wandelte, wurden Zeitungen zu einem selbstverständlichen Teil des Lebens. Zu Beginn der Meiji-Zeit wurden viele unterschiedliche Zeitungen gedruckt. Sie teilten sich in zwei Hauptgruppen: »große Zeitungen«, die sich auf den geschriebenen Inhalt konzentrierten, und »kleine Zeitungen« mit stärker visuellen Anreizen zur Unterhaltung ihres Publikums. Die ersten setzten einen Schwerpunkt bei der Redaktionsarbeit, die anderen bei der illustrierten Präsentation von Geschichten allgemein menschlichen Interesses. Vor noch nicht allzu langer Zeit verschwanden die »großen Zeitungen« langsam, und die »kleinen«, die Vorläufer der heute wichtigen Zeitungen, wurden marktbeherrschend.

Während die gedruckte Zeitung als Form aus dem Westen eingeführt wurde, schuf die Tradition der *kawara-ban* aus der Edo-Zeit, weitergegeben an die jungen, modernisierungsfreudigen Generationen, die Basis für die heute existierende japanische Zeitungsindustrie.

Alte und neue Religionen

Shôichi Inoue

Gleichzeitig mit der Aufschwungphase der japanischen Wirtschaft in den sechziger Jahren gab es eine Welle von Gründungen neuer Religionsgemeinschaften. Der japanische Ausdruck *shin-shinshûkyô* bedeutet wörtlich »neu-neue Religionen« und wurde geprägt, um diese Erscheinungen von den *shinshûkyô* (neue Religionen) zu unterscheiden, die bereits früher gegründet wurden.

Einige der Neo-Religionen ziehen besonders junge Leute in großer Zahl an. Dabei handelt es sich um eine ganz aktuelle Entwicklung. Jüngere Leute lachten gewöhnlich über den Glauben ihrer Eltern und taten Religion als Aberglauben ab, denn nachdem überall die weltliche Schulerziehung eingeführt worden war, wurden die Kinder von naturwissenschaftlich orientiertem Geist und Rationalismus geprägt. Das führte zu einer immer stärkeren Abnahme von Religiosität und unterstützte, was Soziologen die »Befreiung von der Magie« nennen.

Dennoch ziehen die neuen Religionen heute die jungen Generationen an. Ich glaube, diese Tendenz spiegelt die allgemeine Unsicherheit im Leben der modernen Jugend. Auch wenn sie naturwissenschaftliche Prägung erfahren haben, suchen diese jungen Menschen bei der Religion Hilfe, um ihren Sorgen zu entkommen.

Die *shin-shinshûkyô* haben einen starken mystisch-magischen Zug und enthalten ausnahmslos okkulte Elemente von unterschiedlicher Intensität. Das Aufgehen in einer mystischen Erfahrung befähigt einen Menschen für eine Weile, der Realität zu entgehen. Das Gefühl, mit etwas Geheimnisvollem in Berührung gekommen zu sein, läßt ihn die Einsamkeit des wirklichen Lebens vergessen. Es ist nicht verwunderlich, daß junge Menschen in der heutigen chaotischen Welt der Wirklichkeit entfliehen möchten. Überraschender ist wohl, daß dieses Bedürfnis sogar stärker sein kann als das Streben nach finanziellem Erfolg. Die Beliebtheit von Religionen mit okkulten Elementen sowohl in Japan wie in anderen Ländern reflektiert diese Seite der gegenwärtigen Gesellschaft.

Die Japaner leben heute in einem Zeitalter des Überflusses. Soweit es materielle Bequemlichkeit betrifft, ist unser Lebensstandard sehr hoch, und die Unterschiede zwischen den verschiedenen Schichten sind kleiner geworden. Trotz des Überflusses ist der Wunsch nach Realitätsflucht aber nicht verschwunden. Im Gegenteil, viele Zeichen deuten auf seine Verstärkung hin. Es scheint also etwas grundsätzlich Erdrückendes in der modernen Gesellschaft zu liegen. Aus diesen Gründen entwickeln Menschen ein Bedürfnis nach Exotik und Nostalgie und suchen nach mystischen Erfahrungen. Es ist interessant, daß die moderne Zivilisation, die den Wunsch nach Flucht weckt, auch Mittel bereitstellt, ihn zu erfüllen, sei es durch Überseereisen oder okkultistische Religionen.

Eine gängige soziologische Formel geht davon aus, der vernünftige Geist der Moderne befreie die Menschen von Magie und zerbreche die Verzauberung durch die Religion. Es wird sogar die Meinung vertreten, der Grad der Säkularisierung einer Gesellschaft sei Maßstab für ihre Modernität. Diese Theorien mögen bis zu einem gewissen Punkt richtig sein, aber sie erklären nicht alles. Im Gegenteil, es ist durchaus möglich, daß die Modernität, von der wir hier sprechen, das Bedürfnis nach okkulten Religionen selbst hervorbringt.

Die Moderne ruft Ängste verschiedenster Art hervor, zum Beispiel durch zu starken Konkurrenzdruck oder durch das Gegenteil, nämlich das Fehlen ernsthafter Herausforderungen, die bewältigt werden müssen. Unabhängig von den Ursachen nehmen die neuen Religionen die Sorgen auf und nähren sich daran. Es handelt sich um eine neue Magie, die paradoxerweise durch die »Befreiung von der Magie« hervorgerufen worden ist.

✧ ✧ ✧

Wenn der Satz über die Befreiung von der Magie immer richtig wäre, hätte die Religiosität seit der Modernisierung immer weiter zurückgehen müssen, aber das war nicht grundsätzlich der Fall. Die neuen Religionen in Japan sind ein Beispiel für die gegenläufige Tendenz, und die jüngere Geschichte kennt weitere.

Über die christliche Kirche in Westeuropa hört man meistens etwa folgendes:

Sowohl die katholische wie die protestantische Kirche hatten sehr viel Macht. Tatsächlich waren sie so mächtig, daß sie in größere Religionskriege verwickelt wurden. In jenen Tagen war der Glaube der Menschen unvergleichlich viel stärker als heute. Er brach zusammen mit der Modernisierung, Geist und Herz der Menschen wurden weltlich, und der Einfluß der Kirche ging zurück.

In Wirklichkeit passierte jedoch nichts dergleichen. Während der Frühphase der Modernisierung im späten achtzehnten und frühen neunzehnten Jahrhundert wurde der seit dem Mittelalter spürbare allmähliche Einflußverlust der Kirche durch ein erneutes Wachstum und einen kurzzeitigen Aufschwung ersetzt. Warum?

Dieses Wachstum der Kirche war eng an die industrielle Revolution gebunden. Mit der Modernisierung kamen verbesserte Technologien, zentrale industrielle Verwaltung und sich schnell ausdehnende, produzierende Industrien. Gleichzeitig änderte sich das Leben der arbeitenden Bevölkerung drastisch. Menschenmassen strömten auf der Suche nach Arbeit vom Lande in die Städte, so daß sich die Bevölkerungsmehrheit ebenfalls dorthin verschob, als die Bedeutung der Industrie weiter zunahm.

Die Arbeiter, von der industriellen Revolution in Bewegung versetzt, waren in der Stadt von den Sitten und Gebräuchen ihrer bäuerlichen Gemeinschaften abgeschnitten und fühlten sich einsam und isoliert. Auch ihr Leben in den Fabriken war aufgrund schlechter Arbeitsbedingungen und Löhnen unter dem Existenzminimum weit davon entfernt, schön zu sein. Die Sorgen des Stadtlebens trugen dazu bei, daß die meisten Menschen ein elendes Dasein fristeten.

Inmitten dieser Probleme streckte die Kirche ihnen eine helfende Hand entgegen. Den einsamen und leidenden Arbeitern bot sie Heil durch Glauben und die Vereinigung mit Gott. Sie kümmerte sich um einen Ersatz für die mittelalterliche Geisteshaltung, die die Arbeiter in ihren Dörfern zurückgelassen hatten. Diese liebende Sorge drang bis ins Herz der neuen Stadtbewohner. Entsprechend wuchs die Macht der Kirche während dieser Phase der Industrialisierung deutlich an.

Nicht nur in den Städten fanden dramatische Veränderungen statt. Die Umbildung der wirtschaftlichen Strukturen brachte auch entscheidende Änderungen in der landwirtschaftlichen Produktion mit sich. Die Landbesitzer zerbrachen die gewachsenen ländlichen Gemeinschaften und organisierten ihre Güter neu. Das hat sicher die Gefühle der Bauern in Aufruhr gebracht und große Unsicherheit hinsichtlich der Zukunft bedeutet. Die Kirche bot diesen Menschen ebenfalls Hilfe an.

Zusammenfassend läßt sich sagen: die Kirche in Westeuropa blühte durch die von den explosionsartigen Veränderungen der schnellen Modernisierung ausgelösten Ängste der Stadt- und Landbevölkerung von neuem auf. Indem die Institution die Herausforderung des modernen Zeitalters annahm, konnte sie sich von dem Einflußverlust erholen, den sie seit dem Mittelalter erlebt hatte.

✧ ✧ ✧

Im letzten Drittel des neunzehnten Jahrhunderts erreichte die industrielle Revolution auch Japan. Ihre Ankunft brachte viele Menschen aus den ländlichen Gebieten in die ohnehin schon dicht besiedelten Städte. Das gleiche Geschehen, das wir in Europa vorgefunden haben, wiederholte sich in Japan. Die Lebensbedingungen in den Städten waren beklagenswert, und die Arbeiter wurden leichte Beute der modernen Einsamkeit. Wie ihre europäischen Kollegen waren sie abgeschnitten von den dörflichen Bindungen in das Stadtleben geworfen. Aber auch auf den landwirtschaftlichen Gütern herrschten Durcheinander und wachsende Besorgnis.

Das war der beste Nährboden für das Wachstum von Glaubensgemeinschaften. Einsamkeit, der wirksamste Dünger für moderne Religionen, war großzügig über das ganze Land verteilt. Doch trotz dieser guten Bedingungen erlebten die altbekannten buddhistischen Sekten wie Hokke, Zen und Jôdo Shinshû in dieser Zeit keinen merklichen Aufschwung.

Allerdings gab es Religionen, die während der Modernisierungsphase aufblühten, eben die erwähnten *shinshûkyô* (neue Religionen). Bis zu Beginn des neunzehnten Jahrhunderts hatte es in Japan keine neuen Religionsgemeinschaften mehr gegeben. Zwei der ersten waren Nyorai-kyô von 1802 und Kurozumi-kyô von 1815. Später zogen mehrere Gruppen Aufmerksamkeit auf sich, von denen Tenri-kyô aus

Massenversammlung der Anhänger von *konkô-kyô*, einer neuen Religion, die 1859 begründet wurde

dem Jahre 1854 und Konkô-kyô von 1859 noch heute eine große Anhängerschaft besitzen. Als Japan sich im späten neunzehnten Jahrhundert zur modernen Industriegesellschaft wandelte, nahm die Zahl der Anhänger von Tenri-kyô und Konkô-kyô im ganzen Land zu. Andere neue Religionen, die zur gleichen Zeit auf der Bildfläche erschienen, waren Renmon-kyô, die ihren Einfluß mit der Behauptung ausdehnte, heiliges Wasser gegen die Cholera zu besitzen, und Ômoto-kyô, eine prophetische Religion aus der Präfektur Kyoto.

In rascher Reihenfolge entstanden in den ersten Jahrzehnten des zwanzigsten Jahrhunderts noch mehr neue religiöse Gruppierungen. Die meisten waren ursprünglich Abkömmlinge von Buddhismus oder Shintoismus, aber doch deutlich von den etablierten Gruppen unterschieden und in ihrem Wirken unabhängig. Solange die industrielle Revolution dauerte, erlebten die *shinshûkyô* steigenden Einfluß.

✧ ✧ ✧

Es gibt einige Gründe, warum die alten religiösen Gruppen während der Modernisierungszeit nicht aufblühten. Wir haben schon gesehen, wie in der entsprechenden Zeit in Europa die Kirche einen Teil ihres verlorenen Einflusses wiedergewann. Es gab keine parallele Entwicklung für die etablierten buddhistischen Gruppen in Japan. Zu einer Zeit, die eine perfekte Gelegenheit zur Ausweitung ihrer Macht geboten hätte, blieben sie passiv und beobachteten hilflos das Wachstum der neuen Gemeinschaften. Die Gründe für dieses Verhalten liegen meiner Meinung nach in der deutlichen Schwächung der Religionen direkt vor und während der Edo-Zeit.

Im mittelalterlichen Japan hatten die buddhistischen Tempel sich großer Macht gerühmt, ebenso wie die Kirche in Europa. Es ist zum Beispiel wohlbekannt, daß Nanzenji- und andere große Rinzai-Zen-Tempel in Kyoto die Muromachi-Militärregierung vom vierzehnten bis zum sechzehnten Jahrhundert finanziell unterstützten. Ein Zweig der Jôdo-Shinshû-Sekte »Wahres Reines Land«, bekannt als die Honganji- oder Ikkô-Gesellschaft und von dem berühmten Mönch Rennyo (1415-99) gegründet, baute eigenständig eine starke militärische Macht auf und dehnte seinen religiösen Einflußbereich im mittleren und nordwestlichen Japan aus. Auch die militanten Anhänger der Nichiren- oder Hokke-Sekte hatten unabhängige Gemeinschaften in mehreren Provinzen errichtet.

Diese religiösen Kräfte erlitten ihren ersten Rückschlag in der zweiten Hälfte des sechzehnten Jahrhunderts, als Oda Nobunaga innerhalb seines Einigungsplanes für das Land bestrebt war, ihren Einfluß zu zerstören. Zu seinem entschiedenen Vorgehen gegen den Buddhismus gehörten das Niederbrennen des Enryakuji-Tempels auf dem Berg Hiei bei Kyoto 1571 und ein zehn Jahre dauernder Krieg von 1570 bis 1580 gegen die Ikkô-Armeen, der mit der Belagerung und Einnahme ihrer großen Festung, des Ishiyama-Honganji-Tempels bei Osaka, seinen Höhepunkt fand.

Nobunagas Nachfolger Toyotomi Hideyoshi und Tokugawa Ieyasu verfolgten seine Pläne zur Einigung des Landes weiter. Ihr Erfolg legte den Grundstein für einen immer stärker weltlich orientierten Nationalstaat unter der Militärregierung der Tokugawa. Von der Hauptstadt Edo aus erhielten sie sich fast dreihundert Jahre lang die Herrschaft über das Land. Auch wenn ihre Politik sich den Sekten gegenüber nicht so offen repressiv zeigte wie Nobunaga, war sie doch darauf ausgerichtet, die Macht des Buddhismus ein für alle Mal zu brechen.

Ein wichtiger Bestandteil der Maßnahmen war die Unterstützung des Konfuzianismus. Indem seine Lehren in allen Bereichen der Gesellschaft – bis hin zu den Tempelschulen – verbreitet wurden, erhoffte man sich eine Schwächung des Buddhismus. Der Konfuzianismus kennt keine transzendenten Gottesvorstellungen. Genaugenommen ist er der Entwurf einer weltlichen Gesellschaftsordnung. In der Edo-Zeit verhinderte dieser auf das Diesseits gerichtete Geist die Ausbildung religiösen Eifers.

Die Unterdrückungsmaßnahmen Nobunagas und die langfristige Schwächungspolitik der Edo-Regierung raubten den etablierten buddhistischen Sekten nachhaltig Kräfte. Während des siebzehnten, achtzehnten und neunzehnten Jahrhunderts verlor der Buddhismus immer mehr Einfluß und sank zum »Begräbnisbuddhismus« herab, so genannt, weil er sich nur noch mit Begräbnissen und Gedenkgottesdiensten beschäftigte.

Auch in Westeuropa sah sich die Kirche immer wieder mit den weltlichen Institutionen konfrontiert, die verschiedene Mittel einsetzten, um den Einfluß des Klerus unter Kontrolle zu halten. Aber die westliche Geschichte hat keinen Verfolger wie Oda Nobunaga hervorgebracht, der entschlossen gewesen wäre, die Macht der religiösen Institutionen zu vernichten. Außerdem gab es meiner Meinung nach keine Regierung, die die Säkularisierung so konsequent betrieben hätte wie das Tokugawa-Shogunat. So wurde die christliche Kirche nie völlig entmachtet und konnte die Gelegenheiten nutzen, die sich zur Wiedergewinnung von Einfluß boten. Als sich in Japan die gleichen Möglichkeiten ergaben, waren die buddhistischen Sekten schon zu schwach, um die Herausforderung anzunehmen und auf die Sorgen der Moderne zu reagieren. Sie hatten keine Wahl und überließen diese Aufgaben den neuen Religionen.

Wir haben gesehen, wie die Probleme der Menschen in der Modernisierungsphase in Europa zu einer Wiederbelebung der alten Kirchen geführt haben, in Japan dagegen zur Entstehung neuer Religionen. Was bedeutet dieses Muster heute?

Zunächst ist festzuhalten, daß die Kirche in vielen Anachronismen verhaftet ist, die es ihr nicht erleichtern, sich ausschließlich mit Nöten

Tokyoer Hauptsitz mit Büros, Gebets- und Versammlungsräumen der *reiyukai*, einer 1925 gegründeten buddhistischen Sekte

der heutigen Zeit zu befassen. Im Vergleich dazu enthalten die Neo-Religionen in Japan und in anderen Ländern wenige mittelalterliche Elemente. Sie sind einzig als Antwort auf die modernen Bedürfnisse gegründet worden. Besorgnis gibt es heute auf allen Gebieten, denn wir leben in einem Zeitalter globaler Kommunikation und weltweiter wirtschaftlicher Verbindungen und Abhängigkeiten. Geschwindigkeit und Druck im Leben des Einzelnen nehmen zu, die Ängste, die seit der industriellen Revolution existieren, verbreiten sich wie eine Epidemie. Daher haben die neuen Religionen auf der ganzen Welt Zulauf. Sie sprechen die Massen stärker an als die etablierten Kirchen, die die Gewichte mittelalterlicher Traditionen weiterhin mit sich herumschleppen.

Seit den fünfziger Jahren haben japanische *shinshûkyô* und *shin-shinshûkyô* die bemerkenswerte Fähigkeit entwickelt, auch in Amerika, Brasilien und anderen Ländern Anhänger zu gewinnen. Die stark auf Missionierung ausgerichteten Gruppen Sekai Kyûsei-kyô, die PL Kyôdan (Gesellschaft vollkommener Freiheit), Risshô Kôseikai, Sôka Gakkai und Tenri-kyô sind wohlbekannt. Sie haben zusätzlichen Aufschwung durch die Gegenkulturbewegung im Amerika der sechziger Jahre genommen. Alte buddhistische Gruppierungen haben sich zwar auch in Übersee missionarisch betätigt, aber dabei im wesentlichen Menschen japanischer Herkunft oder mit Vorfahren aus diesem Lan-d als Zielgruppe angesehen. (Eine Ausnahme stellt vielleicht die Zen-Bewegung dar, die als eine der älteren Sekten von vielen Nicht-Japanern angenommen worden ist. Das liegt aber wohl mehr am westlichen Interesse an Meditation als an bewußter Missionspolitik der Gruppe selbst.) Die neuen Religionen haben dagegen viel Energie in eine Missionierung gesteckt, die ethnische Grenzen überwinden soll.

Bis vor kurzem hatten religiöse Bewegungen in Europa und Amerika meistens die Form protestantischer Sekten innerhalb der christlichen Gemeinde. Während der letzten Jahrzehnten sind davon abweichend auf der ganzen Welt Neo-Religionen und religionsähnliche Bewegungen entstanden, wobei Japan die Vorhut bildete. Das liegt daran, daß die traditionellen Religionen in Japan viel früher als im Westen eine Schwächung erfahren hatten. Vielleicht sind aber auch die Ängste der Moderne bei den Japanern intensiver?

Die japanische Stadt

Die *manga*-Stadt

Günter Nitschke

Was sich in den Städten im modernen Japan tut, spiegelt sich im kleinen in den *manga*-Magazinen, die sowohl für Jugendliche wie Erwachsene den am weitesten verbreiteten und grundlegenden »Lese«-Stoff darstellen. Tatsächlich bieten Zeitungsstände und Buchhandlungen jede Woche eine neue Auswahl von *manga* – für Zielgruppen unterschiedlichen Alters und sozialer Stellung, von Schulkindern und jungen Erwachsenen über Frauen und Geschäftsleute zu Sportbegeisterten. Begierig werden die Hefte verschlungen, sei es zuhause oder in Zug und Bus beim täglichen Pendeln.

Manga nur mit »Comic« zu übersetzen, wird diesem »literarischen« Phänomen nicht gerecht, denn seine Inhalte umfassen die weite Spanne von Comic-Strips, Geschichten aus dem Alltag, Familiendramen, futuristischen Horrorgeschichten, vollkommen grotesken Themenkreisen bis hin zu Sado-Masochismus und offenkundiger Pornographie.

Es scheint so, als sei das japanische Wort *manga* von Hokusai geprägt worden, dem bekannten Holzschnittkünstler des 19. Jahrhunderts. *Manga* bedeutet »Bildergeschichte« und wird meist in der *hiragana*-Silbenschrift wiedergegeben. Schreibt man es mit chinesischen *kanji*, erscheint es als Zusammensetzung von zwei Schriftzeichen: *man* (unfreiwillig, unwillkürlich oder auch moralisch verdorben) sowie *ga* (Bild).

Fragt man nach den Ursprüngen von *manga* in der japanischen Geschichte, so ist das die Suche nach den Wurzeln von Humor und Karikatur. Als Vorläufer können die verschiedenen Bilderrollen gelten, die es seit der Kamakura-Zeit gab. Beispiele dafür sind die *jigoku zoshi* (»Höllen«-Rollen), die *gaki zoshi* (»Hungriges Gespenst«-Rollen), die *yamai zoshi* (»Krankheits«-Rollen), humorvolle Zen-Bilder (wie die von Hakuin oder Sengai) und besonders die *ukiyo-e*-Holz-

Der zersplitterte Raum eines *manga*; aus »*Adel*« von Mariko Shimamine

schnitte der »fließenden, vergänglichen Welt«, die in der Alltagskultur und dem Sinn für Humor der Edo-Zeit ihren Ursprung haben.

Heutzutage kommt in den *manga* eine kreative Energie zum Ausdruck, vergleichbar mit der in den chaotischen großstädtischen Zentren Japans, deren Potential ausreicht, sie plötzlich zu neuen, unbekannten Dimensionen explodieren zu lassen. Sie spiegeln die kollektive Intelligenz unzähliger Einzelbereiche wider, ebenso wie die zahllosen Sehnsüchte der ganz gewöhnlichen Stadtbewohner.

Manga, in welcher Form auch immer, müssen nicht als Literatur ernstgenommen werden; im Unterschied zu Literatur und Architektur handelt es sich bei ihnen nicht um »hohe« Kultur, sondern um »Massen«-Kultur.

Selbst wenn es sich um Japaner handelt, weisen einige der Gestalten in den *manga* nordeuropäische Gesichtszüge und blondes Haar auf. Ebenso wie die traditionellen *nô*-Masken die Wirklichkeit verwandeln, kann auch die *manga*-»Maske« ein Bild verändern oder ein Ideal beschreiben.

Weiterhin bilden *manga* eine Art von »Wegwerf-Literatur« und ähneln damit der heutigen »Einweg-Maske« der überwiegenden Menge städtischer Architektur in Japan. *Manga* sind Dinge des schnellen Verbrauchs, des Hochgeschwindigkeits-Lesens. Nach Frederik L. Schodt, dem Autor des Buches *Manga! Manga! The World of Japanese Comics* (Die Welt des japanischen Comic), kann man einen 320-Seiten-*manga* in zwanzig Minuten durchlesen. Das entspricht durchschnittlich 3,75 Sekunden pro Seite und bietet eine Parallele zu den kurzen Zyklen von Veränderung und Verbrauch in der Art von Stadt, die ich die »*manga*-Stadt« nennen möchte.

Diese *manga*-Stadt unterscheidet sich von Disneyland mit seinen nett-nostalgischen, auf wenige Grundzüge reduzierten, surrealen Klischeebildern fremder Länder, die keinerlei Bezug zu natürlicher Topographie oder tatsächlichen von Menschen geschaffenen Orten brauchen. Auch gehört sie nicht zur postmodernen Architektur, die mit formalen und räumlichen Zitaten – zusammengerafft aus jeder beliebigen Zeit oder Region der Weltarchitektur – arbeitet und Anspruch auf Ernsthaftigkeit, Ansehen und Langlebigkeit erhebt. Weder das eine noch das andere trifft auf die *manga*-Stadt zu. Sie bietet ein in höchstem Maße konkurrenzfähiges, effizientes und kurzlebiges städtisches Szenarium, rasch und ohne Planung errichtet und, falls notwendig, ebenso schnell niedergerissen. Sie ist genauso wirklich wie die in den *manga*-Magazinen abgebildeten Geschichten. Tatsächlich ähnelt das rasche Durchblättern eines *manga* einem Gang durch die Innenstadt.

✧ ✧ ✧

Bücher werden aufbewahrt, *manga* dagegen nicht, zumindest nicht die wöchentlich erscheinenden Ausgaben. Sie werden nach dem Gebrauch einfach fortgeworfen oder bestenfalls als Altpapierstapel der Wiederverwertung zugeführt und gegen ein Päckchen Papiertaschentücher getauscht. Visuelle Tricks oder heute aktuelle Themen sind morgen möglicherweise unmodern, vielleicht werden sie als Rückblick wieder eingeführt und im breiten Strom der Alltagskultur von neuem verwertet. Dies trifft in der Realität ebenso auf die oberflächlich dürftige Maske und die zusammengestückelte Innengestaltung vieler Gebäude zu. Wo sich heute noch ein traditionelles Geschäft für eingelegtes Gemüse befindet, ist im nächsten Monat vielleicht eine Eisdiele der amerikanischen »Häagen-Dazs«-Kette. Love-Hotels frischen ihre dem Zeitgeist entsprechenden und oftmals grotesken Zimmergestaltungen alle drei Jahre auf, um sich die Gewogenheit ihrer Kundschaft zu sichern.

✧ ✧ ✧

Was die Darstellung angeht, ist in *manga* alles möglich. Ebenso kann der Gestalter in der *manga*-Stadt seiner Kreativität freien Lauf lassen, ungezwungen experimentieren und alle Hemmungen und Fesseln abwerfen, die eine überzüchtete Architektur im städtischen Raum hervorgebracht hat. In diesem Sinne ist die *manga*-Stadt ein lebendiges Gegenstück, einmal zu den leblosen und anonymen Fassaden angeblich »intelligenter« Bürohausarchitektur, die oftmals von »weltberühmten« Architekten entworfen wurde, zum anderen zu der sterilen Kasten-Bauweise ausnahmslos aller modernen Wohnhausentwürfe in neuerrichteten Vorstädten oder an den äußeren Rändern großer japanischer Städte. Sie ist das Gegengift zu den ernsten Ego-Trips moderner Architekten, die mit dem Bau der Stadthallen, Museen und Sportstadien eben dieser *manga*-Städte beauftragt sind.

Die Beziehung zwischen dem innerstädtischen *manga*- und dem Büro-Bereich kann verglichen werden mit der zwischen legalen, zügellosen Striptease-Shows und den benachbarten Soft-Porno-Kinos, die weitestgehend zensierte Filme zeigen. Das Leben in der *manga*-Stadt – gegenüber dem in einer durchgeplanten Umgebung standardisierter Wohnungen und Einfamilienhäuser – ist, als würde man statt in einem internationalen Hotel in einem Love-Hotel absteigen. In diesem hat man vielleicht die Auswahl zwischen einem als traditionellem Teehaus eingerichteten Raum, dem Schlafzimmer von Madame Pompadour, einer Arztpraxis, einem Horrorkabinett oder einer Nazi-Folterkammer, um nur einige der Phantasien aus der unbegrenzten Angebotspalette zu erwähnen. Was dagegen die internationalen Hotels angeht, so sind die Räume des »Hilton« in Osaka ebenso langweilig wie die in Berlin.

Dennoch gibt es noch zwischen den schlimmsten Fällen visueller Verarmung und Reglementierung einige Zeichen der Hoffnung. In neuen Hausentwürfen taucht das eine oder andere Stück der *manga*-Stadt auf: in Form von Pachinko-Hallen, 24-Stunden-Nachbarschaftsläden und den allgegenwärtigen Verkaufsautomaten. Innerhalb eines erlaubten Bereichs darf man allgemeinverbindliche visuelle und soziale Gesetze verletzen, ebenso wie sich eine gutartige Geschwulst in einem gesunden Körper ausbreiten kann.

✧ ✧ ✧

Das geschriebene Japanisch eignet sich in einzigartiger Weise für die Verwendung in *manga*, genauso wie für die riesigen Anzeigetafeln, die überall in den Städten ins Auge fallen. Von dem offensichtlichen Bildcharakter einmal abgesehen, kann die Schrift zudem auch von rechts nach links oder senkrecht von links nach rechts laufen – eine Anpassungsfähigkeit, die für die ständig wechselnden Bedürfnisse der *manga*-Stadt bestens geeignet ist.

So ist es nicht verwunderlich, daß das chinesische *kanji*-Schriftzeichen selbst häufig als *manga* benutzt wird, wobei seine einzelnen Bestandteile vergrößert und hervorgehoben werden. Das *kanji*-Zeichen, das in den meisten Fällen für eine ganze Reihe von Begriffen stehen kann, ist das kleinste *manga*, das jemals erfunden wurde. So ist beispielsweise das *kanji* für »beschäftigt« eine Kombination aus den Begriffen »Tod« und »Herz«, die beide durch je ein Bildzeichen dargestellt werden. Verwendet man dies in einem *manga*, wird aus dem Bild und also auch aus der Bedeutung von »beschäftigt« die Umschreibung »wenn dein Herz tot ist und keine Rolle spielt, dann bist du beschäftigt«.

In der unvorhersagbaren Verteilung der Einzelereignisse im Raum, der Menge der verwendeten Linien, der kühnen Geschwindigkeit einzelner Pinselstriche und der Kombination von Schriftzeichen und Bildern stellen *manga* eine Erweiterung der sino-japanischen Kalligraphie dar, der höchsten Kunstform einer schwarz-weißen Linie. Vielleicht hat es nicht nur wirtschaftliche Gründe, daß die meisten *manga* heutzutage einfarbig gedruckt werden, auf glanzloses Papier mit allenfalls einer farbig bedruckten Umschlagseite.

Die Wirksamkeit der *manga* wird sowohl von der Regierung wie den einzelnen Stadtverwaltungen genutzt, wenn es darum geht, mit den Bürgern zu kommunizieren. Neue städtische Verordnungen, wie zum Beispiel das letzte Gesetz zur umfassenden Entwicklung von Kyoto, wurden in *manga*-Form in Verbindung mit einem kurzen erklärenden Text veröffentlicht. Ebenso geschieht es bei Veränderungen der nationalen Steuergesetze oder der Evakuierungsmaßnahmen im Falle von Naturkatastrophen. Es gibt *manga*, die Fremdsprachenkenntnisse vermitteln, Geschichtsdaten oder Einsteins Relativitätstheorie. Stilistisch wie inhaltlich sind *manga* in der Werbung bestimmend, in der Telekommunikation und Architektur. »*Manga*-sisch« könnte sehr gut die neue Sprache eines zukünftigen »Informations-Zeitalters« sein.

Der einzige begrenzende Faktor bei *manga* ist der rechteckige Rahmen einer Doppelseite. In ähnlicher Weise ist die räumliche Beschränkung der japanischen Stadt ein festes Straßennetz; Höhenbegrenzungen für neue Gebäude existieren lediglich in den alten Hauptstädten Kyoto und Nara.

Ein wichtiges strukturelles Merkmal der japanischen Stadt ist die geringe Größe der Einzelgrundstücke. Je kleiner die Parzelle, umso größer sind sowohl Anreiz wie Freiheit für individuellen Unternehmungsgeist, Wachstum und Erneuerung. Was die Verteilung urbaner Funktionen und die Erneuerung einzelner Bestandteile anbelangt, bietet die Kleinteiligkeit der ostasiatischen Stadt eine der effizientesten Lebensformen einer Gesellschaft, die durch den Kapitalismus und raschen Wandel des späten zwanzigsten Jahrhunderts bestimmt ist.

Wie innerhalb des beschränkten Seitenrahmens eines *manga* liegen auch innerhalb des beschränkten Parzellen-Rahmens der japanischen Stadt die einzigen Grenzen in der Phantasie und der Finanzkraft. Darin liegt die neue Realität der japanischen »Literatur« wie »Architektur«. Sie ist verspielt, sie ist Teil eines städtischen Theaters. Ihr Kennzeichen ist die Erscheinung – keine festgeschriebene, kanonisierte Ästhetik, zumindest keine traditioneller Art, sei sie aus dem Westen oder Osten.

Im *manga* gibt es größere, häufig beliebige räumliche Unterteilungen, und innerhalb dieser Teile findet man eine Fülle winziger Details und Variationen. In der *manga*-Stadt schaffen die Schnellstraßen und

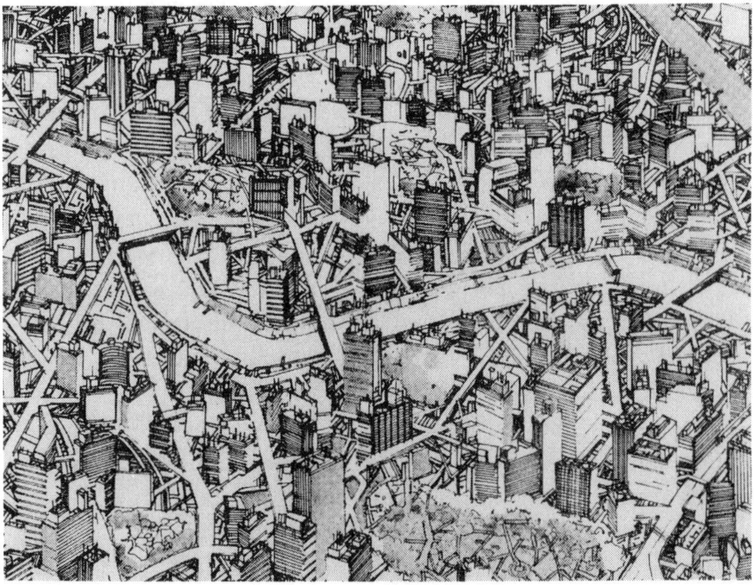

Das Tokyo der Zukunft in *manga*-Form von Sumiko Imari

Das Stadtbild von Tokyo 1993

hochaufragenden »bleistiftdünnen« Wolkenkratzer eine ähnliche, visuell willkürliche strukturelle Einteilung der ganzen Stadt.

Darin enthüllt sich ein Irrgarten von Unterabteilungen, aber sowohl in den Wohngebieten wie Unterhaltungsvierteln findet der menschliche Maßstab Berücksichtigung. Tatsächlich gibt es in Bezug auf Dichte und Komplexität der Einzelheiten in den japanischen innerstädtischen Bereichen nichts Vergleichbares in der westlichen Welt. Dies gilt sogar für Kyoto, wo die großräumige Stadteinteilung auf der Grundlage chinesischer Planungsgrundsätze deutlich rechteckig ist. Jedoch sind die Seitenstraßen und Unterbezirke von Kyoto japanisch: diese Irrgärten struktureller, funktionaler und visueller Komplexität widersetzen sich einer Beschreibung.

Die ausgebreitete Doppelseite eines *manga* stellt vielleicht eine Situation dar, in der der Betrachter simultan in den Köpfen zweier verschiedener Menschen ist, die von einem Flugzeug aus auf Tokyo blicken. Diese Technik der »gespaltenen Leinwand«, die die Wahrnehmung zerreißt und neu zusammensetzt, hat einen Grad erreicht, den nur Götter und Amöben im selben Moment in der Zeit erfahren können. In gleicher Weise werden wir durch die *manga*-Stadt gezogen, Schritt für Schritt, wie in aufeinander abgestimmten multimedialen Sequenzen, so, als bewege man sich von einem Bühnenbild zum nächsten.

Sowohl in den *manga* wie im Stadtbild ist die »neue visuell bestimmte Generation« der gleichzeitigen Beanspruchung der rechten und linken Hirnhälfte ausgesetzt: sowohl zur Anregung der verbalen, diskursiven und deduktiven Fähigkeiten wie auch der räumlichen, ganzheitlichen und intuitiven. Nicht einmal die wildesten Entwürfe zeitgenössischer Architekten können hinsichtlich struktureller, funktionaler und visueller Komplexität und Reizfülle mit dem tatsächlich existierenden Straßenbild der gegenwärtigen *manga*-Stadt in Konkurrenz treten.

Die japanische Stadt ist keine Collage, denn jede Collage wäre das Ergebnis eines bewußten ganzheitlichen Gestaltungsvorgangs, selbst dann, wenn sie schockierend oder mißtönend erscheinen soll. Das heutige zerstückelte Stadtbild in Japan ist das Resultat völlig unterschiedlicher Entscheidungen über die Gestaltung des eigenen Arbeits- oder Wohnbereichs; diese sind ohne Rücksicht auf Nachbarn nur auf die eigenen Bedürfnisse ausgerichtet und schaffen eine kleinteilige gesellschaftliche Wirklichkeit.

Aldo Rossi schreibt in der Zeitschrift *Architectural Design*: »In der öffentlichen Stadt hat die Toleranz gegenüber dem Privaten einen Tiefpunkt erreicht.« Die japanische Stadt von heute widerlegt diese Behauptung. In Japan kann man auf jedem kleinen Grundstück die Freiheit des individuellen Ausdrucks erblicken, und die Rücksicht auf das Private ist auf einem Höchststand.

✧ ✧ ✧

Manga werden von weiblichen Wesen bestimmt – von den Bewunderung für wie von der Unterwerfung von Frauen. Genauso ist es in der *manga*-Stadt. Niemand wird in der Innenstadt sein Augenmerk auf Geschäftsmänner richten; anders verhält es sich mit den dort auftretenden »Bürodamen«. Auch dann, wenn Frauen gar nicht auftreten, wie zum Beispiel in den »männlichen« *manga*-Magazinen aus der Welt des Baseball, stellt sich doch sogleich die Frage, wer denn den Sportlern vom Spielfeldrand aus zujubeln soll. Wenn es einen männlichen Helden im *manga* gibt, so findet man immer auch einen begehrten weiblichen *cheerleader*.

Die Heldinnen der beliebten Bildergeschichten für Frauen gleichen Mannequins aus der westlichen Modewelt, mit langen Beinen und großen Augen. Häufig wirken sie sogar größer als ihre männlichen Gegenspieler und spiegeln damit mehr ein ideales Wunschbild als eine tatsächliche Erscheinung. Der städtische Raum der *manga*-Stadt wird in gleicher Weise von promenierenden jungen Japanerinnen in *manga*-perfektem Make-up und entsprechender Kleidung bestimmt; überall in der Stadt bieten Boutiquen die neueste Mode und dazu passende Accessoires an.

Die Behauptung, daß neunzig Prozent der »Liebes«-Begegnungen in *manga* von männlichen Phantasiebildern über Beherrschung und Ausbeutung von Frauen bestimmt sind, geht sicher nicht weit an der Wahrheit vorbei. Gibt dies das Denkmuster der männlichen Bevölkerung Japans über Liebe und Sex wieder? Oder wird in der gegenwärtigen japanischen Kultur lediglich Sexualität durch Gewalt ersetzt?

Manga tun sich an zahllosen Gewaltphantasien gütlich. Abgesehen von ehrlichen Samurai-Kämpfen gibt es eingehende Darstellungen von verletzten Gliedmaßen, rollenden Köpfen und strömendem Blut. Die Beziehungen zwischen bildlichem Ausdruck von Gewalt, Pornographie und Sado-Masochismus in *manga* sowie der Unterdrückung von Sexualität in der Gesellschaft sind komplex. Vielleicht hat Joanna Russ in ihrem Buch von 1985 *Magic Mommas, Trembling Sisters, Puritans & Perverts* (Magische Mamas, zitternde Schwestern, Puritaner und Perverse) mit ihrer Zusammenfassung recht, daß »sexuelle Phantasien wie Eisberge sind; das Zehntel, das an der Oberfläche zutage tritt, ist kein verläßlicher Anhaltspunkt für die Größe und Bedeutung des Ganzen«.

Deutlich ins Auge fallend liefern *manga* in diesem Zusammenhang ein breit gefächertes Bild der primären menschlichen Auseinandersetzung um Herrschaft: des Kampfes der Geschlechter. Etwas weniger offensichtlich »sind die männlichen Phantasien – entweder als Vorbedingung oder als Stichwort für diesen Kampf – Versuche, Gewalt wenigstens teilweise im ›anständigen‹ Teil der Kultur wieder rückgängig zu machen, wo Brutalität an die Stelle sexueller Vergnügungen getreten ist«.

Vor dem geistigen Auge erscheinen hier die Millionen dunkelgekleideter japanischer Geschäftsleute mit ihren weißen Hemden (und hohen Steuerbelastungen) morgens und abends auf der Fahrt zu ihrer oder von ihrer lebenslänglichen Gefangenschaft in stark gegliederten, hierarchischen Strukturen – und alle lesen *manga*. Während sie in diese Phantasien von Brutalität und Vergewaltigung hineingezogen werden, könnte sich sehr wohl bei ihnen das Gefühl einstellen, dies berge ein Stück ihrer eigenen Identität.

Auf einer noch tieferen Ebene könnte das Lesen dieser Art von *manga* die Funktion haben, die unterdrückten Triebe im männlichen Unterbewußtsein zu befreien, seine Frustration über die in gewisser Weise bestehende Dominanz der Frauen in der heute existierenden japanischen Kultur zu lindern. Letztendlich bietet das Eintauchen in *manga* sado-masochistischer Art die verlockende Illusion der Verantwortungslosigkeit und folglich auch der Freiheit von der Last, ein Individuum zu sein.

Dem äußeren Eindruck nach hat sich die *manga*-Stadt ebenfalls weit entfernt von höflichen Ausdrücken, wechselseitiger Rücksicht oder Harmonisierungsversuchen, wie man sie in normalen städtischen Wechselbeziehungen findet. Ihre gewaltsame Veränderung der üblichen städtischen Angelegenheiten ist direkter Ausdruck des Ringens um die Durchsetzung privater Interessen. In einem in höchstem Maße konkurrenzbetonten Gesamtrahmen versucht jede »Maske« ihren Nachbarn auszustechen. In der modernen, visuell geprägten Arena kämpfen die Gegner nicht mehr mit Schwertern und Rüstungen, sondern mit bildlichen Phantasien, Eindrücken und Nachrichten.

✧ ✧ ✧

Was den Leser auf seiner Reise durch ein *manga* mitreißt, ist eine Folge unverbundener Szenen und Eindrücke mit Sprüngen in Abstufung und Dichte, vergleichbar mit den Visionssequenzen, die man in einem bewußtseinerweiternden Rauschzustand erfährt. Ihre visuelle Logik ähnelt der japanischer Fernsehwerbung und Musikvideos und sogar der des traditionellen japanischen Spaziergartens mit seinem Rundweg, der Neugier und Entdeckungsfreude stimulieren und befriedigen soll. Das Gleiche gilt für das Bildfeld entlang innerstädtischer Straßen in Japan, einmal davon abgesehen, daß sie nicht absichtlich so gestaltet wurden. Das verbindende Prinzip ist *michiyuki*, mit den Augen vorauswandern, an einem bestimmten Bühnenaufbau entlang.

Der *kaiwai* (innerstädtischer Bezirk) ist nach dem *michiyuki*-Prinzip gegliedert. Er hat kein einzelnes Zentrum oder festumrissene Grenzen, sondern bietet weiche, dehnungsfähige Ränder. Es ist ein Gebiet, das man am besten erkundet, wenn man verschiedene Wege entlangwandert.

Ein Charakteristikum von *kaiwai* sind die »Halte-Punkte«, kleine städtische Nischen, in denen die Menschen zusammenkommen können oder für ein Schwätzchen eine Pause einlegen. Sie sind nicht geplant wie ein Markt, Platz oder eine Piazza einer europäischen Stadt, sondern ergeben sich spontan zu einem bestimmten Zeitpunkt in der Geschichte eines *kaiwai* und verschwinden möglicherweise zu einer anderen Zeit wieder. So ein Halte-Punkt kann ein Einschnitt oder eine Aussparung an einer bestimmten Stelle der Straße sein, vielleicht

Kirin Plaza Gebäude, Osaka

auch die ungewöhnliche »Maske« einer Gebäudefront. Allein dies kann zu einer kurzen Unterbrechung des Weges einladen, den man sonst eilig zurückgelegt hätte.

In dem einen Kilometer großen *kaiwai* von Shinsaibashi in Osaka ist eine Brücke über den Dotonbori-Kanal der am meisten ins Auge fallende Halte-Punkt. Das Zusammentreffen verschiedener Seitenstraßen (oder Teil-*kaiwai*) ergibt einen städtischen Platz mit unwiderstehlicher *manga*-Maskerade, einzigartig in Japan. »Wo sind denn hier die Häuser?« könnte man fragen.

Shin Takamatsu ist vielleicht der einzige lebende japanische Architekt, der ein Stück Architektur entwerfen könnte, das sich vollkommen in eine der Ecken dieses *manga*-Halte-Punktes einfügt. Das Kirin-Plaza-Gebäude mit seinem metallischen Glitzern und dem »Krieg-der-Sterne«-Dekor ähnelt mit der Assoziation von Science-fiction-Phantasie mehr einem surrealen Bühnenbild als einem Gebäude, das Räume für irgendeinen größeren praktischen Nutzen ver-

Osaka, die »*manga*-Stadt«

spricht. Nachts wird dieses *manga*-Gebäude zu einer großen Laterne auf Osakas attraktivstem städtischen Platz.

Mit einigen anderen Orten wie dem Kirin-Gebäude wäre Osaka die perfekte *manga*-Stadt. Fügte man noch einige zusätzliche Bruckstücke städtischer Massenkultur hinzu – vielleicht eine Open-Air-Bühne am Hafenbecken für Liveauftritte von Madonna oder Michael Jackson, vielleicht einen modernen *Ebisu*-Schrein für den Gott des Geschäftes und Wohlstands – man könnte sich keine bessere Verwirklichung von *manga*-Raum vorstellen. Es wäre ein höchst moderner Ort, sehr städtisch und japanisch, der aber auch auf vergangene Edo-Zeiten zurückweist mit lebendig wirkenden Einkaufsarkaden, Vergnügungsvierteln und Geschäftsbezirken. Dies kann man sich zusammengefügt vorstellen mit all der Phantasie und Technik, die in dem bevorzugten Lesestoff der Japaner jeden Alters zutagetritt – den *manga*. Es ist sicher kein Zufall, daß dieser Höhepunkt städtischer Massenkultur und Energie ausgerechnet in Tokyo und Osaka, den am stärksten wirtschaftlich orientierten japanischen Zentren, stattfindet.

Die Stadt der Bürger und Massen

Atsushi Ueda

Viele der Begriffe, die in den verschiedensten Sprachen für das Phänomen »Stadt« geprägt worden sind, hatten einen deutlich religiösen Klang. Das englische Wort *city* wurde im frühen Mittelalter benutzt, um ein Gebiet zu kennzeichnen, das groß genug war, einen Bischofssitz zu verdienen. In China mit seiner Tradition der Vorfahrenverehrung bezog sich das entsprechende Wort auf einen Platz mit einer Ahnengrabstätte. *Miyako* ist das älteste japanische Wort für Stadt, auch wenn es heute nicht mehr gebraucht wird. Es bedeutet den Wohnort einer herausragenden Persönlichkeit und wurde oft für die Hauptstadt verwendet, in der der gottgleiche Kaiser lebte. Doch die Wirklichkeit der modernen Städte hat sich während der Jahrhunderte vom Zentrum um den Gott zu völlig weltlicher Form so drastisch verändert, daß es an der Zeit scheint, ein neues Wort zu finden. Ich schlage den Begriff »Massenstadt« vor. Er würde sich beziehen auf eine Stadt der bürgerlichen Massen, die ihre religiöse Orientierung entweder verloren haben oder eine solche nie besaßen.

Auf die meisten Großstädte träfe diese Beschreibung zu. Das moderne London und Paris sind ebenso gute Beispiele wie Tokyo, Osaka, Kyoto und die anderen größten Städte in Japan. Diese Städte werden nicht von einer transzendenten Figur beherrscht und haben weder Schrein noch Burg als Zentrum. Es ist zumindestens für die jüngere Vergangenheit einfacher, ihren Ursprung zum Marktplatz zurückzuverfolgen als zu einem heiligen Bezirk. Die ersten Vorläufer dieser Städte sind die Seehäfen und Wüstenoasen, die beide in der Lage sind, eine große Anzahl Menschen aufzunehmen, und anstelle gnädiger religiöser Sicherheit andere Reichtümer bieten. Bewohner verschiedenster Herkunft und Heimat strömen hier zusammen. Sie sind nicht durch gemeinsame Vorfahren, Blutsverwandtschaft, Mythen, Religion oder Bruderschaften verbunden. Die Massenstädte stellen mit anderen

Worten den Gegenpol zu den meisten alten Zentren in Ost und West dar, die sich auf den Adel stützten.

Japanische Städte paßten schon viel früher in das neue Muster als die wichtigen europäischen Zentren. Kyoto wurde bereits im zehnten Jahrhundert eine bürgerliche Stadt, der alle anderen großen Städte im siebzehnten Jahrhundert nachgebildet wurden. Paris und London dagegen durchliefen den Säkularisierungsprozeß erst im achtzehnten Jahrhundert.

Heimstatt für Götter und Menschen

Wir sollten an dieser Stelle über den Massenwohnsitz im Gegensatz zu dem um den Adel herum angeordneten Gemeinwesen nachdenken. Wer hatte in dieser Gruppe die Führungsposition inne? Ursprünglich waren es die Priesterinnen und Priester, die als Vermittler den Göttern Opfer darbrachten und ihre Orakel erhielten. Diese Rolle wurde nach und nach wirtschaftlich bedeutsam und dann auf eine gesellschaftliche Klasse übertragen, die den Adel bildete. Die auf den Adel gestützten Ansiedlungen schauten alle auf einen Gott oder mehrere Götter, die typische alte Stadt war um einen Tempel oder irgendeine Art von Heiligtum gruppiert und diente als Wohnsitz der Götter.

Warum bedurften die Gruppen um den Adel der Götter? Auf diese Frage könnte man viele Antworten geben. Ich gehe davon aus, daß sich die oben genannte Organisationsform in Gebieten durchsetzte, wo die Ernährung nicht einfach zu sichern war. Der Anbau von Pflanzen erforderte in einer solchen Gegend die langfristige Verpflichtung einer genügend großen Gruppe von Familien, die miteinander lebten und arbeiteten. Der Glaube an Götter war ein Mittel, um Menschen anzuziehen und sie zusammenzuhalten. Einmal behauptet, konnte die göttliche Gegenwart dauerhaft beschworen werden, um die Auflösung der Gruppe zu verhindern. Einzelne waren sicher geneigt, aus Gebieten mit besonders ungünstigem Klima, schlechter Lage oder Bedrohung durch äußere Feinde abzuwandern. Aber abgesehen von einigen kurzfristigen Vorteilen hätte ihr Fortgehen langfristig höhere Sterberaten bedeutet. Es war daher eine Sache auf Leben und Tod, den Menschen einen Sinn für die Einheit der Gruppe zu vermitteln. Ein Gott, dessen Existenz die der Menschen transzendierte, erfüllte dieses Bedürfnis unmittelbar. Die Orakel wurden deshalb zum Mittel, die Gruppensolidarität regelmäßig zu stärken. Es wird kein Zufall sein, daß Schreine oder andere heilige Stätten sich oft an einem Hang über den großen Ebenen erhoben. Sie dienten damit der sichtbaren Erinnerung an den Grund des Bleibens.

Die Massenwohnorte wachsen im Gegensatz dazu natürlicherweise dort, wo sich Menschen aus eigenem Antrieb niederlassen, weil es genügend zu essen gibt. Wieder stehen dafür der Hafen oder die Oase Modell. Reisende und Händler kommen und gehen, Märkte werden abgehalten, Informationen stehen überreichlich zur Verfügung, es gibt weder Bedürfnis nach noch Raum für Götter. Der Ort ist Wohnsitz von Menschen. Die Städte haben sich nach diesen beiden Grundmustern entwickelt, einmal als Heim der Götter, einmal als Orte für Menschen.

Dabei hat die um den Adel angesiedelte Wohngruppe historisch gesehen mehr einflußreiche Zivilisationen hervorgebracht. Priesterinnen und Priester, die adelig wurden, kontrollierten nicht nur die Orakel, sondern auch die Nahrungsmittelvorräte, die sorgfältig verwaltet werden mußten, wenn Versorgung und Nachschub langfristig gesichert sein sollten. Herrscher gingen aus dieser adeligen Schicht hervor. Die mächtigsten unter ihnen wurden Königinnen oder Könige und gründeten Staaten auf größerem Gebiet. Im gleichen Maße, wie die Wohnsitze der Götter blühten und gediehen, blieben die notwendigerweise kleineren Menschenorte, in denen die Nahrungsmittel reichlich und daher unkontrolliert waren, in ihrer Entwicklung zurück.

Dieses Muster sagt einiges aus über die unermeßliche Macht der »Götter«, Informationen zu verteilen. Wenn Götter in den Kommunikationsprozeß eingeführt werden, wird aus der Mitteilung von Mensch zu Mensch eine Kommunikationskette vom Menschen zum Gott und von dort zurück zum Menschen. Der Gott fungiert als Verstärker, der über große, Länder- und Rassengrenzen überschreitende Informationsmengen verfügt. In diesem Sinne sind die Götter eine frühe Form der Massenmedien.

Die Orte, die ohne Götter auskommen konnten, blieben von der direkten Mensch-zu-Mensch-Kommunikation abhängig und besaßen wesentlich geringere Fähigkeiten, Informationen zu verteilen.

Menschen fürchten ihre Götter. Wenn sie sich einmal einem Glauben an ein transzendentes Wesen hingegeben haben, neigen sie dazu, alles hinzunehmen, was es sagt. Das gleiche Maß an Vertrauen existiert natürlich in den Gesprächen auf der rein menschlichen Ebene ohne Zwischenschaltung eines Gottes nicht. Dieser Unterschied ist ein Teil der Erklärung für die ganz verschiedenen Schicksale der beiden Siedlungsformen in der Frühzeit.

Im Laufe der Geschichte sind die aristokratischen Orte zu echten Zentren geworden und die Häfen und Oasen zu großen Städten. Es gibt nur wenige Beispiele dafür, daß die Siedlungen ohne göttliches Zentrum zu Hauptstädten eines Landes geworden wären.

Die Lage änderte sich langsam, je weiter sich die Zivilisation entwickelte. Zugang zu Papier, zum geschriebenen Wort und zur Ausbildung erweiterten die Kommunikation zwischen Menschen gewaltig. China ist ein gutes Beispiel für dieses Phänomen. Papier und Schriftsprache wurden früh erfunden, und die Massenmedien der Religion griffen nur noch nominell darin ein. Der religiöse Anspruch machte bei der Ahnenverehrung halt. Nicht nur die Weltreligionen Islam und Christentum konnten sich in China nicht durchsetzen, sogar der Buddhismus hatte keinen entscheidenden Einfluß.

Die Erfindung des Buchdrucks war ebenfalls ein epochemachender Einschnitt in der Entwicklung götterunabhängiger Kommunikation. In der ganzen christlichen Welt wurden Bibeln verteilt, die den Gläubigen erlaubten, Lücken zwischen den Worten der Schrift und denen des Bischofs zu entdecken. Das führte zur Abspaltung großer Gruppen von der katholischen Kirche und zur Gründung protestantischer Bewegungen. Diese Ereignisse hatten unmittelbare Auswirkungen auf die Struktur der Städte. Die katholische Stadt, die traditionell um eine Kathedrale an einem großen Platz gebaut war, wurde ersetzt durch eine neue protestantische Form, in der der Kirchplatz auf allen Seiten von Rathaus, Zunfthäusern und anderen Zeichen der Verwaltungs- und Wirtschaftsaktivitäten gesäumt war. Als diese Städte zu Industriezentren wurden, stieg ihre Macht, Informationen zu verarbeiten, und sie entwickelten sich von den Göttern fort. In London wurde zum Beispiel seit 1536 ein Kloster nach dem anderen aufgelöst und der Gebäudekomplex von der Seiden- oder einer anderen Industrie übernommen. Bis zur Mitte des achtzehnten Jahrhunderts waren die letzten Stadtmauern und Tore in London geschleift.

In Paris zerstörte die Französische Revolution die Macht der Kirche wirksam, indem sie Wälle und Tore niederriß. Bürgerliche Massenstädte können entstehen, wenn diese Symbole der alten Autorität zerstört sind und Menschen das Stadtgebiet frei betreten und wieder verlassen dürfen. Im achtzehnten Jahrhundert fand die Verwandlung von Paris und London zu Massenstädten statt, der andere europäische Gemeinden schnell folgten. In Amerika hatten die Kirchen und Kirchplätze der entstehenden Städte wenig gesellschaftliche Bedeutung, und es gab natürlich von Anfang an keine Stadtmauern und Tore. Die amerikanischen Städte waren von Beginn an bürgerlich.

Japan wurde lange vor Europa säkularisiert. Die erste Zivilisierung erfolgte im siebten Jahrhundert mit der Einführung des Buddhismus vom chinesischen Kontinent. In der Hauptstadt Asuka diente der Platz vor den Toren des Hokoji-Tempels als Stadtplatz. Beim Bau von Naniwa und den folgenden Hauptstädten nahm die kaiserliche Autorität aber bereits mehr Raum ein als die religiöse. Obwohl die Japaner den Kaiser als eine Art Gott betrachteten und das chinesische »Sohn des Himmels« übernahmen, wurde die Hauptstadt Heian (das heutige Kyoto) ohne Stadtmauern errichtet. Es scheint auch so, als hätten Menschen beliebig kommen und gehen können. Seit dem zehnten Jahrhundert blühten Handel und Gewerbe und brachten einen ständigen Strom von Menschen und Waren. Die Hauptstadt Heian war rund achthundert Jahre vor dem Fall der Mauern von London und Paris auf gutem Wege, eine Bürgerstadt zu werden.

Die freiwillige Säkularisierung japanischer Städte

Im sechzehnten und siebzehnten Jahrhundert fand in ganz Japan die bewußte Gründung von nicht religiös gebundenen Städten statt. Bis dahin hatten große wie kleine Städte eine Verbindung zu Tempeln oder Schreinen besessen. In Kyoto bezeichneten die Einwohner beispielsweise die Gottheiten des Kiyomizu-Tempels und des Yasaka-Schreins als ihre Götter. Kamakuras Stadtzentrum lag am Tsurugaoka-Hachimangû-Schrein, und die Bürger der freien Stadt Sakai waren überzeugte Anhänger der buddhistischen Hokke- und Zen-Sekten.

Aber die Kriegsfürsten, die im politischen Chaos des sechzehnten Jahrhunderts durch einen Putsch gegen ihre Herren in den einzelnen Gebieten an die Macht kamen, hatten wenig religiöse Neigungen. Oda Nobunaga, der letzte in der Reihe dieser Umstürzler, zerstörte die Macht der meisten damals einflußreichen religiösen Sekten und hielt seine neue Hauptstadt Azuchi von jedem religiösen Zugriff frei. Dann machte er sich daran, die lange bestehenden Verbindungen zwischen den Kaufleuten und den religiösen Institutionen zu zerschneiden, indem er die Händler in die Städte holte. Er führte darüber hinaus eine strikte Trennung zwischen Soldaten und Bauern ein. Am Anfang befahl er die Verwalter, die in seiner Heimat Owari lebten, von ihren Gütern in die Hauptstadt, wo er sie zu Beamten des Hofes machte. Er ging sogar so weit, die Häuser aufsässiger Verwalter, die seinen Anordnungen nicht folgen wollten, in Brand stecken zu lassen. Mit diesen Maßnahmen gründete er Azuchi von Grund auf als Stadt von Kaufleuten und Verwaltungsbeamten, die sie kontrollierten. So entstand die erste geplante bürgerliche Massenstadt. Ein Wohnsitz ohne Gott war Hauptstadt des Reiches geworden.

Toyotomi Hideyoshi folgte Nobunagas Weg mit seiner Hauptstadt Fushimi Momoyama. Tokugawa Ieyasu nutzte die Vorbilder von Azuchi und Fushimi Momoyama, um im ganzen Land Städte ohne religiöses Zentrum zu erbauen. Mehr als 260 Burgen wurden gemäß seines Planes »eine Festung pro Herrschaftsbereich« errichtet und zu Zentren der entsprechenden Bezirke gemacht. Burgen mit Mauern waren wichtige Ausstattung dieser Ortschaften, aber sie waren nur Symbole der Bezirksverwaltung und des Herrscherwohnsitzes, keine politischen Stützpunkte zur Überwachung der Bevölkerung. Vielmehr waren es die Stadtteile außerhalb der Wälle, die Händler und Handwerker beherbergten und sich zu den modernen Massenstädten weiterentwickelten.

Tokyo, Osaka, alle Hauptstädte der Präfekturen und fast alle großen und mittelgroßen Städte Japans lassen sich bis auf die Gründungen der Burgstädte in der frühen Edo-Zeit zurückverfolgen. Mehr noch, ihre Struktur und ihr Aufbau sind über vierhundert Jahre weitgehend unverändert geblieben. Sogar die äußeren Zeichen der Alltagskultur haben sich mehr den neuen Zeiten angepaßt als grundlegend verwandelt. Die früheren *teragoya* (Tempelschulen) bilden modernisiert das heutige Bildungssystem. Sänften wurden durch Rikscha ersetzt und später durch Taxen, der Bote arbeitet als Briefträger. Einige kleine Saké-Lokale heißen heute Bar, und die Teehäuser für Rendezvous sind Love-Hotels geworden.

Verglichen mit den großen Städten in anderen Weltgegenden, die oft von militärischer Bedrohung und inneren Streitigkeiten heimgesucht wurden, haben Japans Burgstädte ein hohes Maß an Stabilität genossen. Selbst das solches ermöglichende Gesellschaftssystem existiert, wenn auch in anderer Gestalt, bis heute fort. Wichtigstes Merkmal dieses Systems war die Doppelfunktion der Samurai als Soldaten und Regierungsbeamte. In ihrer zweifachen Rolle widmeten sie ihren Stolz und ihre Zielstrebigkeit der Verwaltung ihrer Bezirke, oder deutlicher, der Verwaltung der Menschen in ihren Bezirken. Mit ihrem hohen Anspruch an würdiges Auftreten und Ehre haben sie wohl langfristig dazu beigetragen, die Grundlage für den sogenannten Nationalcharakter zu schaffen, der aus Ernsthaftigkeit, Fleiß, Sauberkeit und Verantwortungsbewußtsein besteht.

Die Lebendigkeit japanischer Massenstädte

Es ist kein Zufall, daß das gebräuchlichste Wort für Stadt heute *toshi* ist, eine Zusammensetzung aus dem alten Begriff für »Stadt« und dem für »Markt«. Als Verwaltungssitz der einzelnen Bezirke waren die Burgstädte zusätzlich erfolgreiche Geschäftszentren. Mit den ehrgeizigen Kaufleuten als treibender Kraft und den konservativen Samurai-Beamten als Bremser konnten die Städte sich wie eine gut eingestellte Maschine in die Zukunft bewegen. Auch als ihre Lebendigkeit sich mit Sätzen und Sprüngen Bahn brach, verloren sie nie ihre grundsätzliche Stabilität. Und wie die mächtigen Händler in der Vergangenheit Lieferanten der Regierung waren, so sind auch heute die Verbindungen zwischen der Geschäftswelt und der öffentlichen Verwaltung ausgesprochen eng.

Ich glaube, die hervorstechende Eigenschaft der geplanten japanischen Massenstädte ist ein Werteempfinden, das Lebendigkeit und wirkungsvolles Tun betont, sowohl im wirtschaftlichen wie im sonstigen Handeln. Man kann sagen, die Gesellschaft gründet sich eher auf das »Fließen« als auf das »Lagern«. Ein Beispiel dafür sind die Architekten, die gutwillig mitansehen, wie ihre Gebäude nach zehn Jahren wieder abgerissen werden, um Platz für etwas Neues zu schaffen. Im Westen ist man von dieser Haltung schockiert, aber die Japaner sehen darin die einzige Möglichkeit, immer der Zeit angemessene, modernste Gebäude zu haben. Außerdem bietet diese Praxis für junge Architekten zahllose Chancen.

Ausländische Besucher und sogar Japaner, die von ihrer ersten Reise in den Westen zurückkehren, neigen dazu, die japanischen Städte für ihre Häßlichkeit, die schlechten Häuser, das fehlende Grün, die wenig eindrucksvolle Architektur und die astronomischen Preise zu kritisieren. Wenn man von einem hohen Gebäude auf Tokyo hinunterschauen würde, wäre man wahrscheinlich bestürzt über das zufällige Durcheinander von Holzhäusern und Betonbauten aller Formen und Größen, in dem das Dächergewirr den Eindruck von Chaos zwischen den Kühltürmen, Reklametafeln, Leuchtschildern, elektrischen Leitungen, Fernsehantennen, kleinen Schreinen und sonstigen Anhängseln noch verstärkt. Von unten betrachtet ist es nicht viel besser.

Bei genauerem Hinsehen jedoch haben die japanischen Städte auch versöhnliche Merkmale. Sie sind vor allem im Vergleich mit vielen westlichen Städten, in denen man nachts nicht allein über die Straße gehen kann, sicher und sauber. Sogar Osaka, das manchmal der »Spucknapf Japans« heißt, wird von fremden Besuchern als reinliche Stadt beschrieben. Außerdem sind japanische Städte bequem und mit neuesten Transportmöglichkeiten ausgestattet. Zwischen Tokyo und Osaka fährt alle fünfzehn Minuten ein Hochgeschwindigkeitszug, und das private Schienennetz ist gut ausgebaut. Kleine Gemischtwarenläden mit vielen zusätzlichen Dienstleistungen, öffentliche Toiletten und Telefonzellen gibt es überall an der nächsten Straßenecke. Ich habe einmal verzweifelt ein öffentliches Telefon in London gesucht. Entweder fand ich überhaupt keins oder nur ein kaputtes.

Japanische Städte sind spannend und witzig, langweilig sind sie nie. Und sie sind relativ frei von strenger gesellschaftlicher Schichtentrennung. Es gibt keine wirtschaftliche, berufliche oder intellektuelle Klasse, deren Mitglieder so abgehoben wären, daß es ihnen peinlich schiene, in einer Pachinko-Halle oder beim Kauf von *takoyaki*-Knödeln am Straßenstand gesehen zu werden.

All diese Dinge lassen sich unter »Lebendigkeit« zusammenfassen. In den letzten vierhundert Jahren seit Nobunagas Azuchi haben sich die japanischen Burgstädte beziehungsweise deren Nachfolger ihre quirlige Art erhalten und darüber hinaus den Grundstein für die japanische Gesellschaft in ihrer besonderen Eigenart gelegt. Obwohl sie durch die Berührungen mit amerikanischer und europäischer Zivilisation viele Veränderungen erlebt haben, konnten sie ihre Grundstruktur und ihr Wertesystem erhalten und damit trotz unvorstellbarer Bevölkerungsdichte Lebendigkeit und Stabilität ausbalancieren.

Zum Schluß möchte ich einen Bereich betonen, in dem die modernen Massenstädte riesige und mit der Vergangenheit nicht vergleichbare Fortschritte gemacht haben: die Informationsmedien. Die neuen Technologien haben den Telegraphen, das Telefon, das Radio, den Fernseher, die Fotokopierer und die Computer in die Büros und Wohnungen der Menschen gebracht und die heutige Massenkommunikation beinahe allmächtig gemacht. Nachrichten, die man von den »Göttern« erhält, machen nicht mehr ein Hundertstel der Gesamtinformationsmenge aus. Meistens bestehen sie aus den heiligen Losen (*omikuji*), die die Schreinbesucher zu Neujahr ziehen. Zum Zwecke der Informationsverteilung sind die Massenmedien zu neuen Göttern aufgestiegen. Die mächtigsten »Orakel« der Gesellschaft sind heute die Trends, die in den Großstädten geschaffen werden.

Die Autoren

Kayoko Aikawa
Professorin für Modegeschichte, Fachbereich Kultur- und Humanwissenschaften der Frauenuniversität Nara

Shin'ya Hashizume
Dozent für Architekturgeschichte und Stadtplanung an der Seika-Universität Kyoto

Tsutomu Hayama
Dozent, Fachbereich Architektur der Seika-Universität Kyoto

Masahiro Hikita
Geschäftsführender Direktor des Instituts für Kommunikationsplanung in Kyoto

Takahiro Hisa
Assistant-Professor für Stadtplanung und Städtebau an der Universität Osaka

Shôichi Inoue
Associate-Professor für Architekturgeschichte und Planungstheorie am internationalen Forschungsinstitut für Japanstudien in Kyoto

Naomichi Ishige
Professor für Völkerkunde am nationalen Völkerkundemuseum in Osaka

Atsushi Katagi
Associate-Professor, Fachbereich Architektur der Universität Nagoya

Akinori Kato
Associate-Professor für Landschaftsplanung, Fachbereich Umwelttechnik der Universität Osaka

Kôji Miyake
Assistant-Professor für Wissenschafts- und Technologiegeschichte an der Kyoiku-Universität Osaka

Katsuhisa Moriya
Professor für japanische Geschichte an der Frauenuniversität Mukogawa, Präfektur Hyogo

Takeshi Moriya
vormals Professor für Völkerkunde am nationalen Völkerkundemuseum in Osaka; verstorben 1991

Kunihiro Narumi
Professor für Umweltplanung, Fachbereich Umwelttechnik der Fakultät für Maschinenbau der Universität Osaka

Günter Nitschke
Direktor des Instituts für ostasiatische Architektur und Städtebau, Kyoto

Yôtarô Sakudô
Professor für japanische Wirtschaftsgeschichte an der Internationalen Universität Osaka

Osamu Tabata
Professor für Stadtplanung und Städtebau an der Universität der Künste in Osaka

Masatoshi Takada
Professor für Tourismusstudien an der Frauenuniversität Mukogawa, Präfektur Hyogo

Yasuo Takahashi
Associate-Professor für Architektur an der Universität Kyoto

Atsuko Tanaka
Dozentin für Architektur, Fachbereich Kunst der Seiko-Universität Kyoto

Atsushi Ueda
Professor für Architektur an der Seiko-Universität Kyoto

Toshio Yokoyama
Associate-Professor für neuere Geschichte am Forschungsinstitut für Humanwissenschaften der Universität Kyoto

Toshinao Yoneyama
Professor, Fachbereich Kulturanthropologie der Fakultät Integrierte Humanwissenschaften der Universität Kyoto

Shôji Yoshino
Professor für Wohnplanung an der Bukkyo-Universität Kyoto

Takao Yoshii
Associate-Professor für japanische Geschichte an der Hanazono-Universität Kyoto